新型城镇化理论与实践创新

—— 以河南省为例

张学艳 著

河南大学出版社
·郑州·

图书在版编目(CIP)数据

新型城镇化理论与实践创新:以河南省为例/张学艳著.—郑州:河南大学出版社,2017.5
ISBN 978-7-5649-2835-3

Ⅰ.①新… Ⅱ.①张… Ⅲ.①城市化－研究－河南 Ⅳ.①F299.276.1

中国版本图书馆CIP数据核字(2017)第110325号

责任编辑	范　昕
责任校对	朱彦会
封面设计	翟淼淼

出版发行	河南大学出版社			
	地址:郑州市郑东新区商务外环中华大厦2401号　邮编:450046			
	电话:0371－86059701(营销部)　　　　网址:www.hupress.com			
排　版	郑州市今日文教印制有限公司			
印　刷	虎彩印艺股份有限公司			
版　次	2017年9月第1版	印　次	2017年9月第1次印刷
开　本	710mm×1000mm　1/16	印　张	11.5
字　数	258千字	定　价	28.00元

(本书如有印装质量问题,请与河南大学出版社营销部联系调换)

目 录

第一章 导 论 ………………………………………………………（1）
    第一节 选题缘由和研究意义 ……………………………………（1）
    第二节 城镇化发展的理论综述 …………………………………（10）
    第三节 研究方法 …………………………………………………（21）

第二章 新型城镇化建设的理论基础 ……………………………（26）
    第一节 新型城镇化的基本内涵 …………………………………（26）
    第二节 新型城镇化建设的现实依据 ……………………………（32）
    第三节 新型城镇化建设的理念 …………………………………（37）
    第四节 新型城镇化的理论基础 …………………………………（41）

第三章 新型城镇化建设的现状及问题分析 ……………………（49）
    第一节 新型城镇化的发展历程 …………………………………（49）
    第二节 河南省新型城镇化建设的现状分析 ……………………（62）
    第三节 河南省新型城镇化建设过程中存在的问题
        ………………………………………………………………（70）

第四章 我国新型城镇化建设的典型模式和比较 ………………（80）
    第一节 我国新型城镇化发展的典型模式和比较
        ………………………………………………………………（80）
    第二节 河南省新型城镇化推进的模式研究 ……………………（94）

第五章 河南省新型城镇化建设的思路 …………………………（107）
    第一节 以人为本的城镇化 ………………………………………（107）
    第二节 城镇规模结构与空间结构的多元化 ……………………（119）
    第三节 产城融合与一体化 ………………………………………（128）
    第四节 绿色低碳的生态城镇化 …………………………………（132）

第六章 主要国家城镇化发展路径比较研究 …………………………（140）

第一节 发达国家城镇化发展道路……………………………（140）
第二节 发展中国家城镇化发展道路 …………………………（146）
第三节 世界城镇化比较与借鉴………………………………（148）

第七章 加快河南省新型城镇化建设的对策与建议 ………………（150）

第八章 结论与政策建议 ……………………………………………（171）

参考文献 ………………………………………………………………（175）

第一章 导　　论

　　城镇化是经济和社会发展的必然趋势,是社会进步的重要标志。工业化是推动一个国家实现现代化的重要引擎,而城市化是继工业化之后拉动经济社会发展的最强大力量。一百多年前,马克思就指出:"现代化的历史就是乡村城市化的历史。"进入21世纪的第二个十年之初,我国经历了两个重大变化,一个是我国人均国民总收入为6100美元,已经由"下中等收入"经济体转变为"上中等收入"经济体;一个是我国城镇常住人口在2011年超过农村人口,城镇化率达到51.27%。这两个重大转变的出现意义重大,昭示着我国社会经济发展进入由乡村中国向城市中国转变的经济社会和城镇化发展的新阶段。党的十八大正是在这一特殊时代背景下召开的一次为奋力开拓中国特色社会主义更为广阔发展前景做出战略部署的盛会。根据我国经济和社会发展的具体情况,中国共产党在十六大、十七大上确立了全面建设小康社会的目标,并在党的十八大上根据我国经济社会发展实际,进一步提出全面建成小康社会的新要求,提出了"四化同步"的新表述和新任务:"坚持走中国特色新型工业化、信息化、城镇化、农业现代化道路,推动信息化和工业化深度融合、工业化和城镇化良性互动、城镇化和农业现代化相互协调,促进工业化、信息化、城镇化、农业现代化同步发展。"特别是近期召开的中国共产党十八届三中全会审议通过的《中共中央关于全面深化改革若干重大问题的决定》,着重阐述了十六个方面的具体任务,其中第六个方面"健全城乡发展一体化体制机制",重点阐述了完善城镇化健康发展的体制机制等具体任务。新型城镇化已经成为当前我国经济社会发展的主要举措和战略任务。

第一节　选题缘由和研究意义

　　党的十八大、中央经济工作会议和党的十八届三中全会等重要会议和决议,都对我国新型城镇化发展进行了顶层设计和总体部署,明确提出未来我国经济社会发展必须高度关注的重大问题,就是把城镇化的最大内需动力和改革的最大红利释放结合起来。这说明,城镇化将是中国未来5~10年综合发展的核心主题之一,是未来中国经济增长的持久动力,是未来扩大内需的最大潜力所在。推进新型城镇化发展,无疑是我们党立足全局、着眼长远、与时俱进的重大战略决策,也是在中国现代化建设发展到一定阶段,对现阶段突出矛盾的一次求解。对新型城镇化问题进行研究,具有重要的理论意义和现实迫切性。

一、选题缘由

我国的城镇化被美国著名经济学家约瑟夫·尤金·斯蒂格利茨评价为与美国的高科技共同影响21世纪人类社会发展进程的关键要素之一。可见,中国的城镇化对世界或产生深远影响。近些年来,我国城镇化进程逐步加快,城镇化水平日益提高。自2000年以来,全国的城镇化率平均每年增长约1.33个百分点,截至2015年年底,我国的城镇化率已经达到了56.1%,根据美国城市地理学家提出的城市化进程的S型发展规律,我国已经进入城市化发展的加速时期,也是推进城镇化健康发展的关键时期。在城镇化进程的关键时期,推动城镇化健康发展有利于实现国家的现代化,是促进我国整体健康发展的重大战略选择。因此,党和国家领导人相继提出走符合我国国情的"新型城镇化道路"。从2002年党的十六大到2007年的十七大,党和国家充分总结了国外城镇化发展的经验,并结合我国发展的实际,提出走新型城镇化道路的创造性意见,并纳入"中国社会主义道路"的五个基本内容,为我国城镇化的进程指明了行进方向。2012年,党的十八大强调,"要坚持走中国特色新型城镇化道路,推动工业化和城镇化良性互动、城镇化和农业现代化相互协调,促进城镇化、工业化、信息化、农业现代化同步发展"。十八届三中全会亦明确指出,"完善城镇化健康发展的体制机制,坚持走中国特色新型城镇化道路,推进以人为核心的城镇化,推动大中小城市和小城镇协调发展,促进产业和城镇融合发展,促进城镇化和新农村建设协调推进"。在经济新常态下,"十三五"规划纲要指出,新型城镇化发展将不再是一味追求速度的发展,不再简单地将城镇化看作经济发展手段,城镇化率不再是拉动GDP的硬指标,而是真正从造房建城转向以人为核心。这意味着,"十三五"期间城镇化将从速度型向质量型转变。2015年12月,国家领导人在北京召开继1978年之后初次最高规格中央城市工作会议,习近平总书记和李克强总理在会上都做了重要讲话,对我国当前城市发展所面临的形势进行了全面分析,明确指出今后一个时期我国城市工作应遵循的指导思想,以及工作的总体思路和重点任务,这标志着我国的城镇化已进入一个新的发展阶段。

改革开放30多年来,河南的城镇化水平不断提升,城镇化质量也不断改善,但相较于全国平均水平及国家2020年60%的城镇化率目标来说,依然存在较大的差距。传统城镇化在发展的过程中也凸显出一定的社会问题,城镇发展缺乏特色,中心城市、大中小城镇的辐射带动力不强,城乡统筹落后。相关数据显示,截至2014年底,人口城镇化与户籍城镇化相差10%以上,农民半市民化状态依然明显,说明河南省的城镇化质量还有待进一步提高。城镇化若不能合理的规划、健康的发展,必会成为制约河南经济社会发展的障碍。近几年来,河南省充分发挥新型城镇化"牵一发动全身"的综合带动作用,促进产业集聚、人口集中、土地集约,拓展城镇化发展空间,辐射带动新农村建设,成效明显;新型城镇化发展质量持续提升,现代城乡体系不断完善,规划引导作用进一步发挥,城市建设管理逐步加强,产城融合发展步伐加快,城镇化试点改革取得显著成效,为经济社会发展提供了引擎力。所以,加快推进新型城镇化进程,寻求一条符合河南省情的新型城镇化道路是解决河南省经济社会发展突出矛盾的重要举措,也是加快城乡一体化的必然选择,更是实现河南省经济跨越式发展的基本途径。

(一)现代化建设需要:重大战略和历史任务

城镇化是伴随着工业化发展的一个必然过程。近现代历史告诉我们,城镇化水平是衡量一个地区现代化水平的显著标志,一个国家要成功实现现代化,在推进工业化的同时,必然伴随着城镇化的同步推进,世界发达国家成为强国的过程,就是其城镇化率逐步提高的过程。从19世纪初到21世纪初,发达国家城市化率一直高于工业化率,其城市人口从3%逐步提升到近80%,城镇化已经成为发达国家工业化、现代化的重要标志之一。2012年全球城市居民已达36亿人左右,世界城市化平均水平已经达到50%以上。随着人口由农村向城市的转移与集中、产业的集聚和城市的扩张,社会结构和生活方式也发生了重大变化,极大地推进了全球化的进一步发展。

改革开放以来,河南省的工业化、现代化建设突飞猛进,取得了举世瞩目的成就。但是随着经济发展的不断提升,河南省社会发展遇到了保持持续发展和进一步扩大内需等一系列新问题。分析原因,其中一个很大的发展阻力在于河南省的城乡二元结构。尽管城乡二元结构产生的原因是多方面的,但是现在河南省城镇化建设严重滞后,已经成为一个经济发展障碍。党的十八大报告指出:"必须以改善需求结构、优化产业结构、促进区域协调发展、推进城镇化为重点,着力解决制约经济持续健康发展的重大结构性问题。"当今,能否正确剖析河南省城镇化建设,尤其是城镇化进程中存在的问题及困境,更加注重人的城镇化发展,不断提高城镇化的包容性,合理引导城镇化进程向着国际化、群落化、生态化和现代化的方向发展,提升城镇化的质量和效益,无疑对于我们改善河南省现存的城乡二元结构问题,实现河南省全面建成小康社会具有重大的意义。当前,加快实施新型城镇化战略,推进我国在改革开放道路上的大踏步发展,已经成为河南省现代化建设的重大战略和历史任务。

(二)现实需要:开发发展潜力和扩大内需的重要方式

扩大内需是河南省当前经济发展的战略基点,也是当前河南省最大的结构调整。城镇化是河南省经济增长的巨大引擎和扩大内需的最大潜力,积极稳妥推进城镇化是现阶段经济社会健康可持续发展的现实需要。我国城镇化率不仅远远低于发达国家的平均水平,而且低于国民收入与中国大致相同的一些国家,如马来西亚和菲律宾等。而河南省的城镇化率又居于我国的倒数几位。差距就是潜力。从现代化发展规律看,一个省份工业化和现代化发展的相伴随现象,必然表现为每年将有相当数量的农村富余劳动力及人口转移到城市,这些涌到城市的大量农业人口,在为城市发展提供多层次人力资源的同时,由于本身身份的逐渐变化,也将带来投资的大幅增长和消费的快速增加。城镇化意味着大批的人由农民变成市民,大量城市人口的增加,一方面必然要产生庞大的基础设施、公共服务设施以及住房建设等投资的需求;另一方面,城市居民消费能力与农民消费能力相差4倍以上的社会商品消费需求,新市民的消费习惯、消费需求也会发生变化,内需市场也会随着城镇化的发展而发展壮大,这将是一个巨大的拉动内需的引擎,将推动整个社会消费力的大幅度上涨,为扩大消费需求提供强大、持久的动力。

(三)实际工作体会:解决"三农"问题的根本出路在于城镇化

"三农"问题始终与我们党和国家的事业休戚相关。2012年2月,习近平在出席中美农业高层研讨会时表示,中国始终高度重视国家粮食安全,把发展农业、造福农村、富裕农民、稳定地解决13亿人口的吃饭问题作为重要任务。把"三农"问题提高到治国安邦重中之重的高度。长期地方工作经验也使笔者认识到,就"三农"问题解决"三农"问题,"三农"问题难以从根本上解决。必须站在经济社会发展全局的战略高度,立足于整个国民经济发展考虑农业发展,立足于整个社会进步考虑农村繁荣,立足于国民收入分配的总体格局考虑农民增收,统筹协调农村和城镇发展,通过建立以工促农、以城带乡、工农互惠、城乡一体的体制和机制,在实际工作中确立以统筹城乡发展、推进城镇化发展的方略解决"三农"问题的新思路。因为推进新型城镇化发展,大量的农村富余劳动力向非农产业和城镇转移,以市民身份就业和生活,农村居民人均资源占有量大幅度增加,农业生产规模化、现代化和市场化水平不断提升,才能从根本上解决农业增长、农村稳定、农民增收等长期困扰国家经济社会发展的重大问题,形成工农互惠、城乡一体的新型工农城乡关系,使我们国家今后的经济建设和经济发展,更多地依靠城乡协调互动发展,同步提高城乡不同地区居民的生活水平,最终达到城乡共同繁荣发展。

近年来,河南省根据自身传统农区的实际特点,做出了统筹城乡发展、推进城乡一体化的战略决策和部署,启动了多项整合工业化、城镇化和农业现代化的统筹城乡发展的工程,有效地促进了城镇基础设施向农村延伸,城镇公共服务向农村覆盖,城镇现代文明向农村辐射,取得了积极成效。河南蓝皮书《河南城市发展报告(2012)》《推进新型城镇化的实践与探索:2011~2012河南新型城镇化发展形势分析与展望》指出,2011年,作为人口大省、农业大省和国家粮仓,河南省以积极稳妥推进城镇化进程为中心,以实施城乡建设三年大提升行动计划为抓手,以项目建设为重点,认真实施省域城镇体系规划,大规模开展保障性安居工程建设,大力推动城乡基础设施建设、城市新区和产业集聚区建设、旧城区和城中村改造、小城镇和新农村建设,持续探索农业人口居多数地区新型城镇化道路,取得了显著成效。2015年年底,河南省总人口约10 722万,新增农村劳动力转移就业72万人,全省农村劳动力转移就业总量达到2 814万人,城镇化率提高到46.85%。

（四）现实研究需要：为当前国家城镇化战略提供智力支持

党的十八大将城镇化的地位和作用提升为全面建成小康社会的载体、实现经济发展方式转变的重点。城镇化问题已经成为我国政府和学术界关注的中心之一。国家正在大力制定有效措施和我国新型城镇化未来发展的规划，以引导和促进我国城镇化积极健康发展。从目前河南省城镇化的发展看，也出现了许多新情况、新问题，要求我们去研究、去探索、去解决、去发展、去完善。理论是实践的总结，理论也是实践的指南。只有从理论上弄清新时期新型城镇化建设的特点和规律，才能够确立城镇化健康发展的新思路，拿出好的措施和办法，才能保证正确的方向，增强城镇化工作的预见性、科学性和有效性，使人们在实践中少走弯路、错路，从而提高河南省推进新型城镇化工作的水平。加强城镇化理论研究，为当前河南省城镇化战略提供智力支持，这正是河南省城镇化现实发展提出的研究任务。

近几年，国内外城镇化研究渐成热点。但是，新型城镇化问题是一个理论和实践都很复杂且庞大的课题，越是早期研究越不能够满足现实发展的需要。从国外研究看，国外早期研究偏重于解决怎样以最佳的城市形态促进城市化的发展，近中期则较为关注全球或区域大尺度范围的城市化空间扩散组织结构及城市化的发展规律，这虽然符合西方城市发展的实际状况，但对发展中国家来说，就造成了理论成果与实际发展状况脱节的问题。梳理国内城镇化理论的研究状况，早期研究视域多集中于城市化发展的一般特点、城市化发展发展动力以及城市化发展过程中的量化实证分析等。中后期集中在城镇化率的提高及城乡二元结构的失衡等研究领域，而对城镇化的质量和健康程度的考量，以及对中西部地区典型城镇化进程的相关研究关注不够。同时，不少研究侧重于一般性理论研究，偏重于经济发达地区和快速增长地区的城镇化进程及其机理研究，对发展后进地区，尤其中国农村的实际情况了解不深，对相应区域的专门研究相对较少。

凡此种种，都说明从理论上加强新型城镇化的再研究，正是实践向理论工作者提出的一个新课题。

二、研究意义

河南省新型城镇化建设的思路与实践的研究，是一个现实性和理论性都很强的课题，无论在理论上、学术上还是在实践上，这一研究都具有重要意义。

（一）理论意义

（1）理论研究有助于深刻认识河南省新型城镇化的指导思想和中国社会主义建设理论的新发展。马克思主义是无产阶级和全人类的解放的科学，是关于人类社会发展前途和理想及其实现途径的科学。过去，人们对马克思主义理论关注的重点往往在社会主义革命、建设和改革等一系列重大问题上。但是，认真研读马克思主义经典作家的著作，就可以看到他们具有大量关于城市化发展的思想，提出了关于城乡一体化、城乡融合、消灭城乡对立等一系列重要论断。他们对于城市化发展的问题，并不是简单地阐述其过程和必然性，而是站在人类社会历史发展规律的高度，把城乡问题的最终解决和实现人类美好社会理想联系在一起，为我们展现了一个社会主义建设独特领域的重要理论内容。

在我国社会主义建设的过程中，我们党进行了社会主义三大主题的探索，这就是：什么是社会主义，怎样建设社会主义？建设一个什么样的党、怎样建设党？实现什么样的发展、怎样发展？在我国社会经济发展的关键时期，这些问题又摆在我们面前。我们党科学总结了国内外城镇化道路的经验教训，创造性地提出走新型城镇化道路，并作为中国特色社会主义现代化道路的基本内容之一。党的十八大根据我国经济社会发展实际，提出了"四化同步"的新表述和新任务："坚持走中国特色新型工业化、信息化、城镇化、农业现代化道路，推动信息化和工业化深度融合、工业化和城镇化良性互动、城镇化和农业现代化相互协调，促进工业化、信息化、城镇化、农业现代化同步发展。"这表明，新型城镇化的思想理论是我们党创新和发展社会主义建设的重大理论，为科学推进我国城镇化指明了方向，是推进我国深化改革的一项重大战略决策和指导思想上的一次新飞跃。

（2）理论研究有助于深化对我国城镇化重要性的认识，厘清一些模糊认识。进入 21 世纪以来，新型城镇化发展已经成为中国社会转型期的重要特征。城镇化研究的范围更加宽广，多学科交叉、渗透特点日益明显。但是关于城镇化问题的观点相去甚远。例如，国家统计数据表明，2014 年中国城镇化率已经达到 54.77%，2015 年又提升一个多百分点，达到 56.1%，成绩卓越。但有人称其为"伪城镇化"。他们的理由是，我国农村户籍人口占总人口的比例仍然超过 50%，表面看起来不少农民工长期居住在城市，但他们仍然游离于城市与农村之间，无法与城镇户籍人口一样享有均质的公共服务。有人说，改革是中国最大的出路，包括城镇化，城镇化第一就应当高举改革的旗帜。城镇化就是推进改革最强大的动力，城镇化缓行就是改革缓行。也有人说，城镇化极可能是无可比拟的未来光明前景之所在，也可能是前所未有的灾难之凶兆。有人认为，推进城镇化没有疑问，但是以什么方式推进城镇化，似乎分歧不少。一方面大家抱怨大城市人口涌进太多；另一方面，从全球趋势看，交通网络的改进增大了大城市对人口的吸引力。城镇化未必就带来经济增长。现在大家都讨论大城市病，其实在现实中也有小城镇病，例如土地浪费、就业机会欠缺、集约化程度不高，等等。就中国目前城市化的发展程度看，城市群未来会成为中国城市化的一个主体形态。还有人认为，中国推进新型城镇化发展，关键是提高城镇化的质量，改变城镇化不平衡、不协调、不可持续的粗放发展模式，它对房地产市场的影响不能简单套用过去的经验来判断。

城镇化是长期历史任务，也是复杂的系统工程，有许多重大课题需要探讨。例如：如何正确认识城镇化的作用和前途？如何在我国现有经济社会条件下推进城镇化的发展？我们要发展的是什么样的城镇化？城镇化发展中如何避免大城市发展曾经出现过的城市病？农民市民化的成本，应该由谁来承担，是政府、企业，还是个人？转移人口流向与城镇化空间布局的关系如何？等等。诸多问题，都需要我们在理论上有一个合理的认识。特别是在推进新型城镇化的过程中,社会的激烈变动导致了社会思潮异常活跃。认真研究那些有较大影响力的主要社会思潮,辨别其政治方向,分析其主要理论、社会影响及特点,对于提高我们的政治敏锐力和政治鉴别力,坚持中国特色的新型城镇化道路具有重要的意义。这样,才可能加快研究制定适合中国城镇化发展实际的战略思路及对策,探索适合河南省当前的城镇化道路,能够为农村及全省国民经济社会发展提供广阔市场和持久消费动力,形成新的经济增长点,为科学发展提供理论支撑和有益借鉴,从而提出体制机制关键领域和关键环节改革的若干政策建议。

(3) 比较研究有助于深刻认识和把握河南省城镇化发展的内在规律,推进河南省新型城镇化发展。规律是指事物之间的内在的必然联系,决定着事物发展的必然趋向。河南省新型城镇化的发展规律,是在与其他城市化或城镇化比较的过程中显现出来的。只有通过比较研究,才能凸显和认识河南省城镇化发展的内在规律。

2013年3月,习近平在参加出席十二届全国人大一次会议的江苏代表小组讨论时指出:"现在搞城镇化,不能单兵突进,而是要协同作战,做到工业化和城镇化良性互动、城镇化和农业现代化相互协调。在推进城镇化的过程中,要尊重经济社会发展规律,过快过慢都不行。"这里明确指出了,我们搞城镇化首先需要探索河南省城镇化的一般规律。规律是指客观事物发展固有的内在必然性,不可违背。规律又深藏于事物发展的过程中,只能够依靠我们的理论思维发现它。列宁指出:"规律是现象中持久的东西。"按规律办事,就是实事求是。这是马克思主义哲学的基本观点,是中国特色社会主义理论体系的基础、精髓、出发点和根本点。把握了规律,就是把握了事物发展的方向和途径,就能够在社会活动中获得预期的目的,取得成功。

城镇化的发展也必然具有一定的规律性。如何认识城镇化发展的规律,特别是我国提出的新型城镇化的发展规律,这是一项关系到我国城镇化能否健康发展的重要环节。2012年9月19日,李克强在出席省部级领导干部推进城镇化建设研讨班学员座谈会时强调,要按照科学发展要求,顺应现代化建设规律,协调推进工业化、城镇化、农业现代化,有效释放我国内需的巨大潜力,促进经济长期平稳较快发展与社会和谐进步。目前,在我们推进城镇化的过程中,已经显现出许多亟待解决的问题。很多是在炒作,为城镇化而城镇化,追求速度、追求比例、追求时间表。实际上这本身就是不尊重客观规律、不尊重科学的表现。这些问题的出现显然与我们对城镇化规律的把握的程度和认识有很大的相关性。

世界城镇化发展的历史表明,即使生产力相同或类似,不同国家、同一国家在不同发展阶段以及同一国家的不同区域等城镇化发展都具有自身的特点和规律。这是由不同的国情所决定的。为了不断提升我们推进新型城镇化发展的理性认识,我们必须一方面加强对国内外城镇化发展演变规律的研究,同时也要关注和追踪国内外城镇化的最新研究成果,这样才能把握城镇化发展的一般路径,构建适合中国国情尤其是适合河南省实际的城镇化理论框架,这对于揭示城镇化过程中的主要问题,推演河南省城镇化的演化过程,加快中西部地区的城镇化步伐,促进生产要素流动,增强空间集聚等具有重要意义。

（4）对河南省新型城镇化历史和特点的研究，有助于探索河南省新型城镇化发展的特色、模式和道路，推进河南省新型城镇化健康发展。毛泽东指出：认清中国的国情，乃是认清一切革命问题的基本的根据。由于每个国家和地区都具有自己独特的社会性质、政治、经济、文化等方面的基本情况和特点，在社会经济发展中必然呈现出不同的发展特色。河南省作为一个农业大省，经济发展相当不平衡，各方面差异较大。河南省的城镇化发展必须尊重城镇化发展的一般规律，但是又要符合河南省的实际情况，有自己的特色。在城镇化进程、成果、政策、模式等方面，要凸显出河南自身的特色。河南特色的城镇化道路需要我们不断梳理、概括、提炼，从而为河南省城镇化健康发展提供一个正确的思想指导。2013年中央经济工作会议明确提出，要积极稳妥推进城镇化，走集约、智能、绿色、低碳的新型城镇化道路。总的来说，河南特色城镇化道路应当是一条以科学发展观为指导，坚持集约发展、多元形态、四化同步、两手结合、以人为本的新型城镇化道路。具体来说，河南特色城镇化道路的特点，一是转移农村劳动力规模巨大，二是城镇化过程中同时依靠政府和市场两种力量，三是要走以人为本的城镇化道路，四是要走资源节约型的城镇化道路。

（5）对河南省目前城镇化发展中存在的问题进行分析，有助于我们为解决当前城镇化问题提供具体途径和对策。河南省新型城镇化发展无疑取得了重要的进步。但是进一步发展也会遇到并且已经遇到了许多错综复杂的问题和阻力。显然，不解决这些前进道路上的问题，推进河南省新型城镇化的健康发展就会是一句空话。那么这些问题的具体表现是什么，产生的原因是什么，学术界和政界人士既有共同观点也有一些分歧。我们必须对城镇化发展面临的挑战进行深入分析，特别是结合就业、资源环境、粮食安全、政府管理能力等问题，进行认真的研究，才能为解决当前新型城镇化问题提供有针对性的具体途径和对策。

（二）实践意义

城镇化是指农村人口不断向城镇转移，第二、三产业不断向城镇聚集，从而使城镇数量增加，城镇规模扩大的历史过程。中华人民共和国成立初期，我国选择了重工业优先发展的战略，并为此建立了农产品统购统销制度、城乡户籍制度和人民公社制度等制度体系，一方面从农业和农村抽取国家工业化积累，另一方面限制农村人口进入城镇。这一战略的实施虽然取得了一定成效，但却割裂了"三化"的协调互动关系，形成了典型的城乡二元结构。新型城镇化是适应国内外的发展大势和河南省新时期、新阶段经济社会发展需要，以促进产业和人口向城镇集聚为核心，以统筹城乡发展为手段，以城乡一体化发展为目标的历史过程。这一过程主要包含以下几个方面的内容：一是促进产业集聚，推进产城融合；二是促进农村人口向城镇集中，实现农民市民化；三是做大做强中心城市，培育区域增长极；四是将农村新型社区建设纳入城镇体系，进行一体化布局，促进城乡公共服务均等化。推进新型城镇化，有利于发挥产业集聚效应，集约节约利用资源，缓解农村人多地少的矛盾，传播城市现代文明，实现新型城镇化、新型工业化与农业现代化"三化"协调推进、城乡共同发展。

(1) 有利于扩大农业经营规模,促进现代农业发展。

由于自然、历史等方面的原因,我国农业现代化明显滞后于工业化和城镇化。一是就业结构演进滞后于产业结构,大量人口滞留在农村,农业规模经营难以发展。二是工农业劳动生产率差距扩大,农业劳动生产率和农业比较效益低。三是城乡收入差距持续扩大。随着《全国主体功能区规划》的颁布实施,河南省农产品主产区的地位不仅不会削弱,而且还会进一步强化,《国务院关于支持河南省加快建设中原经济区的指导意见》中明确指出,要探索出一条不以牺牲农业和粮食、生态和环境为代价的"三化"协调发展路子。这意味着河南省在工业化、城镇化快速推进过程中,必须保证低收益的粮食和农业的稳定发展。完成这一历史性任务,除了国家支农惠农政策的支持外,必须通过加快新型城镇化进程来实现。推进新型城镇化,促进农民市民化,一是能够改变目前农村劳动力"转而不离"的局面,有效减少农户数量,缓解人地矛盾,为农业规模化经营创造条件;二是能够改变就业结构演进滞后于产业结构的局面,减小人口分母,提高农业比较收益;三是扩大农产品市场,为农业结构的深度调整提供强劲的市场动力,引领现代农业发展。

(2) 有利于发挥集聚效应,加快新型工业化进程。

"十二五"时期,河南省提出要着眼于抢占未来发展制高点,增强产业竞争力,发展壮大高成长性产业,积极培育先导产业,推动工业转型升级,走新型工业化道路。完成这一任务,必须充分发挥新型城镇化的引领作用。第一,推进新型城镇化,能够缓解建设用地紧张的瓶颈约束。新型城镇化将农村新型社区建设纳入城镇体系,鼓励合村并城、合村并镇、合村并区(产业集聚区),同时支持有条件的地区进行合村并点,促进农民集中居住,可以有效地缩减农村建设用地,增加城市建设用地供给。第二,推进新型城镇化,能够促进工业转型升级。新型城镇化强调促进产业集聚,发展产业集聚区。大量联系密切的企业以及相应的支撑机构在特定空间的集中,一是会产生规模效应,带来各种费用的节省,提高企业效益;二是产业集聚可以使同一产业内部的分工更为精细化,提高专业化水平;三是集聚将促使各类企业在激烈的竞争中进行技术创新,使先进技术更为迅速地在区域内传递。四是核心产业的集聚会对同类企业或上下游关联企业产生更为强烈的需求,进而形成产业集群。此外,产业的集聚能在一个相对固定空间内拓展产业深度,发展循环经济,降低资源损耗,集中治理污染,最大限度地提高资源利用效率。第三,推进新型城镇化,能够促进服务业全面发展。产业的集聚必然带来经济活动和人口的增加,必然对城镇公共产品产生新的需求,加快城镇交通、供水、供电等公用基础设施建设,推动教育、医疗、社保等公共服务集聚发展;同时带动以商贸、餐饮、旅游等为主要内容的消费性服务业的发展,并通过深化产业分工,扩充产业规模,促进金融、信息、科技、物流、创意等生产性服务业发展,推进工业化由低级阶段向高级阶段的演进。

(3) 有利于改变城镇化滞后局面,构建"三化"协调发展机制。

近年来,河南省工业化进程不断加快,但城镇化滞后的局面依然没有实质性改变。一是城镇化滞后于工业化。2015年,河南省工业化率为49.15%,城镇化率为46.85%,相差2.3个百分点。二是城镇化水平低于全国平均水平。2015年,河南省城镇化率比全国平均水平低 9.25 个百分点。三是存在浅度城镇化问题。即在城镇停留半年以上的农民工虽然被计入城镇人口,但并没有享受到与城镇户籍人口相同的公共服务和社会保障。作为劳动力输出大省,浅度城镇化最大的副作用表现在大规模的农村劳动力转移并没有带来农业人口和农户数量的减少,这使得农业经营规模不仅没有扩大,反而随着农户数量的增加更加细碎化。四是中心城市规模小,带动辐射能力不强,没有形成区域经济发展的核心辐射源,导致区域经济整体上活力不足。推进新型城镇化,就是针对城镇化滞后于工业化的现实,通过促进产业和人口集聚,做大做强中心城市,加快区域经济发展由以工业化为核心到以城镇化为引领的阶段性转变,实现新型城镇化、新型工业化与农业现代化"三化"协调、科学发展。

(4) 有利于改善民生,提高公共资源配置效率。

新型城镇化与传统城镇化的本质区别在于,鼓励和支持农民向城镇集聚,同时把农村新型社区建设纳入城镇体系,鼓励有条件的地区促进农民集中居住,促进城乡一体化。推进新型城镇化,促进农民市民化,一方面有利于把庞大的进城务工人员转为市民,让城市公共服务的阳光普照到这一社会群体。另一方面,建设新型农村社区,有利于统筹规划城乡基础设施建设和社会事业发展,有效地配置公共资源,使继续留在农村的居民也能享受工业化、城镇化带来的物质和精神文明成果,过上现代化生活,形成城乡一体化发展新格局。

第二节 城镇化发展的理论综述

一、国内外研究现状

在我国,城镇化是近现代的产物,在中华人民共和国成立后的前三十年时间里城镇化进程缓慢,改革开放后,特别是从 1992 年以后,我国城镇化才进入全面推进阶段。对于城市化理论与实践的研究,尽管我国理论界已经取得了一些成就,但还是不够成熟,特别在当前经济全球化、信息化的大背景下,对于城镇化的理论研究和实证研究还有待于进一步加强。这些已经达到的研究层次,既是我们进一步研究的基础,也是我们研究深入开展的原因。

(一) 国内研究现状

随着工业化水平的不断提高,城市成为现代社会经济发展的主要阵地。城镇化是工业化不断发展的结果,也在逐渐成为工业化发展的基本土壤和载体。中华人民共和国成立初期,我国城市化道路是城市大力发展工业,努力变消费型城市为生产型城市,城乡之间是一种互帮互助、统筹发展的辩证关系。自改革开放后,我国学者对如何城镇化的探索非常丰富,总的趋势是研究领域越来越开阔,运用新方法的范围越来越广泛。目前我国城镇化研究主要包含以下几个方面的内容:城镇化一般理论、城镇化道路选择、城镇化动力机制、城镇化发展模式、城镇化发展体制机制、城镇化与经济发展关系等。

1. 关于城镇化一般理论的研究

(1) 城镇化的概念和内涵方面。

城镇化(Urbanization)是人类生产、生活方式由农耕文化向工业文明转变,由乡村型向城市型转化的必然过程。孟翠莲在2012年指出,城镇化是指第二、第三产业在城镇集聚,农村人口不断向非农产业和城镇转移,使城镇数量增加、规模扩大,城镇生产方式和生活方式向农村扩展、城镇物质文明和精神文明向农村普及的经济、社会发展过程。张友良认为城镇化是人口城镇化、经济城镇化、社会城镇化、产业结构城镇化、城市建设和生活环境城镇化的综合化。2011年,冯煜指出,新型城镇化是指坚持以人为本,以新型工业化为动力,以统筹兼顾为原则,推动城市现代化、城市集群化、城市生态化、农村城镇化,全面提升城镇化质量和水平,走科学发展、集约高效、功能完善、环境友好、社会和谐、个性鲜明、城乡一体、大中小城市和小城镇协调发展的城镇化建设路子。2014年,彭红碧、杨峰认为在快速增长的背景下,我国的城镇化面临着诸多矛盾。符合中国国情、具有中国特色的新型城镇化道路的科学内涵应该是:以科学发展观为引领,发展集约化和生态化模式,增强多元的城镇功能,构建合理的城镇体系,最终实现城乡一体化发展。河南提出的新型城镇化,是以城乡统筹、城乡一体、产城互动、节约集约、生态宜居、和谐发展为基本特征的城镇化,是大中小城市、小城镇、新型农村社区协调发展、互促共进的城镇化。

(2) 城镇化一般理论方面。

国内对城镇化理论的研究较晚,但起点较高。特别是20世纪90年代以来,国内城镇化研究呈现出良好的发展态势,大致可分为三个阶段(20世纪90年代以前、20世纪90年代及21世纪以来)、四大学派(量化实证学派、经济地理学派、生态环境学派和现实问题研究学派)。

量化实证学派主要活跃在第一阶段(20世纪90年代以前),主要在借鉴国外的研究成果、研究方法和技术手段的基础上,对城镇化特点、动力等进行了较为广泛的研究,并进行了相应的量化实证分析,主要代表人物和代表性著作有周一星的《城市地理》、费孝通的《论小城镇建设》等。周一星于1988年在戈德曼大都市带理论的基础上创造性地提出"中国式"的都市连绵区(Retropolitan Interlocking Region, MIR),为中国城市化研究开拓了更为广阔的天地。

第二阶段(20世纪90年代)是我国城镇化研究的第一个高峰期,该阶段以经济地理学派和生态环境学派为主。其中经济地理学派以姚士谋、崔功豪和王振亮等为代表,侧重于从经济学和地理学的角度剖析城镇化发展的宏观区域背景、宏观政策和动力机制、运行机制等。郭焕成等在《农村产业结构调整与新型城镇化研究》一书中,着重研究了农村经济、乡村工业等对小城镇发展的影响。郑弘毅等在《农村城市化研究》一书中,研究了城镇化的动力机制。生态环境学派以周复多等为代表,坚持运用生态学原理和山水城市理念,强调城镇化与经济、社会、生态环境协调发展,创造城市可持续发展环境。

第三阶段(21世纪以来)是我国城镇化研究的又一高峰期,该阶段城镇化研究以具体对象为主,主要研究城镇化发展现状、取得的成就和存在的问题。但是各个学者研究的重点和特点不同。有的提出了城镇化发展评价指标体系;有的概括了我国已经初步形成的几种城镇化的模式;有的研究了城镇化发展的动力机制、制度创新、城镇化发展的区域差异等问题;也有的关注了城镇化发展路径及对策、城镇化发展目标及趋势、城镇化与城市群、健康城镇化与可持续发展等领域。其中,沈和、周毅、张同升等对中国城镇化发展现状、问题及对策进行了深入分析。顾文选、左振华、丁滴和李坤等分别对全国、山东省、中山市和新疆维吾尔自治区的城镇化速度、规模与目标等进行了测算分析。石楠、刘圣亮和王慧英等对健康城镇化的研究成果、健康城镇化的评价指标体系等进行了阐释。孙淼、李景霞、田昕加等对资源枯竭型城市转型与可持续发展、资源枯竭型城市的社会保障等方面进行了深入的研究。王翔、潘采伟、王本兵、王耀等分别对中国城镇化尤其是城镇化的制度障碍及制度创新进行了详尽的考察分析。

2. 关于城镇化道路的选择

在中国城市发展战略选择上,一直存在两种主要的争论:一种主张大城市优先发展,理由主要是大城市具有较高的效率,在国家资金约束严重的情况下,应充分利用稀缺资源,将资金优先投入大城市;另一种主张优先发展小城镇,他们认为,要转移大量的农村剩余劳动力,只有依靠众多小城镇的迅速发展。主张优先发展大城市的主要依据是综合效益的对比,认为"以大中城市为主导"的城镇化可以实现社会效益、经济效益和生态效益等综合最优。经济学博士周牧之认为,从城市的聚集效应来说,发展大城市的效果更好一点。1986年,胡兆亮提出大城市超前发展,是一个统计规律。当然,并非所有的经济学家都赞成优先发展大城市,不少学者仍然把"离土不离乡"的模式作为农村剩余劳动力转移的主要方向,温铁军主张加强小城镇建设,就近为农民提供非农就业的机会。1996年,费孝通指出"小城镇、大问题",指出了小城镇的兴衰存亡,直接影响到农村商品经济的发展,直接影响到几亿农村剩余劳动力的出路。1999年,胡少维认为"发展小城镇就成为必然选择"。2000年,辜胜阻、李永周认为应该以县城或县域中心城镇为主。2005年,周一星认为城镇体系永远是由大中小各级城镇组成的,提出"多元论"的城市化方针。此外,夏振坤与李享章提出应当在不同的阶段走不同的道路。1999年,叶裕民强调大城市要发展与控制并重,小城镇要以集中为主,要上规模。1999年,崔援民认为应当将集中型与分散型城镇化道路相结合,并要"实行区域性城市化发展战略"。

3. 关于城镇化发展的动力机制研究

我们党和国家政府把城镇化作为我国经济和社会的一个重要发展战略后,学术界对于新型城镇化的发展动力机制研究就一直处在一个热点状态。1983年,张庭伟对城镇化过程中不务农的农民,没有城镇户口的市民的现象进行了研究。1988年,严国芬运用灰色关联度分析方法,通过对小城镇及农村城市化的计量分析研究,认为我国的城镇化基本动力也是由于工业化引起的,城镇化发展规律与西方国家的城镇化进程是一致的。1995年,辜胜阻从产业结构转换的角度对城市化的根本动力进行研究,并对各种产业对城镇化进程的影响进行分类研究,进而得出在推进城镇化进程中存在哪些制约因素。1998年,宁越敏根据20世纪90年代后期我国城镇化出现的新情况,主要从推进城镇化投资主体的角度对我国城镇化的动力机制进行研究,得出我国城镇化是政府、企业和个人共同作用的结果。

城镇化作为社会现代化的重要标志,受到经济、社会、政治和文化等多方面诸多因素的影响。因此,城镇化的动力机制也应该是多方面的。1998年,刘传江认为在诸多影响城镇化发展的因素中,产业结构的非农化经营、经济要素在不同产业及地域间的流动、相关的制度安排与创新是影响乃至决定城镇化发展的关键要素所在。其中,产业结构转换是城镇化的动力机制,经济要素流动与集聚是城镇化的实现机制,制度安排与变迁是城镇化的推阻机制。1998年,宁越敏强调进入20世纪90年代以来,政府、企业、个人三元主体在城镇化进程中的共同作用;2003年,许学强从制度的角度分析了中国乡村向城市转型的关键。2003年,崔功豪、马润潮认为乡镇企业发展、劳动力转化和小城镇建设构成自下而上城市化的实质内容;朱铁臻认为,生产方式的变革才是城镇化的内在动力。2002年,李树琮认为,生产力的发展是社会经济结构演变的根本原因,是城镇化产生和发展的动力机制。覃成林则指出城镇化的动力机制就是市场机制,城镇化的演变受市场规律的支配。可以说,市场机制主导了城镇化进程。2001年,饶会林、陈福军认为,城镇化是其内在机制作用的结果。2001年,冯云廷认为,应该将产业聚集的一般利益看作是促进城镇化的力量。2001年,孙中和认为,中国城镇化发展的动力机制有四个:农村工业化的推进、比较利益驱动、农业剩余贡献、制度变迁促进。另外还有专家学者从人口流动、人口非农化、经济全球化、信息化等方面研究了城镇化动力机制。

进入21世纪后,我国学者对城镇化动力机制研究的角度更加宽泛,2002年,卢海元和吴莉姬提出了在社会主义市场经济条件下,重构城镇化动力机制问题。2004年吴莉规研究了我国城镇化过程中"自上而下"的国家投资兴建模式和"自下而上"的市场化促进城镇发展形势。2004年,华民以经济全球化为背景,从资源、环境、人口、经济增长的矛盾出发,指出中国城镇化推动力主要源于这些矛盾的相互作用。2006年,宁越敏对我国沿海地区的城镇化进行研究,得出沿海一些发达地区的城镇化主要是由外资进行推动的,外资带动出口增长,促进人口转移和集聚,进而形成小城镇和小城市。2006年,何念如认为,城乡协调和城镇体系协调发展是城镇化发展的主要推动力,也是城镇化健康发展的重要标志。2006年,刘贤昌的《中国城镇化动力机制研究》和2008年李梵的《重庆市城镇化动力机制分析》,分别对中国城镇化的动力机制、重庆城镇化的动力机制进行了深入剖析,认为城镇化的动力机制不是单一的,产业、固定资产投资、生产要素流动都具有重要影响。2012年,柳思维认为,区域经济发展总体水平对城镇化有显著的正向促进作用,但呈逐年下降趋势。

4. 关于新型城镇化发展模式研究

关于新型城镇化发展的模式研究,大致可以分为以下几个层次的研究。一是关于集聚经济理论的大城市模式和城市群模式问题。1992年房维中、范存仁和2010年王小鲁等认为："随着城市规模的扩大，集聚效应会明显增强，随着集聚效应的增强，会进一步产生较高的规模收益，进而带动就业、推动科技进步，发挥城市向外辐射的效应。"2000年，樊纲认为"对于中国这样的人口众多的国家来说，今后50年再出现50~100个万人口以上的大城市并不算多"。2006年杨波、朱道才、景治中根据我国当前的发展阶段，认为"我国的城镇化发展路径应该走大城市和城市群道路"。2008年，吴福象、刘志彪对我国长三角16个城市进行研究，认为"长三角区域形成的城市群对长三角的经济增长发挥着越来越重要的作用"。2010年，李富田、李戈根据四川省实际情况，认为"乡镇由于产业基础薄弱，对于人口就业的吸纳能力有限，农村的剩余劳动力更加倾向于待在大中城市，而非小城镇"。2010年，王小鲁认为："从我国的城镇等级规模体系来看，我国小城镇数量不断增加。但是其主要原因在于行政建制，而非由工业化造成人口向乡镇集中，进而形成小城镇。相反小城镇建设导致了资金和土地资源的浪费，缺乏可持续发展的能力。"

二是关于发展小城镇的城镇化模式。2000年，胡俊生认为："随着我国乡镇企业的快速发展，人口逐渐向乡镇转移，就业逐渐向乡镇工业转移，人口的不断积聚逐渐形成小城镇，即乡村工业化—乡镇（人口）城市化—小城镇发展路径。"2009年，周民良认为："由于中国农村剩余劳动力人口基数较大，多达2亿多人。整体向大城市转移，大城市存在承载力不足的问题，所以应该积极推动小城镇建设。"

三是关于城镇化统筹城乡发展模式。2008年，陈光庭认为："由于中国地域广阔，经济条件千差万别，因此中国应该走乡村逐步城镇化与城乡一体化双轨并行的城镇化道路。"2009年，程必定认为："中国的城镇化应该以统筹城乡为主要模式，在城镇经济社会能够辐射的农村地区，通过对其经济社会结构的影响转变，促进农村地区社会经济结构会发生深刻变革。"2009年，仇保兴在《中国城镇化：机遇和挑战》提出："中国既不能走欧美的A模式也不能走拉美的B模式，而应该走符合中国国情的C模式。本研究定义的C模式是指既充分利用市场机制的高效，又能低成本地补偿其负面影响的新型城镇化模式。"2010年，通过对浙江省小城镇建设的调查，潘海生、曹小锋认为："中国一些地区应该就地城镇化。"

四是关于城镇化模式因地制宜的研究。我国地域的经济、地理、资源、区位等要素差异性较大，在推进城镇化过程中，由于上述差异导致城镇的集聚效应和规模效应相差较大。2005年，蔡防、都阳、王美艳提出："我国东中西部经济和市场发育水平差异较大，因此东部和中西部在推进城镇化过程中应该采取不同模式。"2006年，杨波、朱道才、景治中认为："我国由于地区差异，城镇化进程也差异性较大，有些地区城镇化已经发展到城镇化中后期阶段，因此这些地区适合走逆城镇化发展之路；有些区域城镇化刚刚起步，因此这些地区应该集中打造一批有辐射力和影响力的大城市、特大城市和城市群。"2009年，周一星从城市城市规模与城市经济的关系入手，得出一个城镇的区位条件与城镇经济效益存在正相关关系。2010年，辜胜阻、李华、易善策提出："中国在推进城镇化过程中，应根据我国东中西部的地区差异选择不同的推进模式。"

5. 关于新型城镇化发展体制和机制的研究

国内专家学者对我国城镇化的发展体制和机制研究较多,本研究只从城镇化滞后的原因、城镇化的制度供给、城镇化的制度创新、城镇化的制度变迁等四个方面,简要介绍一些学者的代表性理论观点。

(1) 关于城镇化滞后原因的制度分析。2000年,温铁军认为:"国家重工业优先发展的战略是中国城镇化发展滞后的根本原因。这是因为在推进工业化的过程中,城乡经济发展出现较大的结构性不平衡。同时我国为了发展工业,长期分割的二元户籍制度也会造成城镇化进一步滞后于工业化的发展。"2007年,郭志仪认为:"为实现工业化,改革开放前,将工业化置于优先发展地位,城镇化置于从属地位;改革开放后,原来计划经济的户籍制度、土地制度和社会保障制度还没有适时变化,因此严重阻碍了城镇化进程。"

(2) 关于城镇化的制度供给分析。2004年,刘传江认为:"改革开放以后,我国的城镇化制度供给主要通过农村社区政府、乡镇企业、城乡家庭或个人等自发性制度供给为主,但是这些自下而上的城镇化制度安排也要获得上级政府的认可或支持。"2006年,林毅夫在《关于制度变迁的经济学理论:诱致性变迁与强制性变迁》一文中提出:"即使是市场主导的诱致性城镇化制度变迁也无法离开国家的推动。因为任何一项制度变迁都需要支付较大的预期成本,而在潜在利益集团与既得利益集团的矛盾和冲突中,以及潜在的利益集团尚未得到充分发展的情况下,自发的个人或组织是难以成为制度有效变迁的主力军,支付较大的制度变迁成本的。""政府有必要冒超一般化的风险去建立一种鼓励个人生动活泼地寻求并创造新的可获利的生产收入流的系统,和一种允许用时间、努力和金钱进行投资并让个人收获他应得好处的系统。具有这种特征的制度安排——更确切地讲,在产品、生产要素和思想方面清楚界定并良好执行的产权系统——本来就是公共货品。它不可能由诱致性制度创新过程建立,没有政府一心一意的支持和强制性的推行,社会上不会存在这样的制度安排。""如果没有由政府提供的秩序稳定性,理性行为也不可能发生。"

(3) 关于城镇化的制度变迁分析。1998年,辜胜阻、李正友认为:"中国自上而下的城镇化是由农村经济利益主体抓住产业非农化获利机会自发形成的,与政府的强制性城镇化制度有所区别。"1999年,崔功豪、马润潮认为:"中国的城镇化制度变迁主要来自于基层,也就是城镇化推动动力是农村社区政府、乡镇企业、农民家庭或个人,发生发展的地点在广大农村地区,主要表现为农村剩余劳动力就地转移。"2000年,李保江进一步总结了有关城镇化制度变迁的观点,他认为:"城镇化的制度变迁就是通过农村剩余劳动力向城镇转移和集中,进而导致城乡产业结构、就业结构进行一系列制度变迁过程。我国的城镇化制度变迁主要有两种基本的模式——诱致性制度变迁和强制性制度变迁。诱致性制度变迁是由私人主体个人或群体在给定的约束条件下,为响应获利机会和实现自身收益最大化而自发倡导、组织和实行的自下而上的变迁。强制性制度变迁是通过政府命令和法律引入,依靠国家权力实现的自上而下的变迁。我国的制度变迁存在明显的阶段性,改革开放以前主要是政府主导的强制性制度变迁,而改革开放以后则主要是市场力量诱导下的诱致性制度变迁。"2007年,刘维奇、焦斌龙运用经济学方法对城镇化问题进行研究,得出结论为:"城镇化过程是一种制度变迁的过程,即在工业化进程的推动下,农村剩余劳动力从农村向城市转移的各种制度变迁的过程。"

(4)关于城镇化的制度创新。城镇化制度创新研究主要体现在两个方面:一是在城镇化发展中对制度创新的认识,二是在城镇化过程中制度创新的方向和内容。关于城镇化发展中制度创新的认识。2002年,赵新平、周一星认为:"对于城镇化制度创新重要性和必要性的认识是推进城镇化的重要因素。如果认识不到位,就会导致城镇化的相关制度不合理,比如1978年以前;同样没有认识到城镇化作为一项经济社会生活的重大变革,也会导致相关的城镇化体制和机制不顺畅,比如1978年以后。"2004年,刘传江认为:"从城镇化的本质来看,城镇化过程本身就是一种社会结构变迁的过程,城镇化过程不仅表现为城镇人口和城市数量的增长,而且表现为城镇化的一些结构和制度安排上的变革"。刘传江指出中国城镇化水平低下的主要原因在于制约、影响城镇化发展的社会经济机制。2009年,刘国新认为:"农业、工业和第三产业是城镇化的重要物质动力,制度同样也是推动城镇化发展的强大动力。"

(5)关于城镇化制度创新的方向和内容。2001年,叶裕民指出:"制度是推动城镇化的强大动力,制度约束是导致中国城镇化发展缓慢的主要原因之一。当前,我国城镇化制度创新的主要内容应包括土地制度、户籍制度和社会保障制度。土地制度的创新内容关键在于建立城镇土地的年租制,降低企业和个人进入城市的门槛;户籍制度改革的主要内容是如何放开大中城市的户口管理以及改变必须购买商品房的规定;社会保障制度创新的主要内容是扩大保障面,逐步将农民工人纳入社会保障系统。"2006年,刘平量和曾赛丰也认为:"户籍制度、土地制度、社保制度是影响城镇化进程的三项主要制度。其中户籍制度是行政强制制度,土地制度和社保制度是经济强制制度,户籍制度是保护城市人口利益的制度,土地制度和社会保障制度是限制农村人口利益的制度;土地制度体现为阻碍农村人口进城的限制,社会保障制度体现为制约农村人口进城能力的限制。因此城镇化制度创新必须以土地制度、户籍制度、社会保障制度为创新重点,同时也要积极推进投资、就业、行政管理与行政区划体制的改革和创新。"

6. 城镇化与经济发展的关系研究

国内学者普遍认为,城镇化与经济增长之间存在显著的正相关关系,但该关系随区域、时间的不同而有所不同。丁建臣等认为,我国城镇化与经济发展之间不协调,未来城镇化发展应增加政府社会公共品有效供给,重构财政金融制度,变革经济发展方式。李欣先研究表明,山东省存在从城镇化到经济增长的单向因果关系,城镇化和经济增长之间存在长期的协整关系。辜胜阻等认为,广东与韩国的城镇化与经济发展之间存在高度相关性。有学者认为,城镇化率与采掘业就业比重之间同方向变化,与制造业就业比重、第三产业就业比重之间呈反方向变化趋势。还有人认为,改革开放以来,我国城镇化更多的是经济发展的一种结果和现象,城镇化本身作为经济发展的直接动力源特征并不明显。但通过城镇化确实可以使经济增长的相关要素得到很好的集聚,从而对经济发展产生良好的传导作用。毕文军分析探讨了中国城市化的特点,包括80年代小城镇发展对我国经济发展的促动机制,以及进入90年代后,在新的经济形势下,小城镇发展对经济发展的制约因素。刘志勇认为,城镇化与经济增长之间存在着互动关系。城镇化使越来越多的农村居民进入城市,引起了农村居民生活环境的改变,促进了农村居民消费水平的提高和消费结构的改变,促进了城镇房地产投资的增加,带动了相关产业的发展,从而有效地拉动了经济的全面发展。

当前学术界虽然已经出现了研究新型城镇化理论的热潮,且有不少新见解和新思想。但是由于中国城镇化发展正进入一个新旧观念、新旧道路和新旧模式转换的关键的十字路口,不仅从理论和实际的结合上要求研究更加全面和提升,而且各地新型城镇化发展迅速,不断有新的问题提出来,要求我们去关注和思考。同时,目前国内关于新型城镇化的研究,不少研究者都把研究的关注点放在了经济发达地区和快速增长地区的城镇化进程及其机理研究上,有分量的对中西部地区城镇化模式和机理机制的研究,无论是数量上,还是有较大影响的研究成果上,都不多见。一些新型城镇化中具有重要意义的问题,诸如新型城镇化的演变路径、城镇化与"三农"问题、边远地区尤其是传统农区的城镇化、城镇化与公平正义、城镇化与生态环保等关系的研究还不够深入,这就既难以保证中西部地区农村及弱势群体在城镇化过程中的权益,又在解释中国新型城镇化,尤其是城镇化发展的现状、特点及趋势时说服力不够强。特别是对于我国现在城镇化进程中出现的一些问题的分析,对这些问题的解决方案,如何更加符合实际及具有实际的可操作性,也都显得有些不够。凡此种种都说明,我国新型城镇化的研究还需深化和努力。

二、国外研究现状

国外关于城镇化的研究提出了很多城镇化进程中出现的问题。一类是城镇化发展过程中出现的社会问题。加拿大地理学家麦吉(T. G. McGee)在1991年对东南亚国家实证研究后,区别于西方传统以城市为基础的城市化过程,提出了以区域为基础的城市化。Roberts在1989年研究了发展中国家劳动力的新国际分工对城市化的影响。Aimin Chen在2002年提到了中国城市化和收入不均,认为城市化本身对缩小城市或农村差距并没有多大作用。Li Zhang,Simon Xiaobin Zhao在2003年提到了1949年后中国社会主义经济进程中的滞后城市化现象。Kevin Hongli Zhang,Shunfeng Song在2003年提到1978年以来,由于世界上历史性最大流量的农村向城市迁徙,中国经历了快速和空前的城市化进程。文章评估了1978~1999年中国城市化进程中城市迁徙的作用,调查了移居猛增的原因。发现农村向城市移居是中国城市人口增长的主要原因。Xiaoping Shen,Laurence J. C. Ma在2005年追溯了苏南农村产业所有制改革的发展过程,分析了私有化对苏南自下而上的城市化的影响。Barney Cohen在2006年概述了发展中国家最近的城市发展趋势和模式。另一类是关于城镇化带来的环境问题。Parikh,Shukla在1995年通过实证分析,考察了能源消费的发展变化以及城市化与资源利用的自然关系,而能源使用的增加对温室效应的产生有一定影响。Moore 等在 2003 年认为全球城市化给人类健康带来了威胁,如不合格的住房、拥挤、空气污染、饮用水污染或不足、卫生设施和固体废物处理服务不足、媒介传播的疾病、工业废物、不断增加的机动车辆交通、与贫穷和失业相关的压力,等等。Peen 等在 2007 年研究发现,城市化程度越高的地区,精神障碍发生越普遍越复杂。Wenzhi Cao 等在 2007 年认为城市化影响了土地表层的营养平衡。Jie Chen 在 2007 年认为我国已经面临土地稀缺的巨大挑战。在过去二十年中,城市化的加剧与爆炸性的经济增长使农业用地短缺进一步恶化。Yinggang Wang 等在 2009 年以山西省晋中盆地为例,指出城市的快速发展导致各区域基础植物生长被严重干扰,造成物种损失。城镇化过程中出现的这些问题不符合新型城镇化环境生态宜居的要求。目前国内外对于城镇化和产业集聚的研究多局限于传统城镇化与产业集聚的研究,关于新型城镇化对产业集聚的要求以及二者的互相作用方面研究极少,尤其满足不了河南省建设中原经济区,走新型城镇化道路的要求。

由于西方城市化发展大致早于我们 100 年,一些发达国家在 20 世纪就已经达到了很高的城镇化水平,完成了城镇化的进程,甚至出现了城镇人口向城郊回流的新动向。这不仅使得国外城市化的相关理论研究在时间上比我们早许多,研究范围和程度深许多,而且也出现了一些在国际上有较大影响的研究学者和学术观点。但是,由于中国新型城镇化是近些年才出现的新情况,就国际研究视野看,除了一些报道型的论述外,对于中国新型城镇化问题的深度研究成果,尚不多见。

1. 西方关于城镇化问题的代表性著作和论文的观点

西方发达国家的城市化过程始终与城乡人口转型和经济结构变化相适应,是一个渐变、平滑的"Davis 城市化曲线",相应的关于城镇化的理论研究也较为单一。国外关于城市化的研究大致可以分为 1900 年以前、1900~1945 年、20 世纪 50 年代至今共三个时期。第一时期的代表作有马克思的《资本论》《政治经济学批判》,恩格斯《英国工人阶级状况》,亚当·斯密的《国富论》等,虽然不是关于城市化的理论专著,但对于城市化问题已有不少论述,有些论述甚至是非常深刻的。第二时期国外的城镇化研究大多关注全球或区域大尺度范围的城市化空间扩散组织结构及城市化的发展规律,其理论大致可分为分散主义和集中主义两大派系。两派系主要形成于 1898~1935 年,并对以后的城镇化理论研究及城市化进程产生深远影响。第三时期即 20 世纪中后期以后,随着经济、社会、生态等各学科向城市化领域渗透,城镇化理论逐渐向多元化方向发展。

第一时期以后,哈格斯特朗(T. Hagerstrand)于 1950 年、佩鲁(F. Prroux)于 1954 年、弗里德曼(Friedman)于 1964 年从空间扩散的角度对城市化进行了探讨,分别提出了现代空间扩散理论、增长极理论和"核心-外围"模式理论等空间扩散学说。盖迪斯(P. Gedddes)于 1955 年、帕克(W. Burgess)于 1925 年、霍伊特(H. Hoyt)于 1936 年试图用生态学原理解决城市化问题,其中"芝加哥学派"为生态学派的典型代表。新马克思主义学派则试图利用马克思主义政治经济学来解释城市化动力机制,代表人物为英国的哈维(D. Harvey)于 1973 年和美国的卡斯特尔(M. Carstelle)于 1976 年。麦吉(T. G. McGee)于 1991 年则从城乡一体化以及区域经济的角度对城镇化问题进行了研究,并通过实证分析认为东南亚国家的城市化明显区别于西方国家,城市化的最终目的是实现城乡一体化。诺瑟姆(Ray M. Northam)于1975年认为城镇化与经济发展之间存在关系,进而指出二者之间是一种粗略的线性关系。戈特曼(Jean Gottmann)于1957年首次提出了大都市圈概念,用以概括一些国家出现的大城市群现象,并认为交通运输和信息产业的高度发达是大都市连绵带发展的主要驱动力。吉尔伯特和格勒(Gilbert&Gugler)于1982年以及阿姆斯特朗和麦吉(Amstrong&McGee)于1985年侧重于从国际化尺度来研究城市带的形成机制和演进趋势。

另外,Pernia等人在1991年就城市化可持续发展战略,Rondinelli在1991年就90年代城市战略做了深入探讨,而Stren&Yeng在1995年认为城市应积极参与国家与地方政策过程,以提高城市化质量等。

2. 关于中国城镇化问题的代表性著作和论文的观点

作为一个研究领域,城市中国(Urban China)在20世纪初期就吸引了国外相当多学者的注意力。最早研究中国城镇化的是一些研究中国问题的汉学专家。他们大多采用历史学、社会学、人类学、传统文化等研究方法,对中国城市化问题进行研究。如1937年日本学者Kato shigeshi仅研究了从清朝康熙年间到中华人民共和国成立期间的大量历史资料,并且亲身调研了河北直隶、山东、山西、河南、福建、广东等地的农村市场。中华人民共和国成立后,更是吸引了很多政治、经济、地理等方面的专家和学者研究中华人民共和国的诸多问题,其中就包括对中华人民共和国城镇化问题的关注。中国改革开放以后,更多学者加入到研究团队,把对中国城镇化问题的研究推向了一个小高潮。

就研究的关注点看,1990年以前,不多的学者研究了中国城市的起源和功能,如1952年Trewartha对中国城市起源和功能的研究。而国外一些学者主要是研究了为什么资本主义和随后的西方城镇化没有在中国这样一个具有悠久历史和深厚文化底蕴的中国进行下去。Weber和Gerth认为这是因为作为中国的统治哲学,儒教能够促进农耕主义的发展,却阻碍了资本主义和城镇化的发展。1959年,美国学者Levenson运用传统现代模型方法进行研究,认为中国社会基本上经历一个长周期循环,或者只有通过一个强大外在冲击才能完成从停滞期到现代社会的演变。1978年,以Fairbank和Liu为代表人物的美国关于现代中国史研究团队,运用因果关系模型支持了这种观点。1960~1970年间,年轻一代的美国历史学家批判了这种观点,同时,他们积极运用实证研究探寻中国城镇化问题。1977年,Skinner依托中国中心论的视角,通过对四川城镇化的研究出版了《中国区域城镇化》一书。1961~1963年,一批西方学者从历史地理视角研究中国的城镇化,分析了在清朝期间和当时中国城镇化趋势背景下中国城镇的空间布局。

1970年以后,特别是改革开放以后,国外学者开始对中国城镇化从不同视角进行研究。如1973年,Rozman对城市网络进行研究。1980年,Chiu、Leubg和Ginburg从不同视角研究了国家发展和城镇化之间的关系。1984年,Yeh等人研究了各省城镇化的差异性。1986年,Pannell研究了城镇化增长模型。1997年,Sit等人对外资（FDI）促进城镇化进行了研究。在这些研究中，比较有影响的观点有：1985年，Kirby认为中国缓慢的城镇化进程是过度强调工业化的一个结果。为了实现工业化目标，中国在重工业方面加强投资，而忽略城镇基础设施建设，忽略了农业经济扩大再生产，进而减弱了城镇化发展的驱动力。1990年，Cannon和Jenkins进一步研究了这个命题，提出中国的工业化是中国特殊历史情况的现实选择，但是中国工业的分散化阻止了中国的城镇化进程。1998年，Young等人研究了农业和制造业对中国的影响，强调有效的食物供应限制了城市人口的增长。1998年，Wang Kowk开始从工业信息化和跨国公司的角度来研究发展中国家的城镇化问题，并在揭示国外工业信息化相关理论后，分析了在亚太地区，工业信息化、国外投资、国内教育发展对城镇化的影响。Urban Geography 杂志1986年第4期，Urban Studies 杂志2002年第12期，对中国城市化的诸方面问题进行了探讨。Ma和Hansen在《现代中国城市发展》一书中，也提出"在城市化水平不高的情况下，实现工业化"，事实就是"减少城市化成本，来扩大工业化的发展"。

2000年以后，国外顶级研究机构和顶级学者的视线开始转向中国的城镇化，国外学者对中国城镇研究逐渐繁荣起来，并出版了一些专著和论文。诺贝尔经济学奖获得者、世界银行前副行长斯蒂格利茨有句名言："引领21世纪世界经济发展的两大引擎，一个是美国的高科技，一个是中国的城市化。"2001年John Logan出版了《全球化和市场经济改革下的中国新城市》。2002年，Fan分析了区域人口增长，认为人口增长与经济增长密切相关。2000年，Marton通过对中国东部、中部、西部的经济发展状况研究，解释了现在经济发展水平和城镇化发展水平的差异性。2002年，Zhang通过比较和分析中国不同区域、不同阶段的数据，得出以下结论：虽然有国家政策、区域经济增长和其他一些历史和地理因素对城镇化进行影响，但是外资对城镇化的影响处于一个重要地位。2003年，Pannell借助于Oshima研究的东亚城镇化模型，比较了城镇化和工业化的变化趋势，解释和分析了经济结构变迁与劳动力转移之间的关系。虽然这个模型不能完全解释中国的城镇化进程，但是作者还是努力在中南沿海地区找到一些结论。2002年，Lin从一些长期由计划经济引起的体制性障碍出发，找到了引起城镇化发展缓慢的原因。2002年，Yi Xiao feng、Jacek Kugler和Paul J. Zak运用一个政治经济学模型研究中国城市化与人口变化之间的关系。2002年，Carolyn Cartier从深圳的景观来反映改革后中国城市的跨国城市化（transnational urbanism）。同年，Shunfeng Song和Kevin Honglin Zhang用1991~1998年的数据，分析了中国城市规模分布及变化，从不同角度对中国城镇化问题提出了相应的看法。

2005年，John edmann在《中国城市变迁》（*Chinas Urban Transiton*）中系统介绍了中国城市化问题，主张从历史文化角度看待中国当前在城市管制制度、民间社会、农村城市化、农村人口流动等方面取得的成就及存在的问题。世界银行中国区首席经济学家Chorching GOH在"2013中国城镇化高层国际论坛"明确提出，在城市化过程当中，必须要确保社会福利的纬度是可以均等的，一些最基本的社会服务，必须要在不同地理区域之间得到均衡平等的分布。世界经济论坛高级总监Ales Wong在

"2013中国城镇化高层国际论坛"上提出,随着中国城镇化的逐步推进,城市建设的投融资问题将会凸显,有必要让国内和国际私有资本参与城镇化建设。

由于国外早已经完成了城市化,他们对城市化问题的研究成果,特别是对中国城市化问题的研究,对于我国城镇化发展具有一定的借鉴意义。但是,这些研究多是从外围进行的一种观察和评价。由于国情和文化的差异,他们的研究对于中国新型城镇化也只能是一种借鉴和参考。要做好自己的事情,走出一条中国特色的城镇化道路,还是必须依靠我们自己进行理论和实践的探索。

第三节 研究方法

研究是指提出问题,通过对事物真相、性质、规律等进行积极探索,以系统方法寻找问题答案的过程。研究表明为人对一个特定事物由不知变为知,由知少变为知多的过程。方法一般是指为获得某种东西或达到某种目的而采取的手段与行为方式。研究方法是指研究人员通过积极探索,或者发现新的现象和事物,或者提出新的理论和观点,从而揭示事物内在规律的工具和手段。由于研究对象的复杂性,进行科学研究,必须注意采取正确的研究方法。

一、文献研究法

文献法是一种既古老又富有生命力的科学研究方法。人类活动与认识的无限性和个体生命与认识的有限性的矛盾,决定了我们在研究逝去的事实和复杂的问题时必须借助于文献。文献是指通过一定的方法和手段、运用一定的意义表达和记录体系记录在一定载体的有历史价值和研究价值的知识。人们通常所理解的文献是指图书、期刊、典章所记录知识的总和。文献是记录、积累、传播和继承知识的最有效手段,是人类社会活动中获取情报的最基本、最主要的来源,也是交流传播情报的最基本手段。文献研究法是研究者根据特定的研究目的,在广泛搜集和梳理分析各种与研究目标相关文献资料的基础上,从这些文献资料中选取有价值的信息,从而使研究者能够全面正确地了解把握所要研究问题的一种方法。文献研究法的使用面很广,各种学科的研究中都被广泛使用。文献研究法的主要作用表现为:使研究者通过阅读有关问题历史和现状的资料,能够更加清楚地把握研究课题的整体状况,从而形成关于研究对象的一般印象,了解事物的全貌,使研究更深化。使用文献研究方法,要做到科学性必须注意两点:一是要在浩如烟海的文献群中选取适用于课题的资料;二是要充分体现文献法的继承与批判特点,对这些资料做出恰当分析和使用。这样才能对原有文献加以重新组合、升华,找出事物间的新联系、新规律,形成新观点,创造出新理论。

本研究使用和参考的文献主要包括马克思主义经典文献、中国共产党相关重要文件,以及有关联且又有一定影响力的城镇化问题的研究成果。本研究通过对马克思主义经典作家关于城市发展思想的著作文本,对中国共产党几代领导人的相关重要讲话和著作,对中共中央关于推进我国新型城镇化发展的相关文件等重要文献的认真阅读领会,进行了细致的思想梳理和观点分析,力争在对文本解读的基础上,对我国新型城镇化建设的马克思主义指导思想,对能够获得借鉴效应的西方的一些城镇化经验教训的相关思想资源,进行比较全面系统的梳理和概括,这样不仅可以保证本论文研究的正确思想指导,而且可以在研究中通过比较分析,展示世界和历史视野。本研究在对相关文献资料进行解读时,科学使用了解释学方法,在阐释中不仅努力做到按照文本原意理解其本意,而且努力做到合理阐扬文本中蕴含的当代意义。由于我国新型城镇化问题已然成为深化改革和推动经济社会发展的重大战略问题,无论是政界还是学术界,研究热度持续高涨。显然这些研究对于我们的再思考,是一个很好的理论研究基础和铺垫。因此,在本研究中,会时时密切关注党和国家出台的新政策、党和国家领导人的讲话以及一些重要会议决议和文件,会时时对学术界中具有一定影响力的相关研究成果进行动态把握,并且通过认真研究阅读和研究分析,不断提升研究的新认识,开启研究的新思路,提升研究的新高度。

二、历史研究法

历史研究是一种旨在探讨人类社会历史发展特殊规律的认识活动。所谓历史,就是过去发生的一切,是过去的人和事,是人类活动的连续记载。历史研究法是运用历史资料,按照历史发展的顺序,对过去事件进行研究的方法。历史研究不是对任何事的研究,也不是断章取义地分析研究对象的现状,而是系统地研究它们以往的发展及变迁的原因,从各种事件的关系中找到因果线索,演绎出造成制度现状的原因,推测该制度未来的变化。历史研究是一种很有意义的研究方法。它最大的价值在于既服务于现在,又能服务于未来,这是其他方法不具备的优势。以铜为鉴,可以正衣冠;以人为鉴,可以明得失;以史为鉴,可以知兴替。历史是过去的现实,现实是未来的历史。李大钊这样评价两者的关系,"历史中有我们的人生,有我们的世界,有我们的自己"。历史研究的独特之处在于,它探索资料而非生产资料。但是,历史研究法的资料选择和认识反映出研究者的阶级立场、党性立场和价值取向。研究者选取什么问题研究,从什么角度切入课题,既反映了现实生活的需要,也体现了历史学家的现实关怀。要真正理解过去,就需要准确把握过去的时空结构。

本研究始终站在无产阶级党性的立场上,本着服务于我国新型城镇化发展的大目标,从世界和中国两个空间维度对新型城镇化问题的历史发展进程进行考察,对我们党城镇化理论的发展深化进程做了历史的梳理,以期总结世界和我国城镇化发展的历史经验,推进河南省新型城镇化的健康发展。

三、比较研究法

比较就是辨别事物相同属性的异同或高低。同类或不同类事物的相同属性之间可以进行比较,同一事物的同一属性在不同时刻也能比较。比较研究法就是对物与物之间和人与人之间的相似性或相异程度的研究与判断的一种研究方法,比较研究方法的作用在于帮助研究者通过对不同研究对象的比较,形成对特定研究对象的本质与规律的科学认识,从而使研究者对研究对象做出正确的评价。虽然,社会科学研究方法众多,但是比较研究法是研究者使用较多的一种方法。比较研究法最主要的方法是两种,一是纵向比较分析,一是横向比较分析。顾名思义,纵向比较法是以时间为研究坐标,按照历史发展的时间视角进行阶段比较。因此,纵向研究的最大特点就是以时间为顺序,通过概括研究对象产生形成和发展的历史趋势和发展轨迹,从中提炼出推动研究对象发展的主动力,进而揭示出研究对象的本质及发展的规律性,为其发展提供理论的指导。横向比较法是指对同类的不同对象在统一标准下进行比较的方法。事物之间的相同点和不同点都是相对存在的。在比较分析中要善于抓住事物本质的东西,对于表面上差异极大的现象,要能发现其中可能存在的共同本质,"异中求同"。对于表面上相同或相类似的现象,要能发现其中隐含的本质差异,"同中求异"。

本研究中既采用了纵向比较研究方法,也采用了横向比较分析法。纵向比较研究方法主要是对我国及河南省城镇化发展的理论和实践进行了时间发展视野的研究。横向比较方法主要是从空间维度,对我国新型城镇化发展的状况与同一历史发展阶段上的不同国家的城镇化模式进行了比较,对我国及河南省城镇化发展的典型模式进行了对比。通过国内外模式和理论的比较分析,从中找出差别和特点,分析原因,总结经验教训,以期推进河南省新型城镇化事业的进步。

四、交叉研究法

交叉是指内容的交织或重复。交叉研究法又称立体分析法,这种研究方法的特点是综合运用已经比较成熟的多学科的理论和方法成果,对某一课题进行综合研究。交叉分析法是在纵向分析法和横向分析法的基础上,从交叉、立体的角度出发,由浅入深、由低级到高级的一种分析方法。这种方法虽然复杂,但它弥补了"各自为政"的分析方法所带来的偏差。现代科学不断深化发展,一个重要特征就是现代科学在高度分化中又高度综合,高度综合正是体现了事物统一整体的发展运动规律。现在,交叉分析法已经成为科学研究的一个基本分析方法。

新型城镇化研究是一个大的系统工程建构。新型城镇化问题,从来就不是一个简单孤立的问题,新型城镇化的推进和实现,既涉及一系列的理论问题,也涉及众多的政策和实践问题。就其涉及的理论学科内容看,就横跨几大门类学科,如政治学、管理学、经济学、金融学、法学、公共政策学、人口学、规划学,甚至还有大量的数学模型和计算等。对此问题进行研究,不仅需要我们具备多学科的理论知识,最好还具有实际的工作经验和思考这一问题的长期积累。这既是本研究的一个特点,也是本研究的一个难点。

五、系统研究法

系统方法自古就有。但是作为一种研究方法的系统研究法,是随着新的科学技术革命发展的需要,产生于20世纪50年代。系统研究法的本质是深刻反映了客观整体性的思维方式。系统论认为,系统是由事物内部相互联系着的各个要素的总和构成的有机整体。任何事物都作为系统而存在,有系统就一定有结构和层次的存在。世界就是一个整体。为此,要认识世界和研究对象,就要求我们从客观世界(即研究对象)的整体与要素、整体与层次、整体与结构、整体与环境的辩证统一出发,揭示事物的整体关系与整体特征。系统研究方法,就是把某一特定的对象作为一个大系统,进而把若干大系统划分为若干小系统,再把若干小系统划分为若干子系统,再细分为具体的单元要素,在此基础上再按具体的单元要素、子系统进行层次分析,通过综合研究,形成对这一特定对象的整体认识。

中国新型城镇化本身就是一个大的系统工程,涵盖庞大的研究内容。就研究内容看,包括新型城镇化研究的基础性理论,中国新型城镇化研究的指导思想、思想资源,中国传统城镇化到中国新型城镇化的发展历史和典型模式,当前中国新型城镇化发展道路的特点、现状,以及推进中国特色社会主义新型城镇化健康发展的政策建议等多个方面。在研究中,必须关注这些部分的相互联系和相互促进,并从它们所构成的统一有机体中,把握逻辑性。就研究领域看,中国新型城镇化问题是当前中国特色社会主义事业发展的关键环节,内容涉及方方面面和多个领域,绝不是某一个学术研究领域就能独立完成的课题,涉及学科领域之多,已经在上面进行了简要论述。对于这样一个跨越人文社会科学和自然科学的研究对象,必然要求研究者既要有多学科知识背景,也要有宏大的研究视野,更要有系统研究大课题的驾驭能力。

六、个案研究法

个案是单一个体在某种情境下的特殊事件。个案研究法也称为案例研究法,是针对单一个体在某种情境下的特殊事件,广泛系统地收集有关资料,从而进行系统的分析、解释、推理的研究方法。个案研究在社会调查和研究中具有重要意义。这是因为个案研究不仅仅要提出研究的问题,还要通过对个别地方、个别单位、个别典型的科学剖析,求得对普遍情况的真正了解和对一般规律的正确认识。这一科学方法,体现了辩证唯物主义由个别到一般、由特殊到普遍、由个性到共性的认识原理。一般来说,社会学的个案研究步骤大致为:确定研究对象,收集个案资料,个案分析,形成结论。其中比较重要的环节是对收集资料的梳理。个案研究收集到的资料往往比较粗糙琐碎,难以直接解释问题,要想从感性材料中得到规律性结论,需要运用理性逻辑思维的方式,这就是毛泽东在《实践论》中曾经指出的方法:"要完全地反映整个的事物,反映事物的本质,反映事物的内部规律性,就必须经过思考作用,将丰富的感性材料加以去粗取精、去伪存真、由此及彼、由表及里的改造制作工夫,造成概念和理论的系统,就必须从感性认识跃进到理性认识。"通过这些对有关资料的研究发掘工作,就可以掌握其固有的本质联系和发展趋势,既防止把没有普遍性的个别现象误认为具有普遍指导意义,导致犯片面性的错误,又防止误把支流当主流,造成决策上的严重失误。本研究中采取个案研究的方法,其目的是通过对河南省推进新型城镇化实践探索的研究,在分析河南省新型城镇化基本状况、基本措施、基本经验和进一步发展思路的基础上,折射出全国推进新型城镇化理论和实践研究的重点,成为整个论文研究的实践基础。

第二章 新型城镇化建设的理论基础

第一节 新型城镇化的基本内涵

一、城镇化

(一)城镇化的定义

不同的学科对城镇化的定义不尽相同,人口学认为城镇化是指人口向城镇集中的过程。这个过程表现为两种形式,一是城镇的数量在增多,二是各城市内人口规模在增加。这一过程中从事农业人口在社会总人口中的比例下降,从事非农业人口也即城镇人口的比例上升,城镇化的实质就是农业人口的城镇化,是农业人口市民化的过程。在社会学家的概念中,城镇化的过程被理解为一个地区居民生活方式的变化过程,广大群众因各种原因(比如生活方式提高等)被吸引到城镇中,融入城镇生活,进而生活方式得以发生变化。从这个定义上可以看出,社会学家给城镇化下定义是从人们的生活方式出发,引导乡村地区的居民走出原有的、旧的生活方式,让越来越多的农民享受城市文明,享受社会进步的成果。

人类学家把城镇化理解为"城市性"生活方式产生、强化和传播的过程。农民在市民化的过程中,在理念、教育素质、生活习惯、举止行为等方面不断转化和提升。经济学对城镇化的理解是:城镇化是社会生产力、人类经济社会发展的必然产物,是人类生产生活从农业方式转向非农业方式,各种社会资源不断向城镇流动集聚的过程。城镇的形成和发展是非农产业产生和发展的过程。随着非农产业的发展,社会上出现了分工。一方面,农业生产效率的提高节省出来大量的剩余劳动力,另一方面,工业化和第三产业的发展需要更多的劳动力,这样就促使农村剩余劳动力向城镇靠拢。地理学认为:城镇化是地域演变的过程,主要是说乡村地域向城镇地域的转化,城镇地域向外扩张和城镇内部地域不断演化的过程。由于地域空间组织过程比较复杂,涉及政治、经济、文化等因素,所以地理学对城镇化的解释是综合性的理解。

其实,城镇化就是人口向城镇集中,社会生产和生活方式不断发生变化,各种生产要素、生活要素在一个新的环境、新的方式下重新整合,最后达到各项社会资源得到充分利用的过程。其结果是人类社会的生产关系更能适应社会生产力的发展。

(二)城镇化的类型

现有的研究从不同的角度和视野将城镇划分为不同的类型,主要有以下几类。

1. 集中型城镇化和分散型城镇化

集中型城镇化和分散型城镇化划分方式的依据是城镇空间分布情况和人口集中、分散情况。集中型城镇化的主要表现是农村人口不断向城镇集中,城市规模不断扩大的过程,目前这一模式在发展中国家表现比较明显。发展中国家的一些大型城市、发达国家的城镇化一般是分散型的城镇化,分散型城镇化的特征是大城镇市郊、非城镇地带的快速城镇化,"都市带"和"都市圈"不断扩大,其实质是城镇功能的外部延伸。

2. 同步城镇化、过度城镇化和滞后城镇化

同步城镇化、过度城镇化和滞后城镇化是从城镇化和工业化二者发展水平的对比来划分的。同步城镇化指城镇发展、工业化发展二者共同发展,这是一种比较理想的城镇化类型。过度城镇化是指城镇化水平超过工业化水平,这是一种不合理的发展模式,往往带来严重的城市病。滞后城镇化是指城镇化水平落后于工业化水平,工业化水平一般较高,而城镇化水平却未能跟上其发展步伐,目前我国的城镇化发展就是这种状况。

3. 自上而下的城镇化和自下而上的城镇化

自上而下的城镇化和自下而上的城镇化是从城镇化推动力的角度划分的。前者指城镇化的推动力来自于城镇经济的发展,来自于城镇对乡村的巨大吸引力和辐射力,包括农业人口向城镇的流动以及城镇经济和人口向周边地区扩散导致的乡村城镇化。后者指乡村地区根据自身的实际情况发展壮大,就地城镇化,这种城镇化主要是由于乡村经济发展,所以又称为自下而上的城镇化。

4. 农村城镇化、都市化、大都市区、大都市连绵带和郊区化

农村城镇化、都市化、大都市区、大都市连绵带和郊区化是从城镇化的发展层次划分的。农村城镇化是农村地区在向城镇转变过程中的有序退缩和稳步提高的过程。都市化指现有城镇和城镇人口的继续城镇化,是城镇的功能重组、规模扩大,包括建立现代化的工业、商业、科技教育系统、生态环境等。大都市区是以某一大城镇或特大城镇为核心,使中心城镇和城镇边缘区共同构成相互关联并具有一定空间层次、地域分工和景观特征的巨型地域综合体。大都市连绵带是由在地域上集中分布的若干大城镇和特大城镇集聚而成的庞大的、多核心、多层次城镇群体,是大都市区的空间联合体。郊区化是指由于城镇中心区地租昂贵、人口稠密、交通拥挤、环境恶劣等原因形成的巨大推动力,使城镇中心人口外迁,形成相对中心区而言的城镇离心化现象,也叫逆城镇化。

二、新型城镇化

所谓新型城镇化,是指坚持以人为本,以新型工业化为动力,以统筹兼顾为原则,推动城市现代化、城市集群化、城市生态化、农村城镇化,全面提升城镇化质量和水平,走科学发展、集约高效、功能完善、环境友好、社会和谐、个性鲜明、城乡一体、大中小城市和小城镇协调发展的城镇化建设路子。新型城镇化的"新"就是要由过去片面注重追求城市规模扩大、空间扩张,改变为以提升城市的文化、公共服务等内涵为中心,真正使我们的城镇成为具有较高品质的适宜人居之所。新型城镇化是在新的历史时期提出来的,是考虑国际国内各项因素后做出的决定。目前世界各国经济增长受到很大挑战,世界经济格局进一步发生变化,我国经济增长速度的放缓给了我们很大的警示,原有的粗放型经济增长模式和增长动力已经不能为我国经济持续健康发展提供保障,必须找到一条新的发展道路,一方面为我国经济增长寻找新的推动力,另一方面解决我国社会经济发展中出现的问题。

新型城镇化坚持以人为本,在城镇化的进程中,不仅要保护市民的权益,而且要千方百计地保护农民的权益;保护农村剩余劳动力将要市民化的权益;不仅要发展城镇,还要发展乡村;既要重视工业化的发展,同时还要重视农业的发展,是一条兼顾城乡、兼顾农民与市民的意在消除二元经济体制的发展之路。不仅要求达到经济的持续增长,还要求达到城乡生态良性发展。新型城镇化道路不仅要发展城市规模、搞房产,更重要的是注重提高城市的质量,提升城市的内涵。新型城镇化是我国新时期的历史任务,是我国社会经济发展的大方向。

(一) 界定新型城镇化内涵应把握的基本原则

一是坚持科学发展观。在当前国际国内复杂形势的影响下,城镇化发展模式也面临着比过去更为迫切的发展转型要求。在这个过程中必然会触及各个阶层的利益,引发不同层次的矛盾,运用科学发展观的基本思想和要求,用科学的方法指导城镇化的实践,有利于处理好城镇化过程中可能面临的各种关系和矛盾,从源头上消除隐患。

二是遵循城镇化发展的一般规律。城镇化是人类社会发展到一定程度的必然产物,也是经济社会发展的一种普遍现象。虽然各国的城镇化发展路径不同,具有其自身属性和文化特点的发展规律,但就世界各国城镇化发展的实践历程而言,都要遵循经济社会发展和城镇化发展的一般规律。

三是坚持实事求是的原则。虽然城镇化的一般规律大体是一致的,但是各个国家和地区的风土人情、文化背景都不相同,因此在推进新型城镇化过程中,各国、各地均需要考虑自身的特点和发展实际,针对自身在城镇化发展过程中的各种突出问题,因地制宜,选择符合自身特点和发展要求的新型城镇化道路。

四是善于总结经验教训。无论我国还是发展中国家,与西方发达国家相比,其城镇化发展水平无疑存在较大的差距。因此,一方面要充分研究和总结国内国外城镇化道路的发展模式,避免我国重走国外城镇化建设所经历的弯路;另一方面要虚心接受,并充分汲取世界各国城镇化的成功经验,制定与实行科学合理的城镇化政策。

五是坚持与时俱进的原则。结合我国当前城镇化发展的具体实际,加快新型城镇化发展应注意以下方面:(1)积极应对国内外经济和政治发展新形势的变化;(2)弥补快速城市化所带来的缺陷和损失;(3)最大限度地以改革开放所取得的成就造福广大人民;(4)推动中国城乡建设和可持续发展;(5)注重城乡统筹与一体化,通过产城互动打造节约集约生态宜居的新型城镇,最终实现人与自然的和谐发展;(6)实现不同规模城市与区域协调发展、互促共进的城镇化;(7)新型城镇化的核心在于实现城乡一体化和公共服务均等化,促进经济社会发展,实现共同富裕。它不以牺牲农业和耕地、生态和环境为代价,而应着眼于农民,涵盖农村,帮助农民共享改革开放的成果。

(二)新型城镇化的基本内涵

1. 以人为本的城镇化

以人为本的城镇化是新型城镇化的核心,新型城镇化的推进必须遵循人的意愿和人的需求,一切以促进人的全面发展为目的,合理有序稳步推进城镇化的进程。其中人口城镇化是以人为本城镇化的第一步,但不是问题的全部。新型城镇化还要为城镇人口提供充分的就业保障,使进入城镇的人有充分的生活物质来源,需要保证农民身份市民化的人口子女拥有平等的受教育机会,免除他们的后顾之忧,同时需要解决人们的健康医疗问题和社会保障等问题。

2. 城镇规模结构与空间结构的多元化

城镇规模结构与空间结构的多元化主要是为了解决城镇化的空间无序扩张、土地利用效率低下问题,城镇规模结构与空间结构多元化是新型城镇化合理推进的空间保障能力,能够促进以往外延粗放的城镇化模式转向内涵集约型,由城镇化的规模与速度的扩张转向质量与效益的提高。具体而言,应该包括大中小城镇或城市的协调发展以及空间结构优化等方面,大中小城镇或城市的协调发展应该以增强综合承载能力为重点,以特大城市为依托,形成辐射作用大的城市群,在培育新的经济增长极的同时,完善城镇化的主体骨架,加快城镇交通基础设施建设,实施城市群发展战略、中心城市发展战略和多中心网络开发战略,促进城市群及其内部一体化发展。

3. 产城融合与一体化

产城融合与一体化是新型城镇化健康稳步推进的重要动力,产城融合是经济社会发展到一定阶段的产物,它要求产业功能与城市功能有机结合,最终实现以城促产、以产兴城、产城互融,其实质是产城一体化。主要是指把城镇的产业功能、城市功能、生态功能融为一体,构筑宜居、宜业的产城融合发展格局。其关键在于利用产业形成的基础,推进土地开发、交通建设、基础设施建设,形成人口聚集,配套发展公共服务,并且结合商业化服务整合区域城镇化发展,最终实现产城一体化。

4. 绿色低碳的生态城镇化

绿色低碳的生态城镇化是新型城镇化的重要方面。在我国城镇化进程中,必须统筹考虑城镇建设与人口、环境、资源、产业、文化、社会和谐等之间的关系,坚持从实际出发,以生态文明建设为主题,以城镇总体生态环境、产业结构、社区建设、消费方式的优化转型为出发点和归宿,以方便、和谐、宜居、低碳为目标,全面建设绿色环境、绿色经济、绿色社会、绿色人文、绿色消费的生态城镇,谋求新型城镇经济社会的健康可持续发展道路。在实现自然生态系统良性循环的前提下,以生态经济体系为核心,以实现社会可持续发展为目的,生态城镇化最终追求的是城镇经济、社会、生态效益实现最佳结果。具体到实践中要求坚持以人为本,以生态产业化为动力,以因地制宜、优势互补、统筹兼顾、相辅相成为原则,以生态文明建设为主体,推进大中小城市和农村小城镇的生态化、集群化、现代化发展,全面提升城镇化的质量和水平,走科学发展、集约高效、功能完善、环境友好、社会和谐、个性鲜明、城乡一体、大中小城市和小城镇协调发展的生态城镇之路。

(三) 新型城镇化的基本特征

加快推进我国新型城镇化建设是解决我国快速城市化进程中所出现的一系列问题的必由之路。例如,城市化滞后于工业化、城市空间无序扩张以及城市空间结构混乱发展、失地农民问题、生态环境的破坏、城乡差距扩大以及产生新的城市二元结构等。同时,还涉及经济、社会、文化以及生态等多个层面。因此,与传统城镇化相比,新型城镇化在建设目标、具体内容以及实现方式等方面具有鲜明的特点,其基本特征有如下几个方面。

1. 以人为本

以人为本是新型城镇化推进与建设的出发点、立足点和落脚点。要求从城市物质形态扩张等"物"的需求转向满足人的需求,促进人的全面发展等"人"的改变。新型城镇化以人为本的特征要求城镇化发展必须集聚一定规模的人口,促进人口向城市的合理集聚,改变现今社会阻碍人口城镇化推进的一系列不合理因素,打破城乡二元体制,促进人口向乡村以及城市双向之间的合理自由流动。促进外来务工人员的市民化,增强外来务工人员对城市的认同感、责任感以及集体感,加快本地城市失地农民就地就业乃至创业的市民化的过程。新型城镇化以人为本的特征还要求城镇化发展必须是全面保障的过程,城市健康的运行离不开城市基础设施以及市政设施等,新型城镇化推进的过程也是城市设施不断完善的过程。

2. 内涵集约

新型城镇化建设必须做到城镇化推进模式向内涵式或集约式发展,解决以前城镇化模式的粗放式或外延式发展。改革开放以来,我国片面强调城镇化建设速度的提升以及规模的扩张,虽然城市化率以及城市地域提升迅速,但同时也造成了城市无序扩张、城市蔓延、失地农民、城市空间结构混乱、生态环境破坏等问题,严重影响了社会稳定以及城镇化的合理推进。而我国基本国情是人均土地面积小,水资源缺乏,由此要求新型城镇化在推进过程中必须摒弃传统城镇化的推进方式,进一步加强城市规划以及土地规划的规划调整作用,做到有法必依、执法必严、违法必究。制定国家新型城镇化发展规划,促进区域新型城镇化推进过程之中的区域协调,预防区域之间无序竞争以及恶意竞争等问题。提高城镇化发展质量,对于在建的开发区以及规划区要注重土地利用效率的提高,同时严格控制新城区以及开发区或规划区的发展规模,用好城市内部的存量土地以及增量土地,切实体现新型城镇化集约高效发展的要求。

3. 产城互融

产城融合是新型城镇化发展进程中的新理念以及新趋势。新型城镇化必须有产业支撑,没有产业支撑的城镇化就是土地的城镇化。"产城互融"是带动社会经济持续发展的"发动机",是城镇建设永竭不休的"动力源"。只有实现产城互融发展,以产业为支撑,以城镇为发展载体,以人的需求为第一要务,真正实现产、城、人三者之间的有机互动,才能充分挖掘与提高土地的利用效率,打造城镇经济发展新篇章,真正实现新型城镇化的健康发展。新型城镇化建设必须首先考虑优化产业发展布局,真正实现产城互融。在城镇化快速发展的进程中,产业布局不合理的问题较为普遍,诸如有的城镇根本未考虑产业的长远发展,只是盲目推进土地的城镇化,大搞房地产开发建设,缺少产业的支撑,造成主动与被动进入城镇的人口难以就业。同时有的城镇在发展过程中,缺少人口发展与产业布局的长远规划,导致人口集聚区与产业集中分布区的空间布局严重失调。城镇化的发展进程告诉人们,城镇化发展的前提和基础是产业的发展,没有产业支撑的城镇只能是"沙漠上的大厦",是"海市蜃楼",不可能实现可持续发展。

4. 城乡一体

新型城镇化的有序合理推进是城乡一体化的保障。城乡一体化就是要消除城乡二元体制,实现城市与乡村的和谐共荣、协调发展的一体化过程。城乡一体化不但是新型城镇化的特征反映,而且也是目标的体现。值得注意的是,城乡一体化并不是简单的城乡无差别以及城乡同质化,而是城市与乡村在保持原有特色的同时,做到经济社会的高度融合与协调发展,最终实现城乡的共同繁荣。由此可见,要摒弃城乡分割的片面城镇化发展观念,在保持城镇化适度推进的基础上,通过新型城镇化的推进,缩小城乡差距,实现城市与乡村经济的协调发展,人口城镇化与土地城镇化耦合发展,最终实现一体化发展。同时,积极推进城乡联动、区域联动以及中央政府与地方政府联动的制度改革,真正推动新型城镇化建设过程中的城乡一体化发展。

5. 绿色发展

绿色发展的生态城镇化是可持续发展的城镇化。新型城镇化必须建立在生态学原理基础之上,追求人地关系之间的和谐共进,注重人类经济社会活动与生态环境协调发展的过程,在自然基础上的人类自选择活动,落实在地表形态上最终形成人与自然互惠互促的人居环境形态。同时,更加重视发展城镇化同消费环境资源之间的协调性,其终极目标是形成人与自然和谐共生。在城镇化进程中,以城镇化建设与人口、资源、环境、文化、产业、社会和谐的统筹兼顾为立足点,以建设文明生态为宗旨,以城镇人文生态环境优化、产业结构转型为动力,以循环、和谐、绿色、宜居为目标,全面建设绿色环境、健康经济、和谐社会、特色人文、低碳消费的生态化城镇,谋求新型城镇人文环境、经济社会的健康、和谐、可持续发展。

第二节　新型城镇化建设的现实依据

一个实践性命题或者理论的提出,必须以实践中客观存在的现实为基础。离开现实基础,理论也只能成为一种口号。关于新型城镇化的理论探讨,20世纪80年代就在学术界进行过。那时候对新型城镇化的基本认识主要围绕以城带乡、工农结合、城乡结合,走农村工业化的道路。而讨论的依据主要是基于传统城乡关系中,"城市发展工业,农村发展农业"的城乡二元结构以及农产品供求关系的紧张。这种新型城镇化的研究重点是如何通过小城镇的发展模式,进而导致城市化进程中农村在劳动力、资源要素以及基础建设方面的城镇化模式,来扭转农村在城镇化发展中的弱势地位。20世纪90年代以后,伴随着以城市建设为主流的城镇化建设潮的来临,对于城镇化发展中三农问题的种种凸显,迫使研究者与实践者再次审视我国城镇化发展道路的问题。如何平衡农村和城镇在现代化进程中的关系,逐渐成为研究的焦点。于是早期关于新型城镇化研究中的部分理念,伴随着党的十六大召开开始在政策层面有所体现,如城乡统筹、新农村建设以及城乡一体化等政策宣示。直到党的十七届三中全会,城乡关系开始找到自身的节奏。大会认为我国总体上已进入以工促农、以城带乡的发展阶段。党的十八大将这种关系上升到新型工农关系、新型城乡关系的维度,并将新型城乡关系与中国特色新型城镇化道路结合起来,以新型城乡关系建构来推动新型城镇化建设成为我国现代建设与发展的重大战略之一。本研究也正是在这样的时代背景与政策调整的现实中建构起来的。从细节层面来看,新型城镇化发展提出的现实依据包括三个层面。

一、城镇化问题催生的现实必然性

一项新的课题或者理论的提出,往往是通过对现实的反思和总结而达成的。新型城乡关系中城镇化发展这样一个研究体系的提出,最直接的依据来源于对我国城镇化发展中现实问题的观察、反思与总结。新的对立面是旧,新型城镇化是对旧城镇化思维与模式的扬弃。传统城镇化模式的特点主要包括以下几个方面。

一是重城市轻农村。表现为在具体发展过程中遵循二元思维,将城镇化发展的主要资源和要素集中在城市一端,并认为城镇化就是农村逐渐消灭,城市逐渐发展的过程。然而,由于受到我国户籍制度的限制,农村要素与资源大量进入城市的发展领域,而劳动力却仍然被限制在农村一端,结果导致城乡差距越来越大,农村问题和城市问题不断涌现。而在具体的城镇化建设实践中,地方政府将这种二元逻辑缩小化为重城镇轻农村,将主要的资源集中在城镇化建设,包括基础设施、政策制度、资本投资等。结果农村问题越积越多,城镇化建设越走越偏,城乡矛盾越来越重。

二是重工业轻农业。在我国,城镇化建设的主要支撑来源于工业化建设,工业往往意味着现代化。大多数城镇化的模式都是通过工业化来支撑的。而工业化意味着土地、劳动力等在一个地区的集聚,而农业往往意味着落后与愚昧。在传统城镇化模式中,工业化意味着对农业的取代和消灭。在地方实践中,城镇化建设过程,也是将农业土地和资源转移工业的过程,工业和农业在实践中是对立的关系。结果导致农业发展的空间不断被挤压,包括农业基础设施的建设、农业现代化的发展等严重滞后。农业的衰败必然意味着农民和农村的衰败,三农问题必然越积越多。伴随着现代市场要素流动的增强和扩大,三农问题也最终过渡到城市问题,如农业衰败导致的城市农产品供应短缺问题,农民工大量流动给城市带来的治理问题,而农村衰败反过来进一步刺激农民离开农村进入城市,城市病必然越积越重。所以,从本质上讲,三农问题不仅仅局限在农村,城市问题也不仅仅局限在城市,农村和城市问题的解决,关键在于城镇化过程中如何正确处理好城市与农村、工业与农业的关系,两者必须统一起来,用开放的整体的视角来审视。

三是重规模轻质量。在城镇化建设的地方实践中,基于完成任务、政绩需求、政策跟风以及发展理念等思维的存在,传统城镇化更加注重城镇化规模建设,包括城镇化的数量、人口基数、基础设施等。结果是城镇化的规模不断扩大,但是质量却不断受到质疑。很多地方为了完成指标任务或者满足政绩需求,大量建设一些形象城镇化项目,由于缺少城乡之间的制度链接,很多农民不愿或者被强制迁入所谓"城镇",假城镇化、空城镇化、伪城镇化现象层出不穷。而这些现象与问题的根源就在于理念上城镇与乡村之间的失位,制度上城镇与乡村体制上的失调。因此,城镇化的问题不仅仅是城镇化建设本身的问题,也是城乡统筹、城乡协调、城乡一体化的关系问题,所以,与旧城镇化不同,新型城镇化的起点在于如何正确认识城乡关系的问题。

四是重政府轻市场。传统城镇化模式在具体执行上,往往是政府主导,政府指到哪里就发展到哪里,圈到哪里就建设到哪里。市场只是在政府的"计划"中发挥其应有的功能,并受到政府的约束与限制。这样的发展导致城乡之间的各种要素无法经过市场实现有效流通和转化,如农村人口进城的问题,农产品入市的问题,城镇资本进村的问题,等等,结果导致城镇和乡村在市场中的对接、协调与融合出现种种问题,反过来进一步导致城乡问题不断出现。

五是重制度轻人本。在传统城镇化建设实践中,更多的是通过政策与制度来支撑城镇化规模的形成,并通过制度和政策来限制资源与要素的单向流动,政策与制度是实现传统城镇化发展的核心手段。这也导致城乡之间的断裂与失衡,结果导致城市与乡村在人文层面的误解、冲突也不断加剧。一方面,农村人仇视城市人,并在身份上有自卑感,而城市人也看不起农村人,认为他们脏乱差,有着自身的优越感;另一方面,在城镇化建设实践中,往往更加注重制度层面,而忽视人本层面,很多制度缺少人文关怀,伴有身份歧视。如城乡公共服务和基础建设的不均衡,尤其是在养老、社保、医疗、教育等方面的区别,导致城乡人本层面的矛盾不断加剧。总的来说,传统城镇化问题主要节点还是在城乡关系方面,而不是城镇化本身,如果我们仅仅从城镇化本身的实践过程来反思所存在的问题，那么我国城镇化就很难找到自身的发展模式或者中国特色的城镇化道路。从现实时间问题来看，我国城镇化道路从本质上讲是一条如何协调和均衡城乡关系的城镇化道路，这也是新型城镇化建设的一条主线与明线，更是我国新型城镇化建设的前提和基础。

二、城镇化政策催生的制度必然性

在新型城乡关系下，新型城镇化发展作为我国城镇化发展趋势的提出，最核心的依据来源于我国城镇化发展政策所呈现出的制度必然性。这种制度必然性基本上决定了中国特色新型城镇化道路的基本路线和方向。从整体上看，如前文所述，我国城镇化政策大致经历了三个阶段，一是以农村工业化为特点的小城镇城镇化发展阶段，二是以城市建设为核心的大城市城镇化发展阶段，三是党的十八大以后以新型城乡关系建构为核心的新型城镇化发展阶段。虽然从整体上无法看到城乡关系在我国城镇化发展中的相互作用，但是如果我们仔细研究就会发现，我国城镇化政策是同城乡关系密切相连的，并伴随着国家对城乡关系问题认识的逐渐深化，而最终形成新型城乡关系中城镇化发展在制度方向的必然性。

首先，在城镇化政策传统上，我国必然要考虑城乡关系在城镇化政策中的重要地位。我们知道，我国是社会主义国家，在社会建设和发展过程中，我们更多地遵循的是马克思主义的科学社会主义思想。在城镇化层面，马克思主义将城镇化过程建立在城乡融合的基础之上，并认为与资本主义不同，社会主义通过其制度的优越性，能够实现城镇和农村在发展中的协调与融合。早期马克思、恩格斯、列宁等人的马克思主义经典著作中都进行过这方面的研究，在我国社会主义现代化建设过程中，毛泽东、邓小平、江泽民、胡锦涛等党和国家领导人都对马克思主义城乡关系进行过论述，其核心的表现就是重视农村、农业与农民的现代化。新中国成立以来，党和国家一直都重视如何解决农村问题，并在具体的政策实践中不断调整农业与工业、农村与城市、农民与市民之间的关系，以支撑不同时期我国的社会主义现代化建设。从本质上来讲，我国社会主义现代化建设的过程就是农村与城市关系互动的过程，进而形成了不同时期不同的城乡关系特征。但是，社会主义现代化，尤其是城镇化政策的最终导向必然是朝着城乡融合方向前进的，这也决定了我国城镇化道路与其他发达国家城镇化道路的不同。这种政策或者制度上的必然性是由我国社会主义制度的优越性决定的，是中国特色社会主义建设的重要内容之一。

其次，在城镇化政策实践中，我国城镇化发展已经基本形成新的城乡关系背景下的城镇化发展道路。80年代末以前，我国城镇化发展主要依靠农村工业化推动的小城镇发展模式来实现，但是这种小城镇模式伴随着农村工业化向城市大工业化的转型，其作用和规模逐渐式微。同时，受户籍制度的限制，我国农村和城市在空间和制度上是分开的，即城乡分离。90年代以后，我国开始进入以城市建设为核心的城镇化发展阶段，城镇化快速发展。伴随着市场经济的发展与繁荣，大规模人口流动的出现，一方面为城市建设提供了廉价的劳动力，另一方面大量人口的融入给城市治理带来种种问题。与此同时,农村劳动力、知识分子以及资源要素不断向城市聚集和集中,导致农村社会出现了各种衰败的现象,并同样出现了治理真空,农村治理问题重重,农业发展没有动力。为此,为了推动城镇化的健康发展,我国政策逐渐提出了城乡统筹、新农村建设、城乡一体化以及农业现代化、工业化与城镇化三化协调的政策内容,从不同层面开始纠正城镇化与农村之间存在的断裂、失衡、错位等问题,力图缩小城乡之间的差距。以工促农、以城带乡、城乡互动等不断成为政策的核心内容。党的十七届三中全会明确提出我国已全面进入以工促农、以城带乡的阶段。党的十八大又历史性地将这种关系概括为新型工农关系与城乡关系,并将这种新型城乡关系与新型城镇化道路结合在一起。可以很清晰地看出,我国城镇化政策是沿着城乡关系的线索展开的。新型城镇化道路就新在新型城乡关系的定位上,以新的城乡关系,重新思考、探索和推动我国城镇化道路。伴随着政策方向的调整,我国城镇化发展的制度规划也必然沿着新型城乡关系的思路而发生本质的变化。所以,新型城乡关系中的城镇化发展研究是政策本身催生的一种必然,也是未来我国城镇化制度设计的一种必然。

最后,从城镇化政策方向来看,新型城镇化是我国未来现代化建设的重点与核心。不管是新型工业化,还是新型农业现代化,最终的落脚点还是两者如何融合到新型城镇化的发展中。在二者的关系中,新型城镇化应该是最终的落脚点,而新型城镇化的起点和落脚点又是新型城乡关系的建构。这种城乡关系是农村与城镇相融合的、贯通的、协调的以及不可分离的。新型城镇化不否定农村发展,并且两者之间相互包含。只有打造和谐健康的城乡关系,我国现代化建设才能够继续向前推进。所以,农村问题不仅仅是农村问题,还是现代化问题。而新型城乡关系的建构也必然成为三化协调发展的核心内容,更是新型城镇化建设的历史节点。从整体上看,新型城乡关系是新型城镇化的起点,这是因为有什么样的城乡关系就会产生什么样的城镇化结果;新型城乡关系是城镇化发展的历史节点,这是因为在城镇化发展过程中,矛盾与问题的凸显已经使得新型城乡关系的建构成为推动城镇化发展的政策关节点;新型城乡关系是新型城镇化发展的落脚点,因为新型城镇化的最终目标就是实现新型城乡关系的建构,并推动城乡的共同繁荣与发展。从目前我国城镇化政策过程以及新型城镇化发展的战略方向来看,新型城乡关系必然构成我国新型城镇化发展研究的基本结构与框架,这也是未来我国城镇化发展的总体趋势。

三、城镇化理论催生的发展必然性

新型城乡关系中的城镇化发展的背景建构也是城镇化理论研究趋势的必然要求。这种理论催生的必然性,具有超越地域的特性。从西方城市化理论的角度来看,城市化理论建构也主要是围绕城乡关系来展开的,如霍华德的田园城市理论、芒福德的城乡发展观以及岸根卓郎的"城乡融合的社会"等都是从城乡均衡、城乡融合的角度来试图建构新型城市化道路的方案与构思。马克思的城乡融合思想更是为社会主义城乡关系奠定了基础,并为社会主义国家城镇化道路指出了方向,这种方向就是建立在城乡融合基础上的城镇化发展之路。而由发展中国家所演变出来的二元结构理论、增长极理论等虽然更加侧重城镇在资源聚集中的作用,凸显非均衡的发展策略,但同样是建立在对城乡关系回应的基础上。一方面强调城镇集聚效应带来的非均衡发展,另一方面同样强调城镇集聚之后的扩散效应带来的对乡村社会的辖射带动作用。不管是城镇化均衡理论还是非均衡理论,都明确地表明这样一个结论:城镇化发展必须首先定位城乡之间的特定关系。均衡并不意味着相同,不均衡也并不意味着不平等。在未来城镇化的发展中,城乡融合是一个趋势与目标,而如何利用城镇的集聚与扩散效应来实现这种融合,则是一个过程。在目前关于城镇化的几乎所有理论中,都绕不开城乡关系,而未来城镇化的发展趋势也是实现城乡之间的一体化,这不仅是现有城镇化理论的研究趋势,更是目前发达国家城镇化实践的经验总结。

相对于国外城镇化理论成果,国内城镇化理论研究也主要是借鉴国外已有的成熟的理论模型来进行嫁接分析,不管这种理论嫁接是否科学,这种理论趋势本身是毫无疑问的。不同的理论往往运用在不同阶段与层次上。如二元结构理论,在国内主要用来分析我国城镇化的结构性问题,增长极理论主要用来分析地方城镇化实践的过程分析以及经验总结上,而城乡融合理论则主要用于论述我国城镇化的发展趋势以及目标等原则性的问题。所以,这些理论之间并不是完全冲突的,只是在分析层次与价值取向上存在一定的分歧。除此之外,国内学者也在城乡融合、城乡统筹、城乡协调以及城乡一体化方面做了很多有益的理论尝试,其中关注的焦点便是城乡关系在城镇化发展中的地位与作用。城镇化理论也出现了城乡协调理论、城乡一体化理论、城乡均衡理论等探索性的尝试。尤其是对新型城镇化与新型城乡关系的研究,也更加科学与精细。从目前的研究来看,国内城镇化理论研究已经逐渐从过去城镇化模式的问题分析转移到新型城镇化理论的建构与新型城乡关系的建构上来,新型城乡关系也逐渐从过去传统的城乡关系模式中走了出来,更加凸显其科学性、系统性、可持续性以及同新型城镇化的协调性与融合性。

总的来说,从全球的角度来看,从城乡关系的角度来解读和建构城镇化发展模型是城镇化的一种必然趋势,这种趋势在过往的历史中就一直存在。而我国城镇化的理论研究,也同样在这一历史趋势下进行自身的本土化建构与研究,尤其是理论上的城乡关系建构与政策上的城镇化道路建构的契合,更加凸显了新型城乡关系中城镇化发展研究在发展趋势上的必然性。这种必然性不仅仅是历史趋势本身决定的,更是马克思主义城乡关系理论决定的。无论是从现实的角度、政策的角度,还是从理论的角度,新型城乡关系中的城镇化发展分析模式是一种必然趋势,也是未来城镇化研究的核心内容。

第三节 新型城镇化建设的理念

不管是城镇化,还是新型城镇化的研究,学界在理论和实践层面已经做过很多的探索。党的十八大结合时代发展趋势,将新型城乡关系作为新型城镇化未来发展的基础命题。但是这种以新型城乡关系为基础、背景、线索、方向的新型城镇化是一种什么样的城镇化,学界少有研究。党的十八大也只是战略性地提出新型城镇化建构的基本思路:"加快完善城乡一体化体制机制,促进城乡要素平等交换和公共资源均衡配置,形成以工促农、以城带乡、工农互惠、城乡一体的新型工农、城乡关系。"新型城镇化发展研究与传统城镇化研究具有完全不同的理念体系。新型城镇化建设的理念体系不仅包括资源节约、环境友好、经济高效、社会和谐、城乡一体等组成部分,而且更加凸显城乡关系在新型城镇化中的基础地位与核心作用,将新型城乡关系的建构贯穿到新型城镇化建设的整个过程,突出城镇化不仅仅是城镇化过程本身,而是乡村和城市融合一体的系统性发展过程。新型城乡关系中的城镇化发展进一步扩展了城镇化的内涵和外延,将城乡关系纳入城镇化建设的整体实践中。所以,新型城镇化主要新在新型城乡关系上,新型工业化、新型农业现代化同样新在将城乡融合、城乡一体作为一个整体的系统的发展过程,而非某个片断的独立的过程。这就打破了传统工业化、城镇化、现代化都集中于城市的偏执观念。这样一来,新型城乡关系中城镇化发展的理念一方面强调对乡村的尊重,另一方面强调对城乡关系的包容。本研究认为,新型城镇化的应有理念主要包括以下五个层面。

一、以人为本的价值理念

在新型城乡关系下城镇化发展研究理念中,以人为本是前提,也是根本。长期以来,城乡之间断裂、失衡以及差距的不断扩大,导致城市对乡村社会存有偏见,这种偏见集中表现为城镇对乡村标签化,如农民愚昧、农村脏乱、农业落后,并形成两个地域空间上的身份落差,城市享有对乡村绝对的优越感。同时,在市场经济发展过程中,城镇作为资源、资本、人口等各种优势生产要素的集聚地,更加强化了城镇在整个市场化过程中的优势地位。也正是由于城市对资本的集聚效应与再生能力,导致各地政府在基础建设、经济投资、公共服务等方面的城市偏向。而与此相对的农村、农业、农民往往处于经济社会发展的边缘,尤其是在社保、养老、医疗、卫生、教育、文化等人文层面,远远落后于城镇。而新型城乡关系中城镇化发展以人为本的理念,不仅仅体现在对农民自身的关注,更重要的是对城乡之间身份的关注,包括对农村的偏见,对农业的偏见,以及对农民劳动者的偏见。只有坚持以人为本,才能在新型城乡关系的建构中逐渐消除城乡之间的身份与地位歧视,进而从人文层面实现城乡之间的融合、均衡与和谐。只有坚持以人为本,才能在新型城乡关系建构中实现各种要素平等自由的流动,包括身份的自由流动以及人口的自由流动,进而才能真正地扭转城乡失衡的根本,即城市对乡村的身份与地位优越感,进而出现资源要素人口的单向流动。坚持以人为本,就是坚持城乡平等。只有坚持以人为本,才能从根本上促进城乡之间的融合与互动。新型城乡关系本质上也是一种人与人的关系,只有尊重农村、尊重农民、尊重农业,才能从根本上实现城镇化发展有序、健康与和谐。除此之外,在实践层面,以人为本要求新型城镇化建设中要凸显人的作用、地位与功能,不能仅仅重视物质层面的建设、政绩层面的建设,不能以政府意志强行代替公民意志,要注重文化建设、服务建设、治理建设以及民主建设。总的来说,新型城乡关系中城镇化发展以人为本的理念包括两个层次:一是宏观层面建构城镇对农村农业农民的尊重,实现平等互动;二是微观层面城镇化过程中尊重人的积极能动性。所以,新型城乡关系不仅仅是城镇化本身的建设,更加凸显人在城镇化过程中的主观能动性,并将人的意志上升为新型城镇化的重要指标,要抛弃以往城镇化建设中对人的忽视,以及对人的不尊重,实现城镇内部人与人之间、城乡地域人与人之间的平等互动、和谐相处。

二、均衡发展的过程理念

新型城乡关系中城镇化发展与以往城镇化模式的最大不同在于在城镇化建设过程中强调城乡之间的均衡发展理念。以往城镇化模式往往是建立在以城镇为单极的非均衡发展过程之上,这就导致乡村在城镇化过程中失去利益共享的权利。城镇化的主体也只有城镇本身,甚至仅仅是城市。均衡发展理念强调新型城镇化过程是两个主体的互动过程,一个主体是城镇,一个主体是农村。城镇化是农村城镇化、农民市民化以及农业工业化的过程,同时也是新农村建设、农业现代化以及城乡一体化的过程。均衡发展强调农村在城镇化过程中的主体地位,享有同城镇化平等的发展权利,将农村和城市融为一体,城镇化的过程也是农村现代化的过程,更是农村进步发展的过程。均衡发展强调城镇化建设的双向整合,一方面突出城镇化规模带来的集聚效应以及其辐射带动作用,另一方面强调农村繁荣发展对城镇化建设的推动与支撑作用。已有的经验告诉我们,没有一个稳定、和谐、发展的农村结构体系作为支撑,一个地方的城镇化建设必然陷入困境。时代的发展趋势,必然将农村和城镇结合在一起,两者只有实现均衡发展,才能够获得真正的发展。均衡发展强调实践过程中城镇化对农村的带动作用。以往城镇化模式是通过剥夺农村的发展资源,限制人口的流动来实现的计划性城镇化,城镇化与农村发展之间是对立的关系。伴随着我国现代化建设成就的不断扩大,新型城镇化更加强调城市反哺农村,工业反哺农业,通过以工促农、以城带乡实现城乡之间的互补,进而支援农村和农业建设。同时,农村和农业的发展反过来为新型城镇化建设提供了坚实的基础和良好的条件。所以,表面上看,新型城镇化是城市反哺农村、工业反哺农业的过程,其实是这种反哺促进了两者之间的均衡发展。当然,均衡并不是同样,均衡并不是同步,均衡并不等于没有差别。均衡发展强调城乡发展的一体化,突出城镇和乡村两个主体的地位和功能。发展农村的过程也是发展城镇化的过程,建设城镇的过程也是建设农村的过程。虽然城镇化意味着人口、资源、要素的城镇集聚,意味着农村向城镇的转变,但是并不意味着农村就应该消失,农村就应该让位于城市,农村就应该被城镇支配。均衡发展的另一层面,强调农村向城镇的均衡过渡,要在发展农村的过程中实现农村的城镇化,要在建设农村的过程中推进城镇化。反过来,要在城镇化、工业化的过程中带动农村的发展以及促进农村的现代化与城镇化。

三、内涵增长的质量理念

传统的城镇化模式是一种粗放型的增长模式,强调城镇化的规模、人口等数量化的指标,同时只凸显城镇在城镇化中的主体地位,忽视农村在城镇化中的作用与功能。虽然,十六大以后提出了城乡统筹、城乡一体化等政策,但也是相对模糊的,并没改变以往城镇化"只重规模不重质量"或"只重城市不重乡村"的趋势,导致城镇化规模上来了,但质量却没有跟上,城镇化问题不断涌现。如何提升城镇化的质量成为新型城镇化必须解决的问题。然而,传统对于城镇化质量的认识主要是集中在城镇化内部问题上,并没有将农村城镇化问题同农村发展结合起来。十八大以后,中央对城镇化的质量提出了新的要求,比较明确地提出了从新型工农关系和新型城乡关系的角度,从整体和系统的角度,来重新认识我国城镇化质量的问题,并提出新型城镇化的战略规划。新型城乡关系中的城镇化扬弃传统城镇化发展中的粗放式建设,重点突出内涵增长,从根本上提升城镇化发展的质量。内涵式增长包括两个层面:一是从内在发展问题的角度促进内城镇化内涵式增长,包括制度建设问题、文化建设问题、民主与治理问题等,城镇化建设开始从对物的关注转向对人的关注,从对硬件的关注转向对软件的关注,从对建设经验的关注转向对发展问题的关注。二是从外在关系的角度促进城镇化内涵式的增长,包括工农关系、城乡关系、城镇与市场关系等,其中核心是将城镇化内涵增长的内容体系进行了扩展,将农村发展纳入提升城镇化质量的要素范畴,而且是新型城镇化发展的核心与关键要素。城镇化发展的质量要实现整体上、根本上的提升离不开农村的发展,两者之间是统一的,互为关联的,不可孤立的。传统城镇化模式之所以出现种种无法解决的问题,核心就在于城镇化推动过程中孤立农村的观念长期存在,而在具体政策实践中,歧视农村的制度体系又一直没有得到改变。内涵式增长的一个重要内容就是新型城镇化将使农村和城市在户籍、医疗、社保、卫生、教育、文化以及基建方面实现均等化、一体化,促进城乡之间在人口、要素、服务、资本等方面的全面自由的流动。农村和城市不存在谁优谁劣、谁高谁低的问题。这样才能从根本上解决当前城镇化过程中的紧迫问题,同时也是解决未来城市病的必然选择。内涵增长不仅仅指新型城镇化要着重提高自身的质量,同时还指涉及新型城镇化的内涵已经扩展到城乡融合、城乡一体的层面,城镇化的质量提升也是农村发展质量的提升,两者是共赢与互惠一体的关系。

四、包容和谐的状态理念

新型城镇化要实现城市与乡村之间包容和谐的发展状态,因此新型城镇化发展遵循包容和谐的状态理念。包容强调的是发展与互动的状态,和谐强调的是治理与生活状态。由于新型城镇化发展存在两个不同的主体,又涉及两个主体之间的互动与交流,因此在发展状态上要求城乡两个主体能通统一到新型城镇化过程的本身,并相互包容,同时在治理与生活状态方面能够实现城乡之间的和谐。近几年,学界也一直在提倡包容式发展、包容式增长等理念,其核心就是在发展过程中实现不同主体之间的良性互动与共赢发展。这种包容状态要求城镇化发展过程要积极发挥工业和城镇带来的资源优势,以推动乡村的建设与发展,以现代化的优势来弥补传统农业以及农村的劣势。我们一直提倡的以工促农、以城带乡、工农互补、城乡互动的新型城镇化理念,其本质上就是包容式发展的理念,这里包括城市对农村的包容、工业对农业的包容、市民对农民的包容。没有包容的城乡关系状态理念,新型城镇化建设就无法凸显城市对农村、工业对农业的尊重,新型城镇化的建构也就无从谈起。有了包容才能体现平等,才能体现均衡,才能体现互动,才能体现发展。同时,只有通过包容的发展状态才能最终实现城乡关系的和谐状态。我们提到和谐,往往是因为不同主体之间存在不和谐的关系。城乡关系在我国一直以来都可以说是不和谐的,从早期的城乡分离,逐渐发展到城乡断裂、城乡失衡,以及有些学者提出的城乡对立。城乡之间的分离与断裂导致城乡在生活与治理上呈现为两个模式,甚至是两个时代。我国城镇化发展之所以一直存在治理与模式上的问题,这与城乡之间的不对称关系是密切相关的。当两种不同的生活与治理结构相碰撞时,以及当农村的生活方式进入一个以城市生活预期为设计蓝本的城镇体系时,冲突与矛盾是必然的,如卫生、文明、交往等层面会产生不同层次的治理问题。而面对两个主体互动的新型城镇化,必然要在生活与治理状态实现和谐,只有这样新型城镇化才能真正地实现,否则只能算是假城镇化或者表面城镇化。总的来说,新型城乡关系的城镇化同以往的城镇化在状态上要求是完全不同的,以往的城镇化模式只强调城镇内部的稳定与发展,不关注或者很少关注农村在整个城镇化中的角色状态。

五、城乡融合的目标理念

传统城镇化在目标理念上追求的是城镇自身的繁荣,而新型城镇化发展在目标理念上追求的是城乡融合。城乡融合不同于城乡统筹、城乡协调以及城乡一体化。城乡统筹与城乡协调强调的是城乡关系调整的策略与过程,不具有目标性的价值内涵。城乡一体化虽然具有状态内涵,但无法突出新型城镇化以及社会主义国家城镇化的特色,尤其是城乡统筹、城乡协调以及城乡一体化都不具有完整的理论体系,它们在政策上的提出在早期也主要是一种尝试性的含蓄模糊的表达。城乡融合在理论层面来源于马克思主义关于城镇化以及城乡关系在社会主义社会形态中的科学性与建设性的阐述,它区别于资本主义国家城镇化发展过程中对农村的忽视以及剥削。长期以来,由于受到我国社会主义工业化建设特殊时代背景的限制,我国在城乡关系以及城镇化实践中主要是通过政策杠杆来进行制度性的干预,通过农村支援城市、农业支援工业的方式来实现我国早期工业化的基本建设。城市与农村之间关系是不平等的,不对称的。改革开放以后,国家开始关注农村发展,进行很多层面的探索与尝试,力图平衡城乡之间的关系。进入21世纪以后,尤其是十六大以来,我国开始从整体上反思城乡之间非均衡关系,分别提出了城乡统筹、新农村建设、城乡一体化等政策目标,目的就是在建构新型城乡关系的基础上进一步推动我国社会主义现代化建设,并力图解决我国城镇化与城市化进程的深层次问题。而这种努力的目标就是实现城乡之间的融合。而从理论层面来看,党和国家的历届领导人都非常重视城乡关系结构与状态,并在不同时期和阶段分别提出了具有时代特征的关于城乡关系的论断,逐渐丰富和发展了马克思主义城乡融合的理论。而理论工作者也在此基础上开展了各种视角下和层面上的马克思主义城乡融合理论研究。尤其是新型城镇化的提出,从理论层面更加契合了城乡融合的目标理念。城乡融合强调城市和乡村在形式、价值、利益、理念等内涵层面的融会贯通,更加凸显质量与内涵的要求,而城乡一体更多的体现在形式与结构上的互动,缺少内在的沟通。所以,城乡融合更加适合成为新的城乡关系中城镇化发展的S标理念,这也是对马克思主义城乡融合理论在中国的创新与发展,是与时俱进,是中国特色。

总的来说,新的城乡关系中城镇化发展具有自身的理念体系,这种理念体系并不是同以往理念体系完全分开的,它是在扬弃与继承的基础上对传统城镇化理念体系的发展。当然,它又不同于新型城镇化的理念体系,因为新型城镇化本身所包含的内容相当广泛,本研究主要是对新型城镇化最核心也是最关键的内容进行解剖与论述。它同新型城镇化的理念体系是相通的,但是又有区别。不同的理念体系决定了新型城镇化具有自身的模式与结构,同时在实践中也存在着一套符合这一理念与模式的指标评价体系。

第四节 新型城镇化的理论基础

一、新型城镇化的典型理论

(一)城市化发展阶段理论

城市化是工业化经济社会发展的必然趋势。根据发达国家的城市化经历,一个国家或地区的城市化过程大致呈一条拉平的"S"形曲线。

第一阶段:起步阶段,城镇化率小于30%。该时期由于区域生产力落后,经济发展水平不高,城镇数量少,发展质量低,城镇体系结构不合理,城乡二元结构明显。该时期不利于生产要素在城乡间流动。

第二阶段:快速发展阶段,城镇化率越过 30%。该时期,随着社会生产的发展,城乡对立逐步转变为城乡联系,在城市化和国民经济发展互相促进下,城市快速发展,主要表现为城市地域扩大和城市(包括小城镇)数量增加,以及城市人口上升,城市呈现加速发展的趋势。

第三阶段:稳定发展阶段,城镇化率超过 70%。这个时期城乡逐步融合,城市化的速度开始减慢,而城市对乡村的影响逐步增加,随着生产力的高度发展,城市化由"量变"到"质变",城乡差别逐渐消失,城乡融合进一步加深,最终实现城乡一体化。

(二)城乡一体化理论

城乡对立和城乡分割是世界性的问题。早在 19 世纪,霍华德在《明日的田园城市》中便提出并论证了一个理想的城乡融合模式,田园城市兼有城乡的有利条件,而没有两者的弊端,其城乡融合的思想,对当前我们构建区域内协调发展的城镇体系和城乡统筹新理论仍然有重要的参考价值。城乡一体化需要以生产力的高度发展为前提,城市和乡村在资源、优势、功能等方面相互依存、相互促进,形成统一发展的状态,在空间上互为生态环境,共生协调。城乡一体化在我国是一个较新的概念,对它的理解在各学科研究和争论中还没有统一。一般与城乡一体化内涵较为接近的有"城乡统筹""城乡共建"等提法。城乡一体化就是要彻底消除城乡差别,使高度发达的物质文明与精神文明达到城乡共享,这种境界只有经过城市化的成熟阶段取得经济大发展后才能实现。目前,我国城乡社会经济二元结构的模式根深蒂固,实现城乡一体化的目标将是一个漫长的过程。

(三)制度创新理论

作为新制度经济学体系的核心部分,制度创新理论融合了路径依赖理论和交易成本理论的内容,不仅为原有城镇化路径提供了合理的解释和正确的对待方式,而且为城镇化路径的重新选择提供了严谨的思维方式与科学原则。

1. 制度变迁的必然性

从本质上看,制度变迁的内在动力源于行为主体对潜在利润最大化的追求。"当一项制度的预期收益大于预期成本时,制度变迁就会产生";从结果上看,制度变迁是制度安排由非均衡到均衡的演变,"作为一种公共产品,制度本身存在着需求与供给的矛盾"。影响制度供给的因素主要有政治领导人对于政治秩序的控制能力以及对改变现存秩序愿望的迫切程度、决策者对新制度设计与实施的成本预测、宪法秩序以及现存制度安排等;而预期收益、市场规模和技术特征则影响着新制度的需求。在"需求-供给"分析范式下,当制度的供给和需求达到基本均衡时,制度安排处于稳定状态;当现存制度安排不能满足行为主体的需求时,制度变迁与创新的行为就会发生。

2. 制度变迁与路径依赖

在大卫·保罗、马兰·阿瑟路径依赖思想的基础上,道格拉斯·诺斯建立了制度变革的路径依赖理论。诺斯在1990年提出,在规模报酬递增机制的制约下,制度变迁的结果具有不可预期性,突出表现在多重均衡、可能的非效率、锁定及路径依赖。由于制度变迁与现行的制度框架、网络外部性和制度本身网络相关,制度安排会诱致互补性的组织形式,而后者反过来又鼓励新的互补性制度的形成;又由于政治、经济市场的不完备,交易费用高昂,非效率制度在相当长的时期内存在,甚至制度路径被锁定。诺斯揭示出制度变迁中的路径依赖经历了"认知层面—制度层面—经济层面"的传递途径。诺斯的制度变迁理论有着特殊的含义:"政治过程影响制度选择,制度变迁是一个适应性学习的过程,制度的非效率是历史的常态。"

(四)可持续发展理论

随着全球资源环境保护问题的出现,可持续发展的概念被运用到国家发展的理论层面,"可持续发展理论"是政治、经济、文化、社会、环境等各个方面发展的理论基础。随着经济社会的发展,已经深入到了社会、经济、人文、生产等各个领域,它与经济社会以及人的发展密切相关,不仅仅是环境的发展理论,也是整个人类发展进步的指导战略。其核心主要包括人的可持续发展、经济可持续发展、社会可持续发展、环境可持续发展、物质资料生产可持续发展、城市可持续发展等。可持续发展的城市发展理念是城镇化发展的过程中应遵循的最根本的发展理念。可持续性强调的是人与自然的和谐,追求公平与效率,追求资源节约,追求社会经济发展与环境发展相协调,尊重自然发展规律,以科学的发展方式,促进人、经济、社会、环境协调统一发展。它为城镇化建设提供了有力的理论基础。

(五)城市再生理论

城市再生是随着城市化的推进,面对不断出现的住房、医疗、教育、就业等社会问题,通过制定相关的城市政策以便积极有效处理问题的过程,即城市再生过程。城市再生就是为了实现为人民服务的目的,它主要体现在社会职能、经济效益、物质生活等方面,不仅从时间的角度,也从城镇发展空间的角度去改善人类的生活生产环境,实现最终服务人类的目的。在社会职能再生方面,注重居民的人口流动对当地社会功能的包容性,使居民能够顺应当地的发展;在经济效益方面,城市再生强调的是加强当地经济社会的发展,促进经济改革,积极促进产业的发展,使城市现有的产业更有效地改进,促进产业结构合理,为城镇的经济发展提供强有力的发展动力;在物质生活方面,注重的是在维护环境的可持续发展的前提下,使经济、社会、环境有效地协调统一发展,改善和修复人文环境,提高生活质量,使人民的生活环境得到健康的保证,生活水平得以质的提升。城市再生是注重内涵式、质量型城镇化政策的必然选择,城市再生理论对于新型城镇化的发展具有强烈的导向作用。

(六) 未来城市理论

随着 21 世纪信息化的不断发展,社会的发展和经济的发展在组织形式和发展方式上也有了很大的变化。城镇化的发展速度不断提升,但是随之而来的是一系列社会、经济、环境问题的产生。据此,就城市化建设方面,国内外学者专家提出一系列理论和设想,主要有以下几个方面。①数字城市理论。伴随云计算、大数据以及"互联网+"的发展,依据数字城市理论,通过构建网络模拟模型,使城镇化的建设更具有可规划性,它意味着城市的经济社会发展将不会依赖于传统产业的发展,而是主要依赖于基于数字、科技、信息、网络的起支配作用的信息化产业的发展。②生态城市理论。生态城市理论是指城镇建设进程中,要注重自然与人的和谐,注重公平发展与效率的提升,使人、自然、环境协调进步,形成一种协调的发展态势。③世界城市理论。随着经济全球化的发展,信息在世界范围内的快速传播,城镇化的发展已不是单个区域的封闭式发展,而是全球整体性的发展,形成一个发展体系,每个地区、每个国家是整个体系的子系统。④田园城市理论。英国 Ebenezer Howard 认为城镇化体现的是乡村和城市的融合,要充分利用农村与城市的优势,构建适宜人居的田园城市,这对目前城镇化的建设具有理论的指导性意义。⑤经济城市理论。经济城市理论是指在进行城镇化建设过程中,要不断进行体制机制的创新,要注重城市农村空间布局的创新,使城镇建设经济有效。⑥学习型城市理论。学习型城市理论是指人们在城镇建设的过程中,更加注重城市的内在性质,而不应以城镇的外在性质为判断标准,它是一种理念的转变。美国著名学者刘易斯·芒福德认为城市最好的状态就是注重人的发展,注重人的教养,注重爱的气象,注重城市的质量,建设陶冶人的情操的城镇。未来城市理论从多个角度充分阐述了城镇的理论发展基础,为城镇化的发展提供了有力的理论依据,在推进城镇化过程中,要以科学的理论为基础,稳步推进新型城镇化建设。

二、新型城镇化发展的推进机制

新型城镇化发展的依据、理念以及模式等在客观和现实中都已经得以阐述,但是这些具有建构性的内容如何在实践中得以体现,关键还需要推进机制的支持。新型城镇化发展的推进机制以实践性内容为主,并主要是以当前新型城镇化发展中如何推进新型城乡关系建构以及促进新型城乡关系中城镇化发展为主要内容。从城乡融合模式的发展阶段来看,这一推进机制主要是针对实现均衡阶段和促进协调阶段而展开的。从城镇化发展的要素及体系构成这一视角来看,新型城乡关系中城镇化发展的推进机制主要包括政策机制、动力机制、创新机制以及评价机制。在这四个机制中,政策机制、动力机制、创新机制是输入过程,评价机制是反馈过程。

(一) 以政府引导为主线的政策机制

传统城镇化发展模式中之所以会出现城乡分离、城乡失衡以及城乡断裂的现象,核心就在于城镇化发展过程中政府的垄断调控以及后期的主导调控。这种调控手段是以制度与政策为机制的。进而有学者将我国城镇化模式总结为政府主导型或者自上而下型。在 20 世纪 90 年代末期以前,我国城乡关系基本上是政府通过户籍制度、人口制度等将大量的农村人口限制在农村内部,并通过财税制度等剥夺农村发展资源,以支持城市以及工业的发展。20 世纪 90 年代末期以后,伴随着市场经济的建立以及繁荣,这种政策限制逐渐松弛,但这种制度一直存在。农村城镇化建设依然是政府主导,进而出现了各种各样的城镇化问题。进入 21 世纪以后,尤其是十六大以来,我国农村城镇化建设逐渐成为政策关注的重点。城镇化建设试点与地方探索越来越多。有学者建议将这一阶段城镇化建设的方向定位为政府主导、市场运作。但是很多农村城镇化试点只做到了政府主导,却没见市场运作。空城镇化、假城镇化现象普遍存在,有些地方有城镇建设,没有市民居住,还被冠以"鬼城"的称号。当然这里并不能否定政府主导模式积极的一面。它在特定的历史阶段确实为我国城市化以及工业化建设提供了资本积累,在当时的资源条件和国际环境下,政府主导是一种可行的模式选择。然而,伴随着这一模式与现代化市场化的种种冲突,其问题也越来越多,矛盾也越来越尖锐。因此,新型城镇化必须逐渐放弃传统政府主导的政策机制,向政府引导、市场主导的政策机制转换。首先,这是新"三化"协调的必然要求。新型城镇化发展是新型工业化、新型农业现代化以及新型城镇化的统一,而现代工业化与农业现代化的实现最为根本的不是依靠政府,而是市场的引导。只有在市场需求的引导下,工业化、农业现代化才能真正地成长起来,才能最终支撑一个空间内部的城镇化的发展。其次,这是以工促农、以城带乡的必然要求。以工促农、以城带乡主要是发挥城市的资本优势以及工业技术优势来推动农业与农村的发展。到那时,无论是资本还是技术,要想转化为新的生产动力与要素,必须以市场为依托。离开市场,资本与技术就没有意义。所以,要想真正实现以工促农、以城带乡,政府与市场的结合是不可避免的,而市场经济中,市场必然要居于主导地位而不是仅仅存在于运作层面。政府的作用更多地体现在市场调控的政策引导层面。最后,这是世界城镇化发展规律的必然要求。纵观世界发达国家城镇化建设的成功经验,市场与政府之间的角色分配也是此消彼长,但是两者之间市场的作用更加凸显,往往是市场越发达的地方,城镇化建设就越成熟。城镇化的过程往往是通过现代市场经济的运作来支撑的。同时,在现有城镇化理论研究中,城镇化要实现聚集以及辐射带动效应,同样是通过自由市场上的各种资源要素流动来实现的,在城乡辐射互动结构与带动互动结构中,往往存在一个成熟的以市场为主导的运作结构。城乡之间的连接带、辐射带也是城乡市场之间的互动带。

当然,市场主导并不意味着政府要退出。由于我国是后发现代化国家,现代化进程在整体特征上以及发展规律上呈现出国家建构的特性。这就意味着在很多层面都需要国家与政府的积极引导与主动调节。市场经济的繁荣与发展同样是在国家与政府积极的宏观调控的基础上实现的。在整体的现代化建设中,政府的作用仍然是核心的。市场主导作用也是在政府政策引导的基础上实现的。同时,城镇化不是市场化,城乡关系的核心不是市场,而是要凸显以人为本、城乡均衡、内涵增长、包容和谐、城乡融合等价值理念,这是市场所不能完全做到的。在文化价值层面,则需要政府处于核心角色,因此虽然强调市场主导、政府引导,但是市场主导主要强调的是一种发展趋势,而政府引导则是国情的必然要求。新型城镇化最重要的要凸显人、内涵、和谐、融合等具有社会主义特色本质性的要素。因此,政府引导是主线。

(二)以多方参与为方式的动力机制

传统城镇化发展的主要动力来源于政府推动与市场形成两个部分。其中政府推动主要是地方政府在城镇化建设的实践探索中所采用的主要方式,往往是政府包办城镇化建设。市场形成主要是在经济发达地区因工业或者产业的自然发展而逐渐形成城镇化规模,但是这种城镇化缺少政府引导与规划,城镇化问题十分严重。两种城镇化共同的特点是动力单一、内涵不足,同时城镇化过程中缺少对人的关怀,缺少对农村的带动,缺少对质量的重视。新型城镇化发展强调城乡融合,追求两个空间主体的内在统一,这种统一不仅仅是在空间形式上,更重要的是内容与本质方面的统一。这就需要发挥城镇化过程中不同动力的不同作用,形成动力合力,促进城乡融合与新型城镇化发展。传统城镇化模式之所以出现城镇化问题与矛盾,主要就是因为城镇化发展中未能形成城镇化发展的动力体系。有动力,才能有活力,才能充满生命力。农村与城镇是新型城镇化发展的两个空间主体,而新型城镇化发展的参与主体包括政府、市场与人。其中政府依托制度与政策为城镇化发展提供政策支撑,为城乡关系均衡与融合提供制度条件,为新型城镇化建设提供科学的规划与指导,为城乡关系互动中的人提供完善的制度保障。市场依托产业、资本、要素等流动为城镇化发展提供核心发展动力,并为城镇化发展提供物质保障。从互动能源上看,市场是实现城乡互动的根本动力,没有市场在城乡之间建构起来的要素自由流动交换,城乡之间就是一个孤立的空间。所以,市场是新型城镇化发展的动力之源,是动力中的动力。人的参与是新型城镇化发展的社会性与精神性层面的本质要求。新型城镇化建设不是盖高楼、住新房、享受现代设施,更不是将农村人口迁移到城市,住进高楼大厦里。新型城镇化在本质上是一种社会生活形态,它要求人的互动与参与必须成为现实。正是因为没有人的参与,没有关注人的态度,没有考虑人的需求,传统城镇化模式才出现城镇化治理问题、空壳问题、质量问题,农村在城镇化过程中才越来越失去权利诉求能力,被逐渐看成是落后的被改造被遗弃的对象。所以新型城镇化发展将人的参与作为其发展的主要动力之一,也是检验城镇化建设是否科学的重要指标。从这方面来看,新型城镇化建设还必须注重人的建设。当然,人的参与除了在行动层面以外,更重要的还在于制度保障层面对农村人口的覆盖面。只有在新型城乡关系中尊重农村人口的流动、身份、职业等,城镇化在社会层面和精神层面才能保持长久的动力。

除了以上三个参与主体外,从动力来源来看,新型城乡关系中城镇化发展还应该开发城乡两个空间不同特色要素之间的互动与连接,形成城乡一体与城乡融合的产业动力体系、文化动力体系、商业动力体系、交通动力体系,如有些地方将现代农业、旅游观光业、文化产业进行捆绑经营,利用政府扶持与市场开发形成城镇化建设的多重动力体系,推动新型城镇化建设的同时,促进城乡关系向着一体化的方向发展。还有一些较为普通的地域,可以考虑将城乡交通动力、商业动力、工业动力等相结合,重点要科学建构不同地域新型城镇化的动力体系。传统城镇化建设主要是工业推动型的城镇化,还有一些旅游业推动的城镇化。城镇化的动力体系没有得到科学的研究,在政策实践中也没有得到足够的重视,才会出现城镇化发展后续动力不足,一旦传统动力衰竭,城镇就陷入衰败,如资源型城镇化。

(三) 以地方实践为重点的创新机制

新型城镇化发展是一种新型的城乡融合模式,它对城市与农村的关系进行了重新定位,也对农村的历史形象进行了全面颠覆。同时,它强调对城镇化质量与内涵的要求,强调对人的重视与尊重。伴随着我国传统城镇化模式带来的种种问题。新型城镇化发展既具有复杂性,也具有紧迫性。但是在具体实践中,本研究并不鼓励全国一窝蜂地搞新型城镇化建设。作为一种新的城镇化模式,目前整个模式的内容、结构、要素构成等多个层面还缺少研究,因此有的放矢的地方实践是目前我国新型城镇化建设的主要方面。从传统模式向新型模式过渡是需要时间的。作为一种实践性的学科命题,新型城镇化发展主要不是理论上的多么完美与理想,更多的是注重实践中的制度、方式、模式与体制的创新。只有在不断创新的基础上,才能促进新型城镇化建设不断向前推进。只要在实践中不断创新,才能发现以往理论与模式的缺陷与需要改进的地方,才能在实践中不断完善理论。我国传统城镇化建设在理论和实践上是脱节的。实践中的城镇化建设主要是跟随中央政策的方向进行调整,并直接与地方领导的主观意志联系在一起。没有科学的理论的体系作为支撑,创新也只是领导所谓的创新,创新也只是臆想出来的创新。而理论层面的城镇化,则主要来源于马克思主义城镇化理论与西方城镇化发展理论与经验的总结,只存在于文献的讨论中,没有与具体的实践结合起来。因而国内城镇化理论在缺少实践检验与论证的基础上无法发展本土化的城镇化理论,更无法推进理论创新。实践创新落后于理论研究、理论研究无法知道实践创新,这也限制了我国城镇化发展水平的提升。进入 21 世纪以来,伴随着政府对地方治理的关注,学界与政界接触逐渐频繁,理论指导实践、实践修正理论的现象逐渐增多。很多地方政府在具体实践上与地方高校联合进行试点探索,促进了理论转化为实践成果的过程。所以,新型城镇化发展必须以地方实践与创新为重点,不能仅仅停留在理论层面的遐想上。而实践中的新型城镇化建设同样要科学选点,在具体实践上接受理论指导,有步骤有计划有规模地开展实践创新,不能整体铺开,放羊式发展,粗放式经营,这样又走到传统城镇化模式的老路上去了。同时,实践过程中不能新瓶装旧酒,要做到真正的创新,尤其是在户籍层面、人的层面、城乡关系的内涵层面、城乡治理的对接层面等。

(四) 以科学体系为核心的评价机制

传统城镇化建设之所以存在粗放式的方式、质量建设的问题,最重要的一个层面是我国一直没有自己的一套科学的权威的城镇化发展水平指标评价体系,导致对城镇化建设缺少监督、检验与规范。城镇化建设在整体上必然陷入无序、混乱的状态，进而出现一个城镇一个模式、一个制度一个创新现象。这是在实践层面的城镇化，而在理论层面，学界也一直没有对城镇化发展水平指标评价体系形成共识，进而在城镇化研究中缺少对话的平台与前提。因此，新型城镇化发展要重点建构一套科学的新型城镇化发展水平指标评价体系，实现城镇化建设与发展完整的系统结构，即包括"输入－反馈"结构。传统城镇化模式主要集中在输入端，缺少反馈，因此城镇化建设也就成了盲目建设。新型城镇化发展水平指标评价体系，不仅是对城乡融合模式的一种检验与反馈，也是对新型城乡关系中城镇化发展的指导性内容的建构，相当于它的指导手册。这是因为，科学的系统的发展水平指标评价体系，必然包括新型城镇化发展的主要建设内容与发展要素，必然对以后的地方实践产生指导作用。正是因为如此，发展水平指标评价机制是新型城镇化发展的关键环节，也是新型城镇化建设的关节点。没有评价机制就没有成绩，就没有经验总结。

新型城镇化发展水平指标评价体系的建构必须遵循科学、系统的原则，要突出新型城镇化发展的理念体系，也要凸显新型城镇化发展的内容体系。与以往城镇化发展水平指标评价机制不同，该评价机制重点突出以下三个方面的内容。一是凸显城乡关系的指标建构，即指标选择上不能仅仅关注城镇一个层面，要关注城乡两个不同主体，要体现城乡关系之间的互动特性。二是凸显对人的关注，即在指标建构中要依据新型城镇化发展中以人为本、包容和谐等具有人文特性的理念，设置城镇化建设对人的教育与发展的指标。三是凸显对内涵的关注，不能仅仅将指标集中在人口、经济、制度等层面，还应关注社会、环境等层面，并要综合考虑建构城乡政治融合度、经济融合度、文化融合度、社会融合度以及人的融合度等测量指标。这是新型城镇化发展水平指标评价体系的特色层面。同时，新型城镇化发展水平指标评价体系建构的另一个重要的层面在于，同城镇化发展模式之间形成一个完整的理论与实践体系，并在研究层面形成一个对话的平台，强调研究与实践的可对话性。总的来说，新型城镇化发展水平指标评价体系是对新型城镇化建设实践的整体回应，是新型城镇化建设必然具有的内容，也是最关键的环节。

第三章 新型城镇化建设的现状及问题分析

第一节 新型城镇化的发展历程

城市是伴随人类文明与进步发展起来的,城市也就成为人类文明的主要组成部分。任何一个国家和民族的城市化都是一个较长的历史过程。法国克里斯托夫·夏尔勒(Christophe Charle)教授的《19世纪国家之都城》和布鲁诺·绍费尔·伊瓦尔(Bruno Chauffert Yvart)教授的《首都城镇群的宏大承诺》,就详细分析了欧洲城市演变历程的三个阶段,即扩张、拥堵、郊区化。中国城镇化的发展,也是一个历史的渐进发展过程,与国外的城镇化过程比较,既有时间维度上的阶段区别,也有空间纬度上的区域区别。这两大区别使得中国的城镇化进程打上了鲜明的国情特点,也产生了不同发展时期的不同典型模式。

一、我国城镇化发展的历史进程

城镇化是随着社会生产力的发展,人们的生产方式、生活方式、居住方式得到逐步改变的历史进程,同时也是使整个经济社会发生巨大变革并促使社会发展的过程。中国是世界著名的文明古国,也是世界六大城市带发源地之一。根据我国不同时期城市发展的主要特征,中国的城镇化发展大致可分为中华人民共和国成立前、中华人民共和国成立后至改革开放前、改革开放以后等三个阶段。

(一)中华人民共和国建立前的城市发展起步时期

中国是世界上最早出现城镇的国家之一,中国的城市文明源远流长,极具丰富的内涵,对当代中国城镇产生了广泛而深刻的影响。根据不同时期城镇发展的主要特征,中华人民共和国成立前的城镇发展大致划分为三个阶段。

1. 我国城市的起源及初期发展阶段(前2000~580年)

在原始社会,人类主要从事自然的狩猎、采集等生活,人类"逐水草而居",无固定的居住点。这一阶段"城市"的功能主要是以政治、军事为主。城市规模较小,规模最小的城市仅1万平方米,主要分布在黄河中下游地区。据考古发现,距今4400～4000年前有6座古城遗址,包括淮阳平粮台古城、河南登封王城岗古城、安阳后岗古城、郾城郝家台古城、寿光边线王古城和山东章丘城子崖古城,随着人口规模及人类活动空间范围的扩大,人类逐渐向北扩展至北京、太原附近,向南则至淮河、汉水流域。

随着生产力的发展,人类社会出现第一次劳动大分工,农业与渔、牧业分工,形成以农业为主的固定居民点。后来,人类社会又出现第二次大分工,手工业从农业中分离出来,出现了商品生产。原始聚居的居民点形成以农业为主的乡村和以手工业、商业为主的城市。殷周时代出现了商城(今郑州)。周代出现了周王城,"匠人营国,方九里,旁三门。国中九经九纬,经涂九轨。左祖右庙,前朝后市,市朝一夫,……经涂九轨,环涂七轨,野涂五轨"。"环涂以为诸侯经涂,野涂以为都经涂。"春秋战国时期的城市齐临淄,长5千米,宽4千米,人口规模达到七万人。燕下都、秦咸阳等城镇在我国考古中都发现了古代手工业作坊遗址,其中魏大梁就是当时非常著名的冶铁中心,除此之外,定陶、中山、雍、宛等也都是当时著名的商业都会。

到春秋战国时期,中国历史上真正意义上的城市形成了。当时不仅城市的数量众多、遍及四方,而且商业经济活动非常活跃。这一阶段城市的主要功能是城市成为非农业人员的居住场所,农业生产技术、信息的交流场所,宗教、文化、艺术的活动场所,商品交易的场所,保卫居民生活、工作的防御工具。城市的选址主要有以下考虑:防御的需要(保卫劳动成果,抵御入侵),交通方便(与乡村、其他城市的联系),环境容量(用地、人口),良好的生存环境(水、食物、能源等)。

同时,从城市等级结构来看,自周朝后期分封制的瓦解及秦朝推行的郡县制度以来,建立了以县城、郡府、首都等三级行政中心城市为主体的城市体系。汉朝的城市发展延续了周朝的三级行政城市体系,随着丝绸之路的开辟,城市的数量进一步扩大,据《汉书》地理志记载,汉代的城市数量在西汉末年达到巅峰,全国共有城市1587座之多。

2. 我国城市建制规模初步形成阶段(581～1270年)

隋朝(581～618年)时期,隋文帝杨坚定都长安,后来隋炀帝杨广营建东都,迁都洛阳。政治中心在北方,北方经济虽然发展较快,但两京和边防军所需的粮食相当多,需要江淮地区供应。陆路运输速度慢、运量小、费用大,无法满足北方的需要。隋朝大运河以洛阳为中心,北达涿郡,南至余杭。大运河的开通,进一步加强南北交通,促进江南及周边经济发展的同时,也使江南及周边城市的规模进一步扩大,并且出现了城市群。据统计,南方地区人口超过10万的大城市有10个,即成都、扬州、常州、苏州、杭州、会稽(今绍兴)、湖州、丹阳、宣城、广州,北方地区超过10万人口的大城市有5个,即洛阳、长安、太原、汴州(今开封)、魏州,此外,还有一批几万人口的中等城市。同时隋唐的城市规模等级体系更加完备,唐代时期初步形成了以都、道、郡、县为主体的行政中心以及与之相匹配的城镇等级体系。我国目前的省、地、县三级行政区划和城镇体系也基本上是从唐代沿袭下来的。隋代,全国有郡194个,县1255个,从隋代的城镇等级规模比例来看,隋朝的郡和县数量比例为1:6.5,而在秦朝时期,郡县的数量比例为1:20,这也从一个方面说明隋代时期我国的城镇等级规模中,郡的比例在上升,隋代进一步增加了中等规模城镇的比例,进一步完善了我国的城镇等级规模体系。

宋朝的经济繁荣程度可谓前所未有,城市发展也达到空前高涨的局面,俗称"第一次城市革命"。农业、印刷业、造纸业、丝织业、制瓷业均有重大发展,出现了世界上最早的纸币——"交子"。徽宗时期,改交子为"钱引",并扩大流通领域,南宋改为官办"会子"。经济的发展促进了我国宋代城镇规模和数量的快速增长。北宋时,首都为开封,其人口约50万,再加上宫内人口、十几万禁军以及游民、僧道等不入籍人员,开封人口最多时将近100万。南宋时期,加大了对南方城镇的开发,主要有两浙东西路和江南东西路,其覆盖范围相当于现在的江西省、浙江省、苏院南部和上海市。这是当时商业十分繁荣的地带,也是经济最为发达的地区,市镇的总体数量和个体发展水平都处于当时世界城市领先水平。"两宋时期先后兴起886个市镇,其中镇240个,草市646个",主要包括环城市镇、农业市镇、手工业市镇、商品转运市镇、沿海港口市镇、消费型市镇、乡村墟市等七种类型。环城市镇的分布主要在繁华都市周边,环城市镇的兴起,实际上是突破了城市城墙的限制,逐渐向周边乡村扩张和发展的一种形式。这类市镇同它所在的城市一起,成为城市市场体系不可分割的一部分。如建康城近郊有大约10个市镇,都城临安周围7.5千米范围内有10多个大小不等的市镇,台州城附近有6个草市,绍兴府城近郊5千米的地带有将近20个草市。农业市镇主要分布于农业经济较为发达的地带。农业市镇的基础是所处地区的农副产业,其职能是促进农产品的外销和流通,从而成为乡村经济的中心。如嘉兴府华亭县的魏塘镇、平江府常熟县的直塘市等都是较为典型的粮食市镇。直塘市商贾云集,有的米商"仓廉帮库所钱米万计"。手工业市镇是伴随着各地手工业的不断发展而兴起的,它比较具有专业化的特性。如黄岩县的于浦镇、台州临海县的杜渎镇等都是典型的盐业市镇。饶州乐平市的杭桥市和螺坑市、建康府句容县的白土市等都是纺织业市镇。绍兴府会稽县的三界镇和诸暨市的枫桥镇等都是典型的造纸业镇。商品转运市镇大多位于水陆交通线上,在各地商品和货物转运中承担着重要的职能。在水路交通沿岸,主要有宪湖县的采石镇、池州东流县的雁汊镇等。在陆路交通沿线,有绍兴府境内的于店、夏店、何店等。沿海港口市镇是随着海上贸易的发展而兴起的。如嘉兴府的青龙镇在北宋时海外贸易就已相当活跃。消费型市镇兴起的主要原因是外来人口的增加和商业的发展。如平江府常熟县位于长江出海口许浦镇,大约有水军1.2万人,由是"军民市易为盛"气,乡村墟市大部分是由农村草市和少数小规模的镇市组成的,在各地农村广泛分布。当然,许多市镇是几种形态兼而有之,这也从另外一个方面反映出当时的城市功能已经逐渐向功能复合化发展。

3. 我国城市建制规模快速发展阶段(1271~1949年)

元朝、明朝、清朝国家统一,经济和城市范围取得更大进展。元朝重视商业,脱(合伙)商人比较活跃。明朝与前各代相比,经济方面最大的特点就是在明朝中期出现了资本主义萌芽的经济形态。尤其是江南地区由于商品性农业的迅速发展,新兴市镇开始萌芽。伴随着这种商品性农业和手工业的发展,明、清两代在长江三角洲地区的"城镇化"得以发展和扩大。其中城市主要沿江、沿运河等交通要道进行了布局和发展。大运河、长江是中国明清时期水路两大通道,沿着河港的城市由此获得了进一步的发展,使自唐代以来形成的沿江、沿运河两条城市发展轴线得到了进一步加强。同时,边陲地域城镇分布也得到进一步的扩展。在西南地区,明、清两代行政区划在原有的基础上不断加速推进,在湖、广、云、贵、川等少数民族聚集地,加强中央统治,加快推进"改土归流"政策。在陆续平定当地少数民族土司叛乱后又广建府、县。西藏地区的拉萨经过改土归流,成为青藏高原地区最大的政治、经济、文化中心;在我国西北边陲的新疆、内蒙古等地区,也出现很多商业城市和区域经济中心,如西宁、张家口、归绥(今呼和浩特)、迪化(今乌鲁木齐)、伊犁、哈密和阿克苏;东北的沈阳成为东北三省最大的政治、军事、经济和文化中心;台湾的凤山(今高雄县)、嘉义、府治台湾(今台南)、彰化等城镇也具有一定的规模。从城市数量和规模来看,明朝长江三角洲上的市镇有316个,较宋朝多245个,清朝增至479个,全国的城市网初步形成。

中华人民共和国成立前的城市发展最重要的特点是国际贸易加速发展,沿海沿江等交通要道上的城市发展速度快于内陆城市,出现了一批新兴工商业城市,如上海、广州、大连、天津、青岛、重庆等。这些城市的发展速度甚至超过了传统的工业重镇,如北京、苏州、成都、济南等城市。同时随着资源的开发,抚顺、鞍山、本溪、唐山、焦作、大冶、萍乡、玉门等新兴资源型城市快速形成,其中东北成为我国近现代城市化速度最快的地区。1945年抗日战争胜利及台湾省收复,全国设置城市数量猛增为43个,到1947年由于收复东北三省,设置城市上升到69个。截至1949年,全国共有132个城市,其中有12个中央直辖市,53个省辖市,67个专署辖市。

这一阶段的城镇化发展特征主要表现为以下几个方面。

一是从经济角度来看,经济是决定人口空间分布及城市形成的最主要因素。第三次社会大分工使人类改变了居住方式,农业与牧业分离后便产生了定居方式,而手工业与农业的分离使一部分人开始从事手工业、建筑业和服务业活动,这样生产剩余逐步扩大,贸易活动增多,所有这些因素导致一部分人聚集起来,随着聚集规模的扩大,便出现了城市。正是所谓的先有市(市场交易)后有城,城是市的实现场所,城市缘于市场交易。在中国古代,常在井旁兴市,因而有市井的概念。虽然,也有一些城市依托军队驻防,从防护功能逐步向多功能发展。在边关重镇,因为军队的驻扎,形成了人口的聚集,最终又形成城市。

二是从城市布局来看,城市集中在商品经济比较发达的黄河流域、长江三角洲、珠江三角洲等地带。

三是从城市等级规模来看,已经初步形成大城市和小城镇城市发展体系。北宋的开封最多时人口估计接近100万,南宋都城临安估计人口规模在70万左右。同时出现了一批不同产业和功能特色的小城镇。

(二)中华人民共和国建立后至改革开放前的城镇化探索发展时期

中华人民共和国成立后,城市无论是在规模、结构上还是在国民经济中的作用、地位方面都有了长足发展。1949~1978年,我国国民收入总额从358亿元增长到3 010亿元,伴随着经济的增长,城镇化率也从10.6%提高到17.9%,提高了近7.3个百分点。但是,从整体上看,由于此时我国生产力低下,经济社会发展非常落后,工业化建设处于刚刚起步阶段,城市化发展还未成为我国社会发展的主要议题,我国城镇化发展水平还处于世界落后状态。1949~1978年,我国的城镇化水平年平均增长率只有0.25%。期间,由于受自然灾害等因素的影响,我国有12年出现了城镇化率的负增长。从中华人民共和国建立到改革开放启动,我国这一阶段的城镇化大致可以分为四个阶段:项目带动城镇发展阶段(1949~1957年)、大跃进促进城镇发展阶段(1958~1960年),自然灾害导致城镇逆向发展阶段(1961~1965年)和"文革"致使城镇停滞发展阶段(1966~1977年)。

1. 项目带动城镇发展阶段(1949~1957年)

1949年中华人民共和国成立初期,我国国民经济基本处于"一穷二白"的状态,工业基础相当薄弱。历经三年(1949~1952年)的经济恢复阶段,1953年起进入了第一个五年计划阶段,开始推行旨在实现中国社会主义工业化的经济发展实践。据统计,"一五"时期,内地投资占全国总投资的46.8%。我国不仅在经济发展模式上借鉴苏联的优先发展重工业的经验,同时也接受苏联技术、资金以及项目援助,在第一个五年计划启动了以"156"项重点项目为核心,以900多个大中型项目(限额以上项目)为重点的工业建设。1953年5月15日,中苏签订了《关于苏维埃社会主义共和国联盟政府援助中华人民共和国中央政府发展中国国民经济的协定》。协定规定,苏联援助中国建设与改建91个企业,再加上1950年已确定的50个项目,总计141个项目。1954年10月12日,中苏签订了《关于苏联给予中国5.2亿卢布长期贷款的协定和关于苏联政府帮助中国新建15项中国工业企业和扩大原有协定的141项企业设备的供应范围的协定书》。

根据相关统计资料,1955年第一个五年计划颁布确定的"156"项重点工程,由于赣南电站改为成都电站,航空部陕西422厂统计了两次,造成两项重复计算。因此实为154项。在154项中,第二汽车制造厂、第二拖拉机厂因厂址未定,山西潞安一号立井、山西大同白土窑立井因地质问题未建,总共4个项目未建。实际上正式施工的项目为150个,分布于我国17个省区,实际完成投资196亿元,民用项目106个,实际完成投资158亿元,军工项目44个,实际完成投资37.5亿元。

通过"一五"期间"156"项工程的实施,我国的工业技术水平从中华人民共和国初期的落后于工业发达国家近一个世纪,迅速提高到发达国家20世纪40年代的水平。"156"项重点工程使我国基本形成了独立自主的工业体系雏形,是中国工业化的奠基石和里程碑,也是我国老工业基地形成的重要基础。随着以"156"项工程为重点的建设,新建了一批工矿城市,如纺织机械工业城市榆次,煤炭新城鸡西、焦作、平顶山、鹤壁等,钢铁新城马鞍山,石油新城玉门。据资料统计,自1949年至1958年,城市数量由1949年底的132个上升到176个,增长33.3%,平均年递增5个新城市。中国城市市区人口占总人口的比重由10.6%上升到15.4%,年均提高0.6个百分点。

2. 大跃进促进城镇发展阶段(1958~1960年)

1958年5月,中共八大二次会议正式通过了"鼓足干劲、力争上游、多快好省地建设社会主义"的总路线。尽管这条总路线的出发点是要尽快改变我国经济文化落后的状况,但由于忽视了客观经济规律,导致了盲目追求高指标的现象。总路线提出后,党发动了"大跃进"运动,在生产发展上追求高速度,工农业产值追求高指标,要求工农业主要产品的产量成倍、几倍甚至几十倍地增长。例如,提出了钢产量和粮食产量1958年要比1957年翻一番,分别从33.5亿千克、1 950亿千克达到107亿千克和3 500亿千克;1959年要比1958年再翻番,分别从107亿千克、3 500亿千克达到300亿千克和5 250亿千克。在这样赶超目标下,城镇基本建设投资快速增长,1958~1960年间,固定资产投资总额达到1 006亿元,比1949~1957五年投资总额高出将近一倍。1958~1961年间,城市的建制也和国民经济一样急剧膨胀。大跃进期间,我国职工人数大幅度上升。1958年职工总数上升到4 531万人,比1957年增加了2 081万人,1960年8月达到最高峰,为5 100万人,比1957年增加了2 649万人。城镇人口从1957年的9 900万人,增加到1960年底的1.3亿人,增加了3 124万人。我国城市由1958年的176个增加到1961年的208个,增长18.2%。城市人口也从7 077万人增加到10 132万人。城市化率从15.4%增加到19.75%,年均提高1.43个百分点。

3. 自然灾害导致城镇逆向发展阶段(1961~1965年)

城镇逆向发展指的是,城镇人口向农村流动,导致城市规模缩小。我国这一时期的"逆城镇化"主要是由于自然灾害严重和经济政策的偏差导致了我国国民经济出现了长达三年的严重困难局面。主要表现为国民经济比例关系严重失调,基建规模过大,粮食缺乏,通货膨胀,市场供应紧张,人民生活困难。为了应对这一困难局面,1960年我国政府提出了对国民经济实行"调整、巩固、充实、提高"的八字方针,以解决经济建设中出现的这些问题。调整是"八字方针"的中心,主要是对国民经济各部门比例关系,如工业内部、农轻重、积累与消费、生产与基建等比例关系进行调整。调整的基本思路是,适当地控制重工业发展的速度,尤其是钢铁工业的发展速度;适当缩小基本建设规模,让重工业和轻工业之间、工业和农业之间、积累与消费之间的比例趋于协调,让国家的建设和人民的幸福生活得到统筹兼顾,全面安排。主要做法有以下几个方面。

对那些以工业品为原料的轻工业和手工业品的生产加以充实,发展化纤、塑料等新兴工业;改善企业的管理,增强产品的质量,提高劳动生产率。对于那些没有材料、原料资源的企业,以及产品质量低劣、消耗过多、长期亏本而短期又不能改变、成本极高的企业,根据情况分类处理,或者暂时停止生产,或者关闭或者转产。1962年,全国施工基本建设项目从1960年的8.2万个,下降到2.5万个。1959年我国工业企业31.8万个,1962年减少到19.7万个,减少了38%,基本解决了工业生产战线过长的问题。中央制定了《国营工业企业工作条例(草案)》,整顿保留下来的企业。

1961年6月,中共中央和国务院下达了关于精减职工工作若干问题的通知,动员1958年以来参加工作的来自农村的新职工,回到各自的家乡,参加农业生产。1957年底以前参加工作的来自农村的职工,也可自愿回乡。截至1962年6月,全国共精简城镇人口2 600万,职工1 887万。同时,将一部分地级市降为县级市,如石家庄、保定、唐山、张家口、邯郸、承德、安阳、鹤壁、焦作、三明、宝鸡、咸阳、玉门等。到1965年底,全国城市总数为168个,与1957年相比减少8个。

4. "文革"致使城镇化停滞发展阶段(1966~1978年)

"文革"十年是中国历史发展的一个特殊阶段。我们党《关于建国以来党的若干历史问题的决议》指出:"我国社会主义制度的根基仍然保持着,社会主义经济建设还在进行","我国国民经济虽然遭到巨大损失,仍然取得了进展。粮食生产保持了比较稳定的增长。工业交通、基本建设和科学技术方面取得了一批重要成果。"我国经济发展既遭受了巨大损失,也取得了一定发展,就是对这一时期的中肯分析。

我国城镇化在这一阶段发展的基本状况是,到1977年,全国城市总数为193个,比1965年增加22个,年平均增加2个。城镇人口增加到17 245万人,人口城镇化率上升到17.9%。但建制镇继续下降,仅有2 173个。这一阶段我国城镇化发展的重点在"三线"。20世纪60年代以来,中苏关系恶化,国际政治形势和国内经济形势都发生了巨大变化,我国开始启动了旨在以国防优先的均衡布局工业生产力政策的"三线"建设。一线地区包括位于沿海和沿边的省区,如上海、辽宁、北京、天津、黑龙江、吉林、新疆、西藏、福建、内蒙古、江苏、山东、广东、浙江等。三线地区包括基本位于内地的四川、贵州、云南、陕西、甘肃、宁夏、青海7个省区及山西、河北、河南、湖南、湖北、广西等省区靠内地的一部分,共涉及13个省区。西南、西北地区(川、贵、云和陕、甘、宁、青)俗称"大三线"。各省份自己靠近内地的腹地,俗称"小三线"。二线地区指介于一、三线地区之间的中间地带,如江西、安徽。

从1965年到1980年,我国在13个省、自治区开展的三线建设,历经三个五年计划。三线建设取得了重大成就。初步改变了我国内地基础工业薄弱,交通落后,资源开发水平低下的工业布局不合理状况。初步建成了以能源交通为基础、国防科技为重点、原材料工业与加工工业相配套、科研与生产相结合的战略后方基地。三线建设还带动和促进了西北、西南偏远地区的城市建设和发展,促进了内地省区的经济繁荣和科技文化进步,给内地以后的建设和发展带来了机遇。如攀枝花、六盘水、十堰、金昌等这些过去人烟稀少的荒山僻野,现在成为著名的新兴工业城市。

三线建设均衡了生产力的发展,在一定程度上改变了我国工业生产力过度着重在沿海地区的局面,对于中西部地区的工业城市发展起到了一定的作用,在我国工业建设和城市建设发展史上都有着重要作用。但是,由于我国经济发展水平整体不高,又处于政治不稳定的时期,这一时期我国的城镇化发展还是处于低水平状态。

(三)改革开放以来的城镇化快速发展时期

城镇化是经济社会发展的必然现象,1978年以来,改革开放使中国的政治、经济形势发生了深刻的变化。随着一系列改革开放措施的落实,农村经济有了较快的发展,城市经济中心作用加强,城市建设和规划也逐渐走上了健康发展的科学轨道,中国城市设置进入快速发展的时期。2011年我国城市数量达到657个,比1978年增加2.4倍,城镇化率达到51.27%,比1978年提高33.35个百分点。从城镇化率增速上可以划分为快速发展、稳步发展、高速发展和协调发展四个阶段。

表3-1 1979~2011年我国城镇化水平增长情况

年份	全国总人口(万人)	城镇人口(万人)	城镇化率(%)	城镇化增长率(%)
1979	97 542	18 495	18.96	5.81%
1980	98 705	19 140	19.39	2.26%
1981	100 072	20 171	20.16	3.95%
1982	101 654	21 480	21.13	4.83%
1983	103 008	22 274	21.62	2.33%
1984	104 357	24 017	23.01	6.43%
1985	105 851	25 094	23.71	3.02%
1986	107 507	26 366	24.52	3.44%
1987	109 300	27 674	25.32	3.24%
1988	111 026	28 661	25.81	1.96%
1989	112 704	29 540	26.21	1.53%
1990	114 333	30 195	26.41	0.76%
1991	115 823	31 203	26.94	2.01%
1992	117 171	32 175	27.46	1.93%
1993	118 517	33 173	27.99	1.93%
1994	119 850	34 169	28.51	1.86%
1995	121 121	35 174	29.04	1.86%
1996	122 389	37 304	30.48	4.96%
1997	123 626	39 449	31.91	4.69%
1998	124 761	41 608	33.35	4.51%
1999	125 786	43 748	34.78	4.29%
2000	126 743	45 906	36.22	4.14%

续　表

年份	全国总人口(万人)	城镇人口(万人)	城镇化率(%)	城镇化增长率(%)
2001	127 627	48 064	37.66	3.98%
2002	128 453	50 212	39.09	3.80%
2003	129 227	52 376	40.53	3.68%
2004	129 988	54 283	41.76	3.03%
2005	130 756	56 212	42.99	2.95%
2006	131 448	58 288	44.34	3.15%
2007	132 129	60 633	45.89	3.49%
2008	132 802	62 403	46.99	2.40%
2009	133 450	64 512	48.34	2.88%
2010	134 091	66 978	49.95	3.33%
2011	134 735	69 079	51.27	2.64%

1. 以乡镇企业发展带动小城镇快速发展阶段(1979～1987年)

党的十一届三中全会实现了中华人民共和国以来党的历史的伟大转折,工作重点转移到社会主义现代化建设上来。从1979到1986年,乡镇企业已发展1515万个,从业人员增加了5100万人,1986年底全国乡镇企业从业人员已达7945万人。乡镇企业的发展在促进乡镇财政收入、农民收入提高的同时,也带动了农民向乡镇企业所在地转移和就业。1978年全国城市工作会议,中央发布《关于加强城市建设工作的意见》,1984年中央下发《中共中央关于1984年农村工作的通知》,1984年国务院下发《关于农民进入集镇落户问题的通知》和《城市规划条例》。中央分别提出"控制大城市规模、多搞小城镇","允许务工、经商、办服务业的农民自理口粮到集镇落户,公安部应准予落户,及时办理入户手续,统计为非农业户口"。经济的快速发展,以及新的户籍制度调整,大大促进了我国城镇尤其是小城镇的发展。到1987年底,全国城市个数达381个,比1977年增加98个,年均增长20.9个,城市人口由17 245万人增加到27 674万人,年均增长1 158.78万人,城镇化率从17.92%提高到25.22%,年均提高0.82个百分点。

同时,从1981年到1984年,国务院先后批准了常州、重庆、武汉、沈阳、大连、南京等城市进行城市经济体制综合改革试点。1982年,中共中央提出改革地区体制,经济发达地区地市合并,实行市管县管企业。通过一系列改革措施,城市经济辐射面增强,城市的中心作用得到进一步发挥,多年来的城乡分割被打破,城市经济向农村辐射延伸,农村经济向城市渗透,城乡交融,逐步形成网络型经济,统筹城乡进一步发展,小城镇和农村集镇规模和数量逐渐增加,自上而下的城镇化开始显示出生机和活力。

2. 重点建设小城镇的城镇化稳步发展阶段(1988~1995年)

在1985年公布的第七个国民经济五年计划建议中,我国政府明确指出,"坚决防止大城市过度膨胀,重点发展小城市和小城镇",从而为小城市和小城镇发展增加了推动力。1989年,全国人大常委会以法律形式把政府的这一城镇化政策确定下来,《城市规划法》进一步明确指出:"国家实施严格控制大城市规模、合理发展中等城市和小城市的方针,促进生产力和人口的合理布局。"1992年国家修订了小城镇标准,从而促进了小城镇的发展。全国村镇建设工作会议于1993年召开,会议把小城镇建设作为村镇建设的重点,明确到20世纪末我国小城镇建设发展的目标。会后建设部等6个部委联合颁发了《关于加强小城镇建设的若干意见》。1995年4月,建设部、国家体改委、公安部等11个部委联合下达了《小城镇综合改革试点指导意见》,并选择全国57个镇进行综合改革试点。此后,许多小城市基本放开了户籍限制;上海、北京等大城市也对外地人口准入门槛进行放松。

中国城镇的数量从1987年的381个增加到1995年的640多个。其中20万人的小城镇增加了150个,20~50万人的中等城市增加88座,中小城市新增数量占新增城市数量的92%。正是由于"切实防止大城市人口规模的过度膨胀",这段时期的城镇化提升速度有所放缓,1987年到1995年间,城镇化率从25.32%提高到29.04%,平均增长0.46个百分点,年均增速比前一阶段降低了0.36个百分点。

3. 开发区和新农村建设的城镇化高速发展阶段(1996~2007年)

我国的开发区兴起于1980年中央决定设立深圳、珠海、厦门、汕头四个经济特区,之后经历了起步初创(1985~1991年)、高速发展(1992~1998年)、稳定发展(1999~2002年)和科学发展(2003~2012年)四个阶段。开发区通过村庄整体搬迁,当地农民就地安置就业等举措,这一时期的城镇化速度明显提高。根据2005年的统计数据,在开发区整顿前,全国共有各类开发区6 866个,规划面积3.86万平方千米,超过了全国城市建成区面积总和。从已有开发区的规模看,天津、北京、深圳、珠海、浦东开发区的规模都在20平方千米以上,依托开发区发展起来的大连新市区、天津滨海新区规模相当于中等城市,上海浦东新区面积则超过50平方千米,其规模相当于大城市。

同时,这一时期我国加快了新农村建设,1997年6月,国务院发布《关于完善农村户籍管理制度意见》和《小城镇户籍管理制度改革试点方案》的通知。通知认为应当对户籍管理制度进行适当改革,允许已经在小城镇居住、就业,并符合一定条件的农村人口办理小城镇常住户口,以促进农村剩余劳动力就地、就近、有序转移。农村新生婴儿的常住户口落户可以随父或随母登记。

1998年10月,十五届三中全会通过《中共中央关于农业和农村工作若干重大问题的决定》,把发展小城镇作为带动农村经济和社会发展的一大战略。2000年7月,中共中央、国务院发出《关于促进小城镇健康发展的若干意见》。明确指出加快我国城镇化进程的条件和时机已经成熟。要进一步抓住机遇,适时合理引导小城镇健康有序地发展应当成为现在和以后较长时期内农村改革与发展的一项重要任务。

2000年10月,中共中央在"十五"规划建议中明确提出:"随着农业生产力水平的提高和工业化进程的加快,推进我国城镇化进程的条件已渐成熟,要不失时机地实施城镇化战略。"为了积极稳妥推进城镇化发展进程,国务院于2001年批准公安部《关于推进小城镇户籍管理制度改革的意见》。《意见》指出:"小城镇户籍管理制度改革的实施范围,是县级市市区、县人民政府驻地镇及其他建制镇。凡在上述范围内有合法固定的住所、稳定的职业或生活来源的人员及与其共同居住生活的直系亲属,均可根据本人意愿办理城镇常住户口;已在小城镇办理的蓝印户口、地方城镇居民户口、自理口粮户口等,符合上述条件的,统一登记为城镇常住户口。"这标志着小城镇已经废除了城乡分隔制度。有些地方甚至采取了鼓励农民到小城镇居住和创业的政策。到2003年年底,全国城市总数达到660个,比1991年增加181个,增长37.8%,平均年增加16.5个。自中华人民共和国成立以来到2003年止,全国共新增528个城市,占全部城市的80%。整体城镇化水平从29.04%提高到36.22%,年均提高1.4个百分点。

4. 统筹城乡的新型城镇化协调发展阶段(2008年至今)

"十一五"规划强调:"按照循序渐进、节约土地、集约发展、合理布局的原则,要坚持大、中、小城市和小城镇协调发展,积极稳妥地推进城镇化,提高城镇综合承载能力,逐步改变城乡二元结构。对人口城镇化进行分类引导,对临时进城务工人员,继续实行半工半农、城乡双向流动的政策,在劳动时间、劳动报酬、安全保护和法定假日等方面依法保障其合法权益;对在城市已有稳定职业和住所的进城务工人员,要创造条件使之逐步转为城市居民,依法享有当地居民应有的权利,承担应尽的义务;对因城市建设承包地被征用、完全失去土地的农村人口,要转为城市居民,城市政府要负责提供就业援助、技能培训、失业保险和最低生活保障等。鼓励农村人口进入中小城市和小城镇定居,特大城市要从调整产业结构的源头入手,形成用经济办法等控制人口过快增长的机制。要把城市群作为推进城镇化的主体形态。加强城市规划建设管理。健全城镇化发展的体制机制,建立健全与城镇化健康发展相适应的财税、征地、行政管理和公共服务等制度。完善行政区划设置和管理模式。改革城乡分割的就业管理制度,深化户籍制度改革,逐步建立城乡统一的人口登记制度。""十一五"规划实施以来,城镇化率实现平稳较快增长,增速分别较"九五""十五"降低0.58和0.49个百分点。这一阶段城镇化的特征主要表现为以下几个方面。

一是新型城镇体系的开放性增强。经济全球化在以跨国组织为代表的新经济组织的推动下使得国际分工发生重大变化,在生产要素上呈现管理向大城市、都市区等高层次区域集聚,生产向小城市等低层次区域扩散的特征。参与全球产业分工、融入世界城市体系成为各地城镇体系发展的必然选择。

二是城市群成为推进新型城镇化发展的主体形态。传统的城市只有一个中心城区,以中心城区为核心,像摊大饼一样逐步向周围展开。但是由于城市功能高度聚合,各种要素高度集聚进而会制约城市功能的拓展,所以现代城市内部的空间布局逐渐由一般向多元中心格局转变。首先,中心城区逐步"退二进三",中心城区主要发展金融、文教、商业、娱乐等;同时把一些工业企业外迁到周边一些小城镇,并通过交通网络使之同主体城市相互贯通、相互依存。比如,我国的京津冀、长三角、珠三角三大城市群以3%的国土面积积聚了13%的人口,创造了36%的国内生产总值,吸引了80%的外商直接投资,实现了75%的国际贸易,成为拉动经济快速增长和参与国际经济合作与竞争的主要平台。

三是新型城镇体系的网络化特征日益显著。现代交通通信技术的迅猛发展使得城镇间相互作用的强度和广度不断扩展,城市群之间通过网络化的交通体系、信息技术设施等公共基础设施密切联系,实现产业和功能的互补体系。城镇体系由以纵向联系为主的封闭等级体系,逐步向多元多层的纵横交叉联系为主的扁平化、网络化结构发展。

四是新型城市结构由等级型向复合型转变。随着现代生产力的发展和市场化程度的不断提高,非政治中心城市不断涌现,有的是依托当地自然资源而形成的工矿城市,例如大庆市、东营市和克拉玛依市等是在大庆油田、胜利油田、克拉玛依油田开发过程中成长起来的。有的是在改革开放的政策环境中兴起的城市,如深圳市。有的是以建设新兴工业项目发展起来的城市,如三门峡市、丹江口市。十堰市是在第二汽车制造厂建设过程中发展起来的,绵阳市是靠电子工业发展起来的。有的是以旅游业兴市,如安徽的黄山市、张家界市、丽江市等。从发展趋势看,非等级型城市将随着市场化、国际化、知识化进程的加快而不断增多。虽然等级型城市在较长时间内仍将是主体类型,但其政治功能将逐步淡化,从而形成复合型城市结构。

五是紧凑型城市建设成为城市发展的优选方向。资源环境问题的凸显和生态文明的发展要求,使得世界各国重新审视发达国家走过的高资源消耗、低密度蔓延的城镇发展模式,"集约高效""精明增长""生态城市""复合城市"等理念和模式应运而生,并成为现代城镇建设的基本方向。

二、河南省城镇化发展历程

河南省的城镇化历程可以从中华人民共和国成立以来的情况进行划分,大致分为五个阶段。

1. 城镇化起步阶段(1949~1960年)

中华人民共和国成立之初,百废待兴,城镇化基础相当薄弱。在政府的引导下,大力发展重工业,工业化程度迅速提高,城镇人口也随之增加。由于受到"左倾"冒进主义的影响,农村人口向城镇迁移的速度过快,产业结构调整速度过快,不同产业之间的合理结构被打破,造成了一定的负面效应。

河南省是传统的农业大省,工业基础薄弱,农村人口众多。中华人民共和国成立初期,河南省农田荒芜、商业凋敝,近代工业几乎是一片空白,工业化程度非常低,经济发展落后,城镇化水平很低。1949年河南省城镇人口仅为265万,共有13个城市。河南省城镇化发展的起步阶段也是从中华人民共和国初期开始的,1949年河南省城镇化率为6.3%,到1957年增至9.3%,年均增长0.38个百分点。中华人民共和国成立以后,随着经济建设的发展,河南省城镇化发展也随之开始,重点建设了洛阳市,对郑州市和新乡市进行了扩建,新建了平顶山、焦作、三门峡、鹤壁四座新城市,全省城市数量由1949年的13个增加到了1957年的14个,城镇人口也增加到270万人左右。1958年至1960年,全国开展"大跃进"运动,河南省响应中央号召,全民参与工业化发展。市、县、乡都在发展工业企业和工业厂房。三年"大跃进"期间,河南省工业生产能力也有了大幅度提升,伴随着工业企业数量的不断增长,乡村人口不断向城镇转移,城镇人口从1949年的265万人增加至1960年的407万人。

2. 徘徊阶段(1960~1978年)

1960~1978年,我国正经历三年自然灾害和十年"文革"动荡,一方面经济发展的路线进行了调整,大量的城市人口被强制返回农村,实施了计划经济的模式,城乡二元结构由此更加固化,城镇化进程缓慢,部分地区还有小幅回落。三年自然灾害时期,粮食产量连年下降,粮食安全受到极大威胁,工业发展也缺乏支撑。中央开始贯彻执行以农业为国民经济基础的方针,全党全民都重视农业生产、大力提高粮食产量,适当地缩短基本建设战线、降低重工业本来的高发展速度。整个国民经济开始实行"调整、巩固、充实、提高"的路线,不再盲目发展重工业。有选择地关闭了一批工业企业,下放了一大批工人和干部投入到农业生产中。1962年,城镇人口比1960年减少了37万人。1966年到1977年,由于受"文化大革命"的广泛影响,城镇工商业发展的速度放慢,而全国人口增长速度过快,即便是城镇的剩余劳动力也不能得到有效的就地转化,在中央的号召下,大批的城市知识青年响应上山下乡运动,干部也被下放到村里,城镇化发展出现了暂时的负增长趋势。这期间,河南省城镇化发展缓慢,人口迁移的方向变成从农村向城市,这主要是政府干预的结果。

3. 城镇化回暖发展阶段(1979~1991年)

1979年,我国开始实行改革开放,逐步打破计划经济体制,经济发展也有了很大改观。首先表现在农业生产的迅速发展,粮食产量连年增长,农村剩余劳动力逐渐增多。另一方面,城市工商业也开始复苏发展,尤其是个体经济,农村的剩余劳动力开始向城镇大量转移。地区间差异开始凸显,沿海开放地区的城镇化进程迅速推进,而内地的城镇化水平相对落后,属于缓慢的恢复性发展。这一阶段,河南省城镇化率从1979年的13.6%增加到1992年的16.2%,城镇化水平得到了恢复性的发展。1980年,国务院制定了"严格控制大城市发展规模,合理发展中等城市,积极发展小城镇"的方针,河南省也因地制宜地确定了优先发展小城镇的政策。这一时期,乡镇企业得到了迅猛的发展,在资金上大大支持了小城镇的迅速发展,这是工业化与城镇化互动关系渐渐体现之初。到1984年,中央为了打破城乡二元经济结构,又出台了新的户籍管理政策。根据新的政策,开始允许农民进城务工经商,解放农村剩余劳动力;实行了地、市合并和撤地建市政策,城镇数量也随之迅速增加。从制度上来说,之前对促进农业生产起了很大作用的家庭联产承包责任制并不是为推进农村城镇化进程设计的。而在80年代中期以后的改革中,也没有做到及时地从政策和体制上来解决农村剩余劳动力转移的问题,河南省大量农村人口仍然被禁锢在土地上,剩余劳动力的现象越来越严重,城镇化向前发展的速度受到了制约。尤其是20世纪90年代的最初两年,"左倾"思想开始抬头,改革进程出现了退步,经济发展受到了一定的影响,城镇化发展出现了短暂的停滞阶段。

4. 快速发展阶段(1992~2011年)

1992年邓小平南行讲话以后,中国开始了改革开放的新时期,正式确立了市场经济体制,此前已经开始显现弊端的城乡二元经济结构也开始发生动摇,国有经济开始了改革,民营经济和个体经济也得到良好的发展,随之而来,大量的农村人口开始了城镇化进程,城镇化进程在这一阶段开始加快。1994年,党中央召开了"十四大",自此,我国进入全面建设社会主义市场经济的时期,实行计划经济体制的国有企业开始向市场经济体制转变。经济发展进入了快车道,城市开始吸纳大量的农村剩余劳动力。至2004年,河南省城市共有38个,全省县辖以下的建制镇共有856个,城镇人口比重由15.85%快速增至28.9%,人口达到4 330万人,与1991年相比,增长了62.1%。2010年年底,河南省的城镇人口为3 651万人,农村人口为5 754万人,城镇化率达到38.8%,与2000年的第五次全国人口普查相比,城镇人口所占总人口比重上升了15.6个百分点。从以上数据可以看出,1992年以来,河南省在新一轮改革开放的影响下,城镇化发展迅速。

5. 新型城镇化发展阶段(2011年至今)

国务院2011年10月发布了《关于支持河南加快建设中原经济区的指导意见》,提出了要转变传统城镇化发展模式,指出城镇化不是简单的城市人口比例增加和面积扩张,而是要在产业支撑、人居环境、社会保障、生活方式等方面实现由"乡"到"城"的转变,即发展新型城镇化,实现新型工业化、区域城镇化、社会信息化和农业现代化的有机结合。由此,河南省城镇化进入新的发展时期。

第二节　河南省新型城镇化建设的现状分析

一、城镇化水平的传统测评标准和新型城镇化的指标

(一)新型城镇化与传统城镇化的区别

城镇化作为现代城市发展、经济发展的重要推动力,早在中华人民共和国成立初期就开始起步。当时由于建国初期的基本国情,国家干预经济发展的比重很高,产业结构比例相对不合理,偏重于重工业的发展而忽视了城镇化的基础设施建设。这就造成了后来我国的城镇化率和工业化率的差距越来越大。

传统城镇化不仅相对滞后,而且缺乏可持续发展的机制。在现阶段我国经济发展转型,产业结构升级的背景下,传统城镇化的问题突出。首先,传统城镇化是不完

全的城镇化,在传统的城镇化率的统计过程中,1亿多的农民工和他们的家属也被统计在城镇常住人口之内。但是事实上,这个"特殊"的群体和真正意义上的市民在享受福利保险等各个方面还有非常大的差距。这样的城镇化不仅没有彻底解决原有的城乡二元体制的桎梏,还带来了城镇内部市民和非市民的新的二元结构。其次,传统城镇化带有浓重的行政色彩,具有过度城镇化的特征。一些地方在进行城镇化过程中,单纯追求政绩,建设超出城镇现阶段的实际发展,比如装修豪华的办公楼等一些"面子工程"。这些"面子工程"不仅造成资源的巨大浪费,使得资金不能有效推动经济发展,还大量占用土地,造成土地城镇化的速度超过了真正意义上的人口城镇化,威胁我国耕地安全;另一方面也造成政府在公共基础设施投入方面的巨大浪费。与其他国家一样,传统城镇化曾经为中国的经济发展带来巨大的推动力,但是近年来,传统城镇化带来的弊端也开始显现。首先,传统城镇化环境下,城乡二元体制的限制并没有从根本上消除,人口真正的城镇化速度远远低于城镇占用土地向外扩张的速度,单位增加的城镇土地上所服务的城镇人口在不断下降。这不仅导致城镇土地的利用率降低、住房闲置问题突出,还侵犯了土地安全,使保证18亿亩耕地的红线难度增加。其次,传统城镇化对土地资源的配置效率低。土地资源自身的有限性决定了我们必须要有效利用土地,而不是无限扩张,然而目前市场存在的炒房等现象与土地资源的有限性存在着根源上的矛盾。最后,传统城镇化的经济发展模式注重经济规模的扩大,对于技术创新、资源节约和保护环境不能实现有效的引导。传统城镇化在过去几十年的发展中带来的资源过度消耗和环境污染的压力与建设资源节约型、环境友好型社会背道而驰。种种弊端表明,曾对经济发展做出贡献的传统城镇化模式已经不适合现在的经济发展要求,亟须转型。

新型城镇化是对传统城镇化的另一种继承,它吸取了传统城镇化中对于经济发展起巨大促进作用的部分,摒弃了传统城镇化中浪费资源、污染环境等不利于可持续发展的因素。相对于传统城镇化,新型城镇化的不同表现在以下几个方面。

第一,从新型城镇化的科学内涵来分析,新型城镇化突出科学发展观的引领作用,把城乡一体化、产城互动放在了更为重要的位置。新型城镇化是人的城镇化,因此,在衡量城镇化的规模和质量上,新增城镇人口的"软城镇化程度"得到了重视。所谓"软城镇化程度"是指新增城镇化人口在城镇化过程中,由于地理位置的"迁移",这一部分人口很容易享受到城镇的基础设施,但是与城镇固有人口相比,义务教育、医疗保险以及其他社会保障明显不能实现均等化,这恰似一台电脑的外部硬件看似都具备,但是软件的缺失使得很多功能不能发挥出来。

第二,新型城镇化的衡量标准不仅仅停留在城镇数量、城镇人口的增加,更加关注经济、社会两个方面的协调发展。城镇数量、城镇人口的增加是判断一个地区城镇化发展程度的最直观、最基本的标准。而经济社会协调程度、城镇的综合承载能力才是判断新型城镇化发展程度的核心标准。

所谓新型城镇化是相对于传统城镇化而言的。其实质就是通过国家的宏观调控促进城乡协调发展,有效促进农民向城镇有序转移,同时带动农业现代化的发展,以逐步消除历史遗留下来的城乡二元结构。工业化、信息化、城镇化、农业现代化,是实现我国现代化的基本途径,这"新四化"相互联系、相互促进。工业化与信息化是发展到一定阶段的"孪生子",其深度融合是产业升级的方向与动力;城镇化蕴含着最大的内需潜力,是现代化建设的载体;而农业现代化则是整个经济社会发展的根本基础和重要支撑。在政策措施上必须坚持"新四化"同步协调发展。

统筹"新四化"发展,需要平衡多方面的关系。推进城镇化,核心是人的城镇化,关键是提高城镇化质量,目的是造福百姓,使农民富裕。要走集约、节能、生态的新路子,着力提高内在承载力,不能人为"造城",要实现产业发展和城镇建设融合,让农民工逐步融入城镇。要为农业现代化创造条件和提供市场,实现新型城镇化和农业现代化相辅相成。我国的改革30多年前发轫于农村,现在我们管好"天下粮仓",推动"新四化",仍然要靠改革创新。要深化企业、财税、金融、户籍、土地管理制度与价格等改革,释放发展的巨大潜力、源头活力和持久动力,最终使人民尤其是广大农民得到红利、收到实惠。

所谓人的城镇化,意指实现进城农民工的"市民化",为他们提供更好的公共服务设施、生活条件,努力实现城市生态化、农村集中化和农民市民化。这是河南省实现"新四化"中做到"两不牺牲"道路的基本保障。在政策取向上,新型农村社区建设能够以人为本,为社会弱势群体——农民提供更加直接而且具有长远意义的支持或扶持,改善农民生活环境和条件,所以新型农村社区建设也是有利于社会进步的制度探索。总而言之,河南省应该大力探索和实施的新型城镇化的基本特点是:以城乡统筹、城乡一体、"产城互动"、节约集约、生态宜居、和谐发展为基本特征的城镇化,是大中小城市、小城镇、新型农村社区协调发展,互促共进的城镇化。

(二)城镇化的测评标准

城镇化是迄今为止,在整个世界范围内最重要的社会经济现象之一。各国学者不仅对其定义多种多样,测评标准也各不相同。主要分为单一指标法和复合指标法两种。

单一指标法,数据容易获得,比较起来结果直观易懂,因此,在很长时间内都被作为评估城镇化的常用方法。最常采用的就是人口指标法,即通常所说的城镇化率。但是这种方法的弊端也显而易见,以我国为例,由于区域发展不平衡、城乡发展差异等问题造成了人口大规模流动,所以在统计城镇人口数量时,既包括户籍人口也包括居住半年以上的暂住人口。暂住人口流动性强,其享受到的城市公共服务、社会保障并不充分,因此以人口指标法统计的城镇化又有名义城镇化率和实际城镇化率之分,名义城镇化率往往高估现实城镇化水平,而实际城镇化率又忽视了流动人口的情况,不符合我国现阶段发展的情况。

复合指标法是对单一指标法的完善,国际上发展比较成熟的主要有以下几种。第一是联合国为了考察各个发达国家和发展中国家经济社会发展的差异而采用的城市指标体系。该体系包括基础数据、社会经济发展、基础设施、交通、环境管理、地方政府、住房和扩展指标等几个模块共49个指标。所有的指标都是数字、百分比或者比率。第二种是英国地理学家克劳克构建的包括人口、居住、职业以及与城市中心距离远近等 16 个指标在内的城市化指标体系。国内学者也对衡量城市化发展水平的指标体系做出了很多研究,陈明星等基于时序数据的城市化水平,从人口城市化、土地城市化、经济城市化和社会城市化等四个方面建立了城市化发展水平的指标体系。孙雪等分析了各种城镇化水平测度方法存在的问题,结合新型城镇化的内涵,提出了包括发展理念、发展目标、推动主体、推动机制和推进策略五个方面在内的新型城镇化测评体系。

二、河南省城镇化水平分析

(一)河南省城镇化水平与其他各省的比较

进入 2000 年以后,河南省的城镇化水平推进进入了加速期,发展的速度明显加快。根据河南省统计年鉴和中国统计年鉴(2004~2014 年河南和我国的城镇化率)的数据可以看出,河南省的城镇化率呈逐年上升态势,从 2004 年的 28.9% 上升到 2014 年的 45.2%,十一年间上涨了 26.3 个百分点。从发展的趋势来看,起步较早发展较快的东部省份的城镇化水平达到一定水平之后发展速度慢慢变缓,而此时也正是河南省城镇化水平加速发展时期,所以今后将会逐步缩短与全国的差距。(如表 3-2 所示)。

表 3-2　2004~2014 年全国和河南省城镇化进程

年份	河南人口(万人)	河南城镇人口(万人)	河南城镇化率	全国人口(万人)	全国城镇人口(万人)	全国城镇化率
2004	9 717	2 809	28.9%	129 988	54 283	41.76%
2005	9 380	2 875	30.7%	130 756	56 212	42.99%
2006	9 392	3 050	32.5%	131 448	58 288	44.34%
2007	9 360	3 214	34.3%	132 129	60 633	45.89%
2008	9 429	3 397	36.0%	132 802	62 403	46.99%
2009	9 487	3 577	37.7%	133 450	64 512	48.34%
2010	9 405	3 621	38.8%	134 091	66 978	49.95%
2011	9 388	3 809	40.6%	134 735	69 070	51.52%
2012	9 406	3 991	42.4%	135 404	71 182	52.57%
2013	9 413	4 123	43.8%	136 072	73 111	53.73%
2014	9 436	4 265	45.2%	136 782	74 916	54.77%

数据来源:河南统计年鉴和中国统计年鉴

虽然河南省城镇化发展速度非常快,但还是远远低于全国的城镇化率。根据国家统计年鉴与河南省统计年鉴的数据,截至2014年年底,我国城镇化率为54.77%,河南省的城镇化率低于全国9.57个百分点。中国统计年鉴显示,河南省的城镇化率居全国倒数第五,中部地区倒数第一,与沿海省份相比,分别比上海、天津、广东、江苏、浙江和福建低44.4、37.1、22.797、20、19.7和16.6个百分点,与中部省份相比,分别比湖北、山西、江西、湖南和安徽低10.5、8.6、5.0、4.1和4.0个百分点(如表3-3所示)。

表3-3 2014年全国各省城镇化进程排名

省份	城镇化率(%)	省份	城镇化率(%)	省份	城镇率(%)
上海	89.6	湖北	55.7	安徽	49.2
北京	86.3	吉林	54.8	四川	46.3
天津	82.3	山东	55.01	新疆	46.1
广东	67.997	山西	53.8	广西	46.0
辽宁	67.1	海南	53.8	河南	45.2
江苏	65.2	宁夏	53.6	甘肃	41.7
浙江	64.9	陕西	52.6	云南	41.7
福建	61.8	江西	50.2	贵州	40.02
内蒙古	59.5	青海	49.7	西藏	25.8
重庆	59.6	湖南	49.3		
黑龙江	58.02	河北	49.3		

数据来源:中国统计年鉴

以上数据显示,河南省的城镇化发展不仅低于城镇化发达的沿海地区,还低于周边省份。这说明河南省的城镇化发展落后于大多数省份,与本省的经济发展水平不协调,影响了经济和社会发展。

(二)河南省内各市城镇化水平比较

河南省共有18个地市,108个县(市)。由于地理条件差别,平原地区、山区和盆地各有其特点;由于历史原因,各县原有的农业生产条件、工业基础、招商引资条件也有所差别;各种因素的综合作用造成河南省各县市城镇化水平的差异。传统的城镇化研究多采用城镇人口所占总人口比例和城镇占地面积来作为衡量城镇化水平的指标。采用这种指标可以较直观地反映城镇化水平,也比较容易操作。但是也存在一些弊端,一方面,偏重于强调数量,忽略了城镇化发展的质量,从而忽视了城镇化发展中出现的问题;另一方面,就河南省而言,新型城镇化和传统城镇化的主要区别就在于新型城镇化更加侧重农村社区的建设,促进农民居民化,有效推进农民向城镇的有序转移。因此根据《河南统计年鉴》中的数据,采用城镇从业人口占总从业人口的比例和非农产业占总产值的比重来衡量各县(市)的城镇化水平,能够更好地衡量非农产业对于经济体的贡献和带动作用。

河南省18个地市的城镇化水平差异明显。郑州作为省会城市,城镇化速度和水平远远领先其他地市,大城市的经济辐射效果十分显著。以郑州市为中心,三门峡、焦作市、洛阳市、鹤壁市和平顶山市城镇化水平次之,这些城市组成了郑州以西的城市带。新乡市、开封市、许昌市、濮阳市、安阳市、漯河市等城镇化指数低于豫西城市带但高于东南部,与豫西城市带形成了一个包围省会城市的城市圈,与郑州市的发展形成一种辐射带动、相互支持的模式。其中,开封市与郑州市的经济互动发展迅速,郑开大道的建成提高了交通便利程度,对于位于两市之间的中牟县的经济发展起到了重大提升作用。这些城市地处平原,优越的地理环境为农业生产提供了良好的条件,因此第一产业的比重相对较高。而位于豫东南部的商丘市、周口市、南阳市、信阳市和驻马店市的城镇化水平则低于全省平均水平。

全省城镇化发展不平衡,地区差距明显。截至2014年年底,居于前三位的分别是郑州、济源与鹤壁。其中,郑州市城镇化率为68.3%,相比周口市36.19%、驻马店37.47%、濮阳38.5%分别多了32.11、30.83、29.8个百分点(如表3-4所示)。城镇化发展总体水平低,与工业化进程不协调,河南省城镇化水平多年来一直严重滞后于工业化发展水平,并因此引发各种问题,成为经济社会发展诸多矛盾中最突出的聚焦点。

表3-4 2014年河南省各地市城镇化进程排名

地区	城镇化率	地区	城镇化率
郑州	68.3	漯河	45.7
济源	56.4	许昌	45.7
鹤壁	54.14	商丘	45.2
焦作	53.21	开封	42.58
洛阳	50.95	信阳	41.1

续 表

地区	城镇化率	地区	城镇化率
三门峡	50.36	南阳	40.4
安阳	50.9	濮阳	38.5
平顶山	49.8	驻马店	37.47
新乡	47.58	周口	36.19

数据来源：河南统计年鉴

　　郑州市的城镇化水平明显领先于其他地市。一方面作为省会城市，政策资源的倾斜为其城镇化发展提供了一定的便利。另一方面，作为一个交通枢纽，便利的交通条件也加速了其城镇化进程，航空港区的建设对于新郑经济的拉动效果显著。这些都是郑州市推进城镇化的独特的优势。在进一步推进城镇化的过程中，郑州市要充分利用便利的交通条件，扩大自身的中心城市辐射作用，加强与洛阳、许昌、开封、焦作、新乡等周边城市的经济交流。郑州市以西的三门峡、焦作、洛阳、鹤壁和平顶山城镇化水平普遍高于其他地市，发展较好。这些地市资源丰富，工业发展充足，带动了城镇化的发展。但是，以平顶山为例，煤矿资源丰富，但是难以可持续发展且环境污染严重，不符合新型城镇化的内在要求。因此，要积极探索产业结构的升级，提升城镇化的质量。位于郑州市东部的新乡、开封、许昌、濮阳、安阳和漯河地处平原、人口密度大，工业基础不够突出，农业人口比重大，人均土地较少，同时又承担着粮食安全的重任，城镇化空间局限较大。因此，这些地市应从新型农村社区建设入手，提升城镇化发展的空间范围。以高质量的农村新型社区建设为起点，节约土地，用于复耕和产业区的建设，这样既可保证耕地安全又可吸纳当地劳动力，发展非农经济，推进城镇化的建设。

　　商丘、周口、南阳、信阳和驻马店等五地市城镇化水平较低，有些地市山区较多，资源丰富，但是交通便利程度较差，投资环境不好，经济发展滞后。这五个地市与在郑州东西部形成包围圈的两大城市带不同的地方在于，它们距离河南省经济中心城市空间距离较远，难以与郑州市在经济上紧密交流，互相带动。这五个地市可以利用自身优势资源寻找提高城镇化水平的出路。商丘市是陇海与京九铁路、连霍与济广高速、105与310国道等交汇之处，交通发达，又是六朝古都，旅游资源丰富。应该充分发挥自身优势，发展旅游经济，利用交通便利的条件加强与周边城市的经济交流，建立起支撑自身经济发展的长效机制。周口、南阳、信阳和驻马店位于河南南部，毗邻安徽省、湖北省，地形多样，山地居多。该区域内没有大型中心城市，距离省会城市远，应该着力培育中小城市的发展，形成中小城市之间相互带动的良好的网络发展模式，重点培育中型城市壮大，建设区域内大城市。另一方面要打破省际的界线，加强与邻省的经济交流，共同寻找适合本区域的发展模式和路径。

基于上述对于各市的城镇化现状的分析,可以对河南省城镇化的空间分布形成一个基本的环状的印象。但是只分析地市的区别有以下几点弊端。第一,各市之间的城镇化水平差异是基于各市的地理情况、自然条件有较大差别的基础之上的。因此,对于各地市城镇化水平与当地经济发展状况相符程度的判断也不能一概而论。第二,各地市分区太过笼统,忽视了县际差别。大多数地市都存在县域之间的差异,将比较深入到县市的层级可以更为细致地对城镇化水平进行区分。

通过对河南省与其他各省及省内各市的城镇化水平的分析比较,河南省新型城镇化发展的现状表现在以下几个方面。

1. 城镇化发展水平稳步提高

近两年,全省按党和国家的指示,坚持以人为本的思想,深入贯彻落实习近平总书记对河南发展的工作指导,以国家"三个一批人"的思想为重点,充分发挥新型城镇化"牵一发动全身"的综合带动作用,促进产业集聚、人口集中、土地集约,拓展城镇化发展空间,促进中原城市群一体化,不断推进大中小城市建设,增加特色小城镇,积极拓展城镇周边新型农村社区的规划与建设,在很大程度上增强了城镇的综合能力,城镇的辐射带动力增强,城镇化水平不断提高。由表3-2可知,河南省近十年以来,城镇化率处于不断上升的趋势,2014年年底,城镇化率达到了45.20%,比2013增长了1.4个百分点。2015年,城镇化率达到了46.6%,比2014年增长了1.4个百分点,增长较稳定。虽然与全国城镇化水平还有一定的差距,但是相比往年而言,差距有缩小的趋势。

2. 城镇化发展载体不断完善

近两年来,随着城镇化的进展,河南省城镇化载体不断完善,基础设施不断健全。截至2014年年底,河南省城镇基础设施、保障性住房、房地产开发、城市污水处理率、垃圾无害处理率都大有提高。其中城镇基础设施投资达到2252亿元,同比增长16%左右,保障性住房增加66万套左右,房地产投资同比增长16%,城市污水处理率达到89%,垃圾无害处理率达到了90%,河南省城镇化建设的基础设施载体明显改善。而自《河南省域城镇体系规划》实施以来,河南省坚持新型城镇化发展的体系规划,坚持以郑州为中心,突出发展洛阳、开封等中心城市,以及积极建设中小城市、特色中心镇,积极推进新型农村社区的扩建。2014年,已有2300多个新农村社区正式启动建设,已建成500多个新农村社区,为农业、工业、服务业及互联网等信息产业向农村发展提供了坚实的基础。产业集聚区对河南省工业增加值的贡献率也超过了60%,成为河南省经济发展的重要增长极,推动了河南省经济社会的综合发展。

3. 城镇化产业基础进一步夯实

随着城镇化的推进,河南省的产业发展不断改善,积极改造传统农业发展方式,不断促进农业现代化发展,积极培育战略性新兴产业以及现代服务业,不断发展壮大高成长性产业,为河南省的产业提升提供了坚实有力的基础,使城镇化发展的产业基础进一步夯实。截至2014年,全省产业集聚区规模以上工业增加值同比增长15.6%,高于全省规模以上工业增速4.6个百分点,对全省规模以上工业增长的贡献率达到67.8%;六大高成长性制造业增加值同比增长16.8%,高于全省平均水平

4.1个百分点;高技术产业增加值同比增长19.8%,高于全省平均水平1个百分点;固定资产投资同比增长24.5%,高于全省投资增速4.8个百分点。现代服务业也有所提升,使河南省的产业发展不断提升,为河南省城镇化的发展提供了坚实的基础和有力的保障。

4. 城乡统筹发展取得进展

近几年,河南省的城乡一体化不断发展,城乡统筹发展取得显著进展。第一,城乡医疗保障体系得以改善,不断推进城乡医疗保障体系的建设实施,积极推进退休养老金、农村医保的实行,城镇低保等连年提高,不断提升农村城镇的保障性收入;第二,免费义务教育和城镇农村学前三年教育在农村地区得以广泛实施;第三,公共服务制度进一步完善,大力推进农业农村的发展,农民的收入不断提升,积极改进农村的道路、电信等基础设施建设,农村的生活条件进一步提高,农民的生活质量不断提升,不断推进农村农业现代化,使城乡统筹取得进展,缩小城乡居民之间的生活条件差异。

第三节 河南省新型城镇化建设过程中存在的问题

一、河南省新型城镇化发展的问题分析

通过上文分析河南省内各市区以及临近五省市的城镇化水平可以看出,尽管河南省的城镇化取得了一定进步,但还存在一系列问题。

(一)整体城镇化水平较低

新中国成立以来,河南省的经济有了较大的发展,随着郑州航空港实验区的建立实施,经济进一步增强,但作为农业大省,河南省历来工业发展较弱、服务业起步缓慢,这在一定程度上使得河南省的经济相对于发达地区依然处于较低水平。经济的发展不能只依赖农业的进步,更多的要靠二、三产业的支撑,而二、三产业的发展离不开城镇化的良好态势发展,城镇化整体发展水平低,经济就会受到一定的限制。就河南省近几十年的发展历程来看,城镇化发展速度提高很快,但伴随而来的就业、医疗、教育、环境等问题也较多,虽然城镇化率有所提升,但较之于我国的平均发展水平来说,依然有很大的进步空间。就城镇人口所占比例来看,2014年,河南省的城镇化率为46.20%,与其他东部省份相比,仍处于落后水平。同年,黑龙江城镇化率为58.01%,吉林为54.81%,辽宁为67.05%,上海为89.60%,北京为86.35%,天津为82.27%,山东为55.10%,浙江为64.87%,江苏为65.21%,福建为61.80%,海南53.76%。同时,河南省城镇化率仍低于全国城镇化率9.6个百分点,低于全国城镇化率的平均水平,整体城镇化水平较低。

另外,河南省城镇化区域差异明显。河南省各个地区的经济发展、社会进步、居民生活、自然环境状况以及城乡一体化发展状况因地理位置、当地资源状况不同而存在明显的差异,城镇化区域差异明显。从河南省地理区位分析,中原城市群城镇化水平高于全省平均水平,如郑州、洛阳、济源、焦作、平顶山等。豫北、豫西城镇化发展水平比豫南、豫东城镇化发展水平高。从城镇的地域分布来看,在河南山区、平原地区城镇较少,如西南、东南及东部的山区和平原城镇数量较少,大多数城镇位于中原的城市群地区以及河南的西北部地区。总体来看,河南城镇的分布特点主要表现为豫北城市密度高于豫南城市密度,即北密南疏。省会郑州的城镇化发展水平最高,但其对周围城市的带动能力较弱,不能良好地发挥中心城市的辐射带动作用,而济源、焦作、三门峡等地区位于河南的中原城市群西北部,面积相对较小,总体实力不强,更不能有效地带动东南地区的发展。总体来看,河南的城镇化发展表现出明显的地域性,不同地区城镇化的发展速度及水平存在一定的差距,所以在城镇化建设中要因地制宜,推动县域市域的城镇化发展。

(二)城镇化率滞后于工业化率

基于河南省的经济社会发展状况,促进城镇化、工业化、信息化和农业现代化的四化同步是经济社会快速发展的必要条件。近年来,河南省的城镇化发展水平不断提高,但城镇化依然滞后于工业化。截至2014年年底,河南省的第三产业发展明显提升,第一、二、三产业的产业结构比例为40.7∶30.6∶28.7,产业结构较往年有进一步的改善,然而,工业化率与城镇化率之比与非农化率与城镇化率分别为0.68和1.31,国际上的标准比例分别为0.5和1.2,依然高于国际标准比例。这说明河南省的城镇化发展依然跟不上工业化的发展,城镇化率较低,发展有待进一步的提升,同时较多从事二、三产业的非农人员没有有效地实现向城镇的转移,人口的流动受到限制,最终导致河南省城镇化率落后于工业化率和非农化率,省内城镇的发展严重不足。

表3-5 河南省城镇化率、工业化率、非农化率对比分析

年份	U	I	N	IU	NU	IU 与国际标准值 0.5 相差	NU 与国际标准值 1.2 相差
1995	17.2	20.6	37.6	1.20	2.19	0.70	0.99
1996	18.4	21.3	39.2	1.16	2.13	0.66	0.93
1997	19.6	21.0	39.6	1.07	2.02	0.57	0.82
1998	20.8	19.2	41.1	0.93	1.98	0.43	0.78

续 表

年份	U	I	N	IU	NU	IU 与国际标准值 0.5 相差	NU 与国际标准值 1.2 相差
1999	22.0	17.5	36.5	0.80	1.66	0.30	0.46
2000	23.2	17.5	36.0	0.76	1.55	0.26	0.35
2001	24.4	18.1	37.0	0.74	1.51	0.24	0.31
2002	25.8	18.8	38.5	0.73	1.49	0.23	0.29
2003	27.2	19.6	39.8	0.72	1.46	0.22	0.26
2004	28.9	20.4	41.9	0.71	1.45	0.21	0.25
2005	30.7	22.1	44.6	0.72	1.46	0.22	0.26
2006	32.5	23.6	46.7	0.73	1.44	0.23	0.24
2007	34.3	25.8	49.4	0.75	1.44	0.25	0.24
2008	36.0	26.8	51.2	0.74	1.42	0.24	0.22
2009	37.7	28.2	53.5	0.75	1.42	0.25	0.22
2010	38.8	29.0	55.1	0.75	1.42	0.25	0.22
2011	40.6	29.9	56.9	0.74	1.40	0.24	0.2
2012	42.4	30.5	58.2	0.72	1.37	0.22	0.17
2013	43.8	31.9	59.9	0.73	1.36	0.23	0.16
2014	45.2	30.6	59.3	0.68	1.31	0.18	0.11

资料来源：《河南统计年鉴》(2015)，经笔者整理

注：表中 I 为工业化率，即第二产业就业人员占总就业人员的比重；N 为非农化率，即第二、三产业就业人员占总就业人员的比重；U 为城镇化率，即城镇人口占总人口的比重；IU=I/U；NU=N/U。

长期以来，河南省二、三产业发展水平低，吸纳就业能力强，导致河南省城镇化发展不快，同时也影响着人口的集聚和集中。近几年，河南省的工业增加值一直居于

全国第五位,河南省已成为新兴的工业大省,但离工业强省还有很大距离,河南省的工业大而不强,资源性产业多,而高新技术产业相对较少,且竞争力较弱。河南省的第三产业发展更是不大不强也不优。2013年,全年全省生产总值32 155.86亿元,比上年增长9.0%。其中,第一产业增加值4 058.98亿元,增长4.3%;第二产业增加值17 806.39亿元,增长10.0%;第三产业增加值10 290.49亿元,增长8.8%。三种产业结构为12.6∶55.4∶32.0。其中,第三产业占GDP的比重为29%,在全国及中部地区六省均排末位。二、三产业发展水平低很大程度制约了城镇化的发展速度。

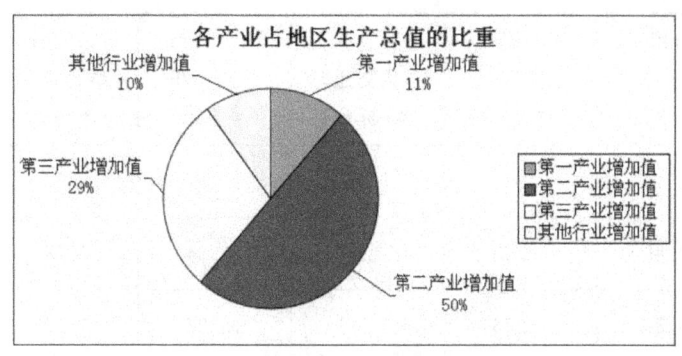

各产业占地区生产总值的比重图

(三)城镇基础设施落后

基础设施是一个地区的物质结构基础,基础设施完善,对于当地的经济、社会等的发展至关重要。它是城镇发展的物质载体,如教育机构、医疗机构、交通道路设施、污水燃气、绿化带建设等相关设施是城市正常运行的基本要求,是真正属于城市的固定资产因素。就目前而言,河南省的中心镇发育程度不高,基础设施和相关的配套功能不能满足当地居民的基本生活要求。随着城乡人口的非农转移,城镇人口的不断增多使得城市的基础设施、承载能力以及公共资源处于严重缺乏的状态,尤其在教育、医疗等方面的城镇承载能力超出负荷,不能满足人们的需求,甚至出现农民工子弟上学难、居民求医困难等现象。人口规模大,城镇基础设施不完善,造成整个城市处于"拥堵"状态,而且城镇的积聚能力有限,重点城市、中心城镇不能够有效地发挥较好的规模效应和城镇辐射带动作用。通过本研究的实证检测亦发现,河南省内市区在医疗机构、教育机构、环境绿化、污水排放等方面的设施系统并不完善,不能为当地城镇的发展提供较好的物质载体,因此,在推进城镇化进程中加强河南省内的基础设施与公共事业的建设是必然选择。

城镇基础设施的建设与发展,对于提升城镇功能,人口集聚的加快具有重大意义。但因为河南省经济发展水平较低,缺乏城乡基础设施的建设资金,当前,河南省城乡基础设施和公共服务设施建设滞后,具体表现在如下几个方面。第一,落后的城市设施水平。河南城市基础设施水平较为落后,跟其他省份乃至全国平均城市基础设施水平都存在着较大差距(详见表3-6)。在表3-6所列6项指标中,有5项指标都低于全国平均水平,只有每万人拥有公共厕所指标高于全国平均水平。河南的基础设施落后,一系列"城市病",交通拥堵、道路积水、城市管网老化、垃圾围城等问题都影响着城市的快速健康发展和人居环境的改变。第二,农村设施建设欠账多,农村水、电、路、气等基础设施和教育、文化、医疗卫生等公共服务设施落后,这一落后状况有待改善。第三,缺乏城乡建设资金,改造"城中村"和旧城的难度较大。"城中村"治安混乱、消防意识不强、环境差,村民为获高额补偿抢建风盛行,更是加大了改造难度。保障性住房建设力度不够,无法充分满足群众的居住需求。

表 3-6 城镇基础设施建设情况一览表

	城市用水普及率(%)	城市燃气普及率(%)	每万人拥有公共交通车辆(标台)	人均城市道路面积(平方米)	人均公园绿地面积(平方米)	每万人拥有公共厕所(座)
河南	92.16	81.98	9.07	11.57	9.58	3.05
山东	99.85	99.58	13.54	25.34	16.81	1.95
河北	99.85	98.35	12.62	18.22	14.05	4.07
山西	98.14	96.10	9.9	12.88	11.18	3.19
陕西	96.52	93.75	16.27	14.74	11.77	3.81
湖北	98.19	95.09	11.56	15.85	10.83	2.59
安徽	98.4	96.14	10.99	19.61	12.47	2.26
江苏	99.69	99.59	14.15	23.22	14.01	3.62
全国	97.6	94.3	12.78	14.87	12.64	2.83

数据来源:中国统计年鉴

另外,河南省城市基础设施建设缺乏多样化的融资手段,建设资金主要是通过银行贷款、财政资金支持(含部分土地收益)及自筹等方式获取,融资渠道较窄,没有很好地利用证券、债券、银行间金融(这里主要是指企业短期融资债券)等资本市场的融资工具。没有充分利用产权交易平台,没有真正形成多元化的投融资格局。

(四)城乡一体化水平较低

由上文分析可知,河南省整体城乡一体化水平发展较低,从 1995 年到 2014 年,河南地区城乡收入差距不断增大,城乡一体化水平不高。城镇化的过程,不仅仅是人口的城镇化,不仅仅是农业人口的非农转化,还体现在使农民生活的质量更高、农村的生活环境更好、农业的发展更优,力求农村居民在公共服务方面能够享受到与城镇居民同等的条件。自 1995 年以来，农村地区农民不断向城镇转移，农业的生产方式也有所改进，河南省的城镇居民与农村居民的收入不断提高，但是城乡收入差距却趋于上升的趋势，差距较大。城镇化的健康发展是有效缩小城乡差距的根本方式，它有利于促进农村地区公共服务的发展，并引进相关企业入驻农村发展，创新农村金融体制机制，缩小城乡居民之间的差距，进而促进河南省城乡一体化的健康发展。

在全省 38 个城市中，河南省有特大城市 2 个（郑州、洛阳）、大城市 7 个、中等城市 12 个、小城市 17 个，城市规模结构明显不合理。郑州作为省会城市，首位度不高，经济实力不强，集聚和辐射能力较弱，没有充分发挥对全省城镇的辐射带动作用，在全国城镇体系中的地位不高。河南省中等城市少，不能更好地突出其承上启下的节点作用，豫东、豫南、豫西、豫北地区城市实力不强、服务功能不完善、承载能力弱，无法形成重量级的、辐射带动作用较强的地区性中心城市。县城的产业结构过于相似，城镇间互补性差，缺乏紧密的经济联系，无法充分突出其承上启下的节点作用，城镇体系无法更好地带动区域整体发展。

新型城镇化是农村生活方式向城市生活方式转变的过程，是城市的物质文明和精神文明向农村扩散、最终走向现代化的过程，这一过程必然伴随着较高水平的城市生活质量。但河南当前城乡居民收入和生活水平差距依然较大，2004 年城镇居民人均总收入为 8 073.4，农村居民家庭人均纯收入为 2 553.2。2015 年城镇居民人均总收入为 25 576，农村居民家庭人均纯收入为 10 853。从 2004 年到 2013 年，居民收入绝对差距已由 2004 年的 5 520.2 元扩大到 2015 年的 15 211.2 元。城乡居民基本物质生活存在较大差距，2004 年城镇居民家庭人均消费支出为 14 723，农村居民家庭人均消费支出为 1 664.1。2015 年城镇居民家庭人均消费支出为 17 154，农村居民家庭人均消费支出为 7 887。从 2004 年到 2015 年，城乡居民人均消费支出绝对差距由 3 630.1 元扩大到 2013 年的 9 267。城乡基础设施和基本公共服务水平差距较大，农村的基础设施差，水电路气等未能充分满足农村居民的生活需要，配套建设的公共服务设施落后，教育、卫生、文化等公共服务设施严重滞后，目前河南省已经实现了"行政村""村村通"，但"村村通"修建的公路标准不高、等级较低，村内及村与村之间的道路状况依旧较差；全省农村自来水受益村仅占行政村总数的 47%，农村居民看病、孩子上学困难等依然是十分突出的难题。

表 3-7　2004～2015 年河南省城镇与农村人民生活指数（元）

类别	2004	2005	2006	2007	2008	2009	2010	2011	2012	2013	2014	2015
城镇居民人均总收入	8 073.4	9 146	10 339.2	12 083	13 907.8	15 408	17 141.8	19 526.9	21 897.2	23 686.5	24 391.45	25 576

续 表

类别	2004	2005	2006	2007	2008	2009	2010	2011	2012	2013	2014	2015
农村居民家庭人均纯收入	2 553.2	2 870.6	3 261	3 851.6	4 454.2	4 807	5 523.7	6 604	7 524.9	8 475.3	9 416.1	10 853
城镇居民家庭人均消费支出	5 294.2	6 038	6 685.2	7 826.7	8 837.5	9 567	10 838.5	12 336.5	13 733	14 822	15 726.12	17 154
农村居民家庭人均消费支出	1 664.1	1 891.6	2 229.3	2 676.4	3 044.2	3 388.5	3 682.2	4 320	5 032.1	5 627.7	6 438.12	7 887

数据来源：中国统计年鉴

（五）受到各种资源环境的约束

根据河南省的实际情况，最突出的问题就是人口资源环境的约束。河南省是全国人口最多的省份，有近1亿人口，但河南省的生产力水平比较低，属于我国的欠发达省份，全国人均 GDP 为 41 907，而河南省人均 GDP 只有 34 174 元，相当于全国平均水平的 81.5%，地方财政一般预算收入 2 415.45 亿元，人均财政收入仅有 2 566元。河南省城镇化率每提高 1 个百分点，城镇人口就需要相应增加 100 万。2020年，河南省城镇化程度要达到 50% 以上，每年需要提高城镇化率 1.3 个百分点以上，每年要增加城镇人口 130 万，累计要增加城镇人口 1 300 多万，在全国都是绝无仅有的。河南省劳动力文化素质普遍偏低，需要很长一段时间才能实现人口压力向人才优势的转变。河南省人均资源占有量明显低于全国平均水平。河南省人均矿产资源占有量仅为全国平均水平的 1/4，人均水资源仅为全国平均水平的 1/5、世界平均水平的 1/20，由于前期过度开发，导致后备资源紧缺，导致河南省目前主打的能源原材料工业很快将无以为继。河南省工业污染严重，导致河南省生态环境承载能力不断下降，截至 2015 年底，全省 83 个省控河流监测断面中，水质符合Ⅰ～Ⅲ类标准的断面占 43.4%，比上年减少 1.2 个百分点；符合Ⅳ类标准的断面占 24.1%，比上年减少 2.4 个百分点；符合Ⅴ类标准的断面占 9.6%，比上年增加 4.8 个百分点；水质为劣Ⅴ类的断面占 22.9%。按照《环境空气质量标准》（GB3095－2012）评价，全省省辖市城市环境空气质量级别为中污染。更多的居民要面临饮用水不安全问题。

其次表现在土地资源紧张。2015年,全国粮食种植面积为11 334亿平方米,河南省粮食种植面积为1 026.715亿平方米,占全国粮食种植面积的9%。全国粮食产量为6 214.4亿千克,其中夏粮产量为1 411.2亿千克。河南省全年粮食产量606.71亿千克,其中夏粮产量为351.18亿千克。河南省地区粮食产量占全国的9.76%,夏粮产量占全国的24.89%,河南省对维系国家粮食安全至关重要。全国第一粮食大省及粮食生产核心区的河南省,承担着保障国家粮食安全的重大责任。粮食稳定增产是中央赋予河南省和中原地区的政治任务。农业生产用地和工业化、城镇化用地的矛盾十分突出,用地控制将越来越严,势必会使城镇化始终处于严格的土地约束环境中。在传统的城镇化模式中,城镇化对耕地的占用严重。在新型城镇化进程中,绝不允许再走原来的老路子,必须严格保护河南省的耕地,加大粮食生产和新区建设的力度,确保河南粮食增产。

最后,生态环境水平较差。城镇化的迅速发展,极大地促进了河南经济和社会的发展,但我们也看到,河南省城镇化进程中,城市环境的整体水平普遍较低,长期以来,单纯追求经济增长的城市发展倾向带来了生态环境问题。城镇化过程中不断出现土地资源严重污染浪费的现象,工业废水、生活污水对城市地下水的污染严重,空气质量差。河南省在垃圾处理、绿化建设、保洁等方面的发展虽然有所提升,但城市环境整体依然较差,尤其是洛阳、三门峡、济源、焦作、新乡、平顶山、许昌等资源型、工业型地区,城镇化发展忽视了社会效益和环境效益。生态环境大大削弱了城镇发展的潜力,给人民的身心健康、经济的持续发展乃至城镇自身的生存和发展造成了严重的威胁。我国经济发展中的矛盾主要表现在人均资源相对不足、资源利用粗放、生态污染严重、环境承载力减弱等,经济社会发展的资源环境制约越来越明显,影响社会和谐稳定的一大问题就是环境污染。我们要大力发展低碳经济,倡导节能减排,我们必须在绿色低碳、节能减排的前提下,科学推动河南省新型城镇化的发展道路。

(六) 制度因素的制约

河南省在新型城镇化建设方面已经取得一定的成效及经验,但在体制制度创新方面还相对比较滞后,不适应河南省新型城镇化快速发展的客观要求。特别是进城务工的农民工很难融入城市,进城的门槛较高,无法公平享受和城市居民一样的公共服务设施。

首先是土地制度。许多农民实现了由农业向非农产业的转移,但是却没有实现与土地的分离。农民产权不清,土地转让成本过高,农民之间无法形成合理的分工与专业化,更难形成农业的规模化生产。河南省农业占全省GDP的11%,但从事农业的就业人口占就业总人口的近50%。作为全国第一粮食大省及粮食生产核心区的河南省,承担着保障国家粮食安全的重大责任,河南省面临的最大挑战就是如何在科学推进新型城镇化建设过程中改革现有的土地制度,充分实现农业生产的产业化、规模化经营。

其次是户籍管理制度。我国传统的户籍管理制度分离了城乡二元经济结构,阻碍了农村经济的发展与经济结构的转变,城乡之间差距较大。河南省作为传统的农业大省,经济发展缓慢,市场经济的发展水平低,对户籍制度改革的关注度也较低。户籍问题也是一个全国城镇化发展过程中普遍存在的大问题,主要表现为:一是公共资源短缺压力制约大城市户籍制度改革。大城市经济发达,就业容量大,社会福利高,是农民最渴望落户但也最难落户的地方。由于公共资源短缺,政府出于财政负担能力、城市规模过度膨胀和城市病的考虑,户籍管理都比较严,其人口规模上有严格控制。二是居住证制度推行还需政策支撑。居住证制度是户籍制度改革的过度阶段,现在仍处于一个探索实践的阶段。河南省在流动人口居住证制度建设方面暂无法律法规和条例规定的支撑,《河南省暂住人口管理条例》中部分条款已难以适应当前新形势下流动人口、暂住人口服务管理工作的发展。三是"城中村"居民整体转户推进困难。主要表现在以下三方面:征地难,拆迁难,安置难。

最后,农业劳动力转移问题。河南省既是一个农业大省,也是一个人口大省。在各地普遍存在的转移就业问题上,其矛盾更加突出。一是转移就业难度日趋增大。一是总量矛盾日益加剧。河南省农村人口基数大,虽然80%的农村富裕劳动力已转移就业,但仍有约600万农业富余劳动力尚未转移就业。二是结构矛盾日益突出。目前河南省尚未转移的600万农村富余劳动力中,90%为初中以下文化程度及45岁以上妇女和55岁以上男性群体,受教育程度及年龄在转移就业过程中处于劣势,转移就业难度加大。二是产业支撑能力不足。据测算,近五年来,河南省第二产业平均每年增加就业90万人以上,第三产业每年平均增加就业70万人以上。然而,近两年来,受外部经济环境、产业结构调整升级等因素影响,河南省产业发展还存在许多问题、面临着诸多挑战。三是县域城市转移就业吸引力亟待进一步增强。县域城市在基础设施、社会保障、就业环境、收入、教育、医疗水平等方面还具有明显差距。这使得一部分就业人员在选择就业去向时偏向中心城市转移就业。另一方面,受城乡二元结构制约,子女入学、住房、社会保障、技能培训、就业创业等转移劳动力生活成本高,也影响了农民转移就业的积极性。

二、河南省新型城镇化发展存在问题的原因

(一)认识和观念的制约

新型城镇化的发展要求以人的发展理念为核心,以科学可持续的发展观,统筹经济社会各方面的因素,以促进城乡一体化、缩小城乡收入差距,实现产城互动发展、经济结构转型,力求以保护生态环境、节约自然资源为目标,为人民提供宜居生活条件的发展过程。而河南省在发展的过程中存在观念的制约与认识的不足,一些地区错误地误解了城镇化的科学内涵,只是注重城镇本身的大规模建设、城市面貌和外延扩展,而忽视了城镇的内涵质量、城镇的环境、区域之间的协调、城市功能的完善以及产城的互动,出现一系列社会问题。只有通过多因素的协同发展,共同作用,才能形成具有完整功能的城镇体系。

（二）经济因素制约

由我国发展历史来看，经济的发展水平与城镇化的发展水平是密切相关的。往往一个地区的经济发展水平越高，其城镇化水平就越高，经济发展水平越低，则城镇化水平越低。纵观河南省的经济发展历程，河南省是农业大省，其工业和服务业的发展相对其他地区并无优势，其二、三产业的发展速度相对落后，这就严重影响了当地经济的发展，从而制约了河南省城镇化的发展进程。从以上实证分析也可得出，相对河南省周围几个省份的经济而言，河南省的经济发展缺失存在较大的差距，而城镇化发展亦然。这也是因为在资源、国家政策等方面，相对于发达地区，河南省都相对欠缺，进而导致发展落后，且河南地处中原地区，经济基础落后，工业发展缓慢，服务业发展滞后，城镇地区就难以提供更多的就业等各方面的机会，因此在一定程度上影响城镇化的发展。

（三）政策体制因素影响

传统的计划经济和户籍制度限制了农村人口的自由流动，使得城镇化的发展跟不上工业化的发展步伐，城乡二元结构突出，加之经济政策对农民的限制在一定程度上抑制了城镇化的发展。而河南又处于中部地区，与发达的东部地区相比，没有相关的优惠政策，"三资"企业就相对不足，难以给省内带来先进的技术、信息等良好的资源，从而阻碍了当地经济和城镇化的发展。农村人口不能有效自由流动，农村农业生产规模较小，不能较快实现农业现代化，给农村新型社区和城镇化的发展带来约束。

（四）文化因素制约

河南省是传统文化大省，在文化传承方面也做了较大的努力，而随着经济社会的发展，文化因素也越来越受到国家的重视。但是在教育发展方面，还有待提高，教育发展事业与全国水平相比较为落后，与发达地区有较大差距。一个地区的教育提高了，那么这个地区的整体教育素质就会提高，社会经济的发展必然会随着人才的增加有较大的进步。而就目前数据而言，文化教育正制约着经济社会的发展，大中小学生受教育程度，包括教育设施机构所占比例都低于全国水平。加上河南一些地区误解了城镇化的科学内涵，只注重城镇本身的大规模建设、城市面貌和外延扩展，忽视了城镇的内涵、城镇的环境、区域之间的协调、城市功能的完善以及产城的互动，导致规划的不合理，严重抑制了河南城镇化的科学发展进程。教育程度较低、不合理的规划给城镇化建设带来了障碍。

第四章 我国新型城镇化建设的典型模式和比较

城镇化是伴随着产业的集聚、经济的发展而发生的城镇空间的扩张、人口向城镇转移和城镇功能不断完善的过程。这一过程是世界上所有国家经济、社会发展的必由之路,虽然各国的历史背景、经济体制等都不同,在城镇空间扩张、人口转移等方面也会呈现出不同的特点,但是城镇用地扩大和人口从农村转移到城市是一种历史的必然现象,因此肯定存在一些一般规律。我国发达地区的城镇化水平较高,发展较协调,对其协调发展城镇化的过程进行分析比较,对推动河南省土地城镇化和人口城镇化协调发展具有重要的借鉴意义。

第一节 我国新型城镇化发展的典型模式和比较

模式(Pattern)就是某种事物的标准形式或使人可以照着做的标准样式,也是一种参照性的指导方略。城镇化模式是指一个国家、一个地区在特定阶段、特定背景中城镇化采取的具体方法和途径。中国幅员辽阔,各地的社会文化与自然发展环境、发展阶段等都有很大差异,在城镇化的实践中,许多地方结合自身的条件和特点走出了一些具有明显特色的城镇化道路。本研究主要从城镇化的区域结构、动力机制、主导产业、空间模式、城乡统筹等方面,对我国一些地区进行城镇化的发展模式进行分类研究。通过对这些城镇化模式的梳理和分类研究,说明我国各地区城镇化实践因地制宜地选择不同发展模式。中国城镇化进程依托各地区位优势、主导产业、动力机制、空间范围等,必然展现出多种多样的发展模式。对这些典型模式进行总结概括和分析比较,对于我们推进新型城镇化建设,将具有重要的借鉴意义。

一、我国新型城镇化发展的典型模式

(一)按照城镇化区域结构划分的典型模式

按照城镇化的区域结构划分城镇化发展模式,大致可以分为以下几种模式。

1. 城市群带动型模式

城市群和城市带是当今城市发展的一个总体趋势,城市群具有辐射带动作用,可以利用它来构建大中小城市,促进小城镇协调发展,形成互促共进的格局,为县域城市化的发展提供广阔的腹地和发展样板。城市群内城市充分发挥与城市群内中心城市、其他城市、城市网络体系的密切关系,利用自己的区位优势,推动县域经济和县域城镇化的发展。比如中原城市群通过加快完善多层次城际快速交通网络,实现以郑州为中心的核心区域与开封、洛阳、新乡、许昌等9个城市融合发展。强化京广、晚海发展轴节点城市互动联动,推动邯郸、安阳、邢台、鹤壁、聊城、菏泽、濮阳等北部城市密集区提升发展,促进蚌埠、商丘、阜阳、周口、亳州、淮北、宿州、信阳、驻马店等豫东皖北城市密集区加快发展。江西省按照"以点带轴,以轴带面"的城市群发展模式,以中心城区为核心,以瑞金和龙南两个次中心城市为支点,以沿赣粤、赣闽走廊为两轴的赣南城市群,并通过高速公路、城际铁路等城市间基础设施一体化,推动"同城化"进程,力争形成1个城区人口100万以上的特大城市、6个城区人口20万以上的中等城市、5个城区人口10万至20万的小城市、30个重点小城镇。

2. 中心城市带动型模式

增长极理论和都市圈一体化理论强调城市之间的关系,强调中心城市的辐射和带动。区域发展在空间演化上始终存在着极化效应和扩散效应。极化效应是各种要素的集聚过程,而集聚发展到一定程度就必然发生扩散效应。中心城市与区域经济的发展必然由集聚到扩散,最后走向一体化。充分发挥中心城市辐射带动作用,推进交通一体、产业链接、服务共享、生态共建,优化中心城市布局和形态,发展城区经济,完善城市功能;增强县域城镇承载承接作用,注重内涵式发展,突出特色、提高品位,强化产业支撑,完善公共服务,带动一些基础条件好的县(市)发展成为中等城市,基础较好的中心镇发展成为小城市,最终通过统筹城乡规划、产业发展、基础设施建设、公共服务、劳动就业、社会管理,促进城乡经济协调发展和基本公共服务均等化,构建城乡一体化发展新格局。如昆山北与常熟相连,南至上海嘉定、青浦,西与吴江、苏州交界,昆山通过与中心城区的互动,通过产业、人才、空间等主动对接,实现与中心城区的错位发展,拓展了发展空间,创造了都市圈共赢的发展状态。

3. 交通要道带动型模式

良好的交通区位是一个无法逾越的优势。从国内外城市发展轨迹看,早期城市依托发达的交通网络和传统产业,引领带动上下游关联产业和配套服务业在城市周边区域积聚,进而推动特定区域大量城镇快速发展。马克思曾经就对亚得里亚海北部的两个港口城市,即威尼斯和蒂利亚斯特的兴衰进行研究。认为威尼斯与蒂利亚斯特相比,威尼斯已经保持了近700年的繁荣,并且是世界性的巨型港口。但是19世纪初,威尼斯衰落下来,而蒂利亚斯特却奇迹般的兴盛起来,二者的自然地理位置都没有变化,为什么一盛一衰?马克思认为威尼斯衰落的原因在于交通线路的改变导致贸易优势的丧失,而蒂利亚斯特的兴起主要是因为城市同一个广大而富庶的地区的贸易结合起来。马克思正是从交通地理的变化分析了港口城市威尼斯由胜到衰的原因。城市群发展的过程中,随着城市规模不断扩大,空间集聚程度不断提高,城市资源环境压力不断增大,要素资源逐步向城市群外围扩散,城市群规模和区域经济发展水平进一步提升。发达的城际交通体系,则是继续保持城市群内部人流、物流、信息流高效流通,城市群正常运转的前提。从国内外城市群发展经验看,无论何种空间布局形态,城市群总有一条产业和城镇密集分布的走廊,通过发达的交通网络相连。如美国大西洋沿岸和五大湖区重要的港口城市波士顿、费城、纽约、巴尔的摩等。我国晚海铁路西段从华阴到伊宁,交通要道100~150千米的范围内共有32个规模不等的大中小城市,占了陕甘新三省区域城市数量的2/3。从西南地区来看,城镇主要集中在长江上游成输轴线、贵昆、龄桂沿线和川龄沿线等,交通沿线的城市总数占云南、贵州和广西三省区地级以上城市个数的38%。因此,建设功能完备、布局合理、衔接顺畅的交通体系是实现城市健康持续发展的基础。特别是郑州航空港经济的蓬勃发展,就充分展示了利用交通区位优势发展经济,促进新型城镇化发展的良好示范作用。郑州航空港经济综合实验区是中国首个航空港经济发展先行区,是以河南省郑州市新郑国际机场附近的新郑综合保税区(即郑州航空港区)为核心的航空经济体和航空都市区,是郑州市朝着国际航空物流中心、国际化陆港城市、国际性的综合物流区、高端制造业基地和服务业基地方向发展的主要载体。郑州航空港经济综合实验区自从2013年上升为国家战略以后,以空港为核心、陆港为支撑,强化航空、铁路、公路有机衔接,通过打造竞争力强的国际化综合交通枢纽,积极引进顺丰、菜鸟网络、UPS、敦豪等龙头企业,进一步做大做强物流产业。截至2013年10月份,郑州机场客货运通航城市达到83个,开通航线143条,其中国际地区货运航线19条、国内货运航线4条,每周开行货运航班77班,基本形成了覆盖全国和欧美亚的干支结合的航线网络。通过发展大物流,进一步吸引富士康、美国图博公司、创维、致远、乐派(百豪电子)、中兴、凯利通、百利丰(lephone)等龙头企业入驻,进一步壮大了航空设备制造维修、电子信息、生物医药等主导产业。现在,郑州航空港通过产业的不断积聚,人口的积聚,基础设施的完善,已经依托航空港交通枢纽,逐步从一个国内干线机场成为河南省对外开放的前沿和基地。

(二)按照资源禀赋划分的典型模式

从资源禀赋和产业拉动角度划分城镇化模式,大致可以分为以下几种。

1. 专业市场带动型模式

专业市场型城镇主要是靠近交通干道,是传统的商品集散地、集贸中心或新兴商品交易中心。凭借这一交通优势,可以以商兴县,以商兴镇。如浙江义乌实施"兴商建市"的发展战略,发展小商品批发、充分带动相关产业发展,并且创造了大量的就业机会,带动了县域城镇化的发展。

2. 农业主导型模式

我国也有很多县是通过大力发展农业,依靠农业的产业化、市场化发展起来的。山东寿光的城镇化表明,农业产业化是该县城镇化重要的产业基础。寿光的农业产业化是一个生产经营体系,集生产、加工、运输、中介、科技等多个环节通过组合各个生产要素,实现区域整体产业链条,从而创造大量的城市非农就业机会。

3. 工业主导型模式

县域工业基础较好，乡镇企业比较发达，而且形成了一定规模，能够吸纳大批剩余劳动力，能够带动当地及周边经济的发展，能够吸引大量的外地农村人口到县域内城镇就业和居住。东北老工业基地的大部分城市，以及浙江、江苏、福建和山东很多城镇都是通过工业和发达的乡镇企业建立起来的。

4. 旅游带动型模式

旅游的特点是使旅游目的地成为消费的场所，形成旅游产业链发展的基础。旅游产业带动旅游消费聚集，形成产业聚集区，并与城市化发展结构相互融合。张家界就是由旅游带动人口流动，形成消费聚集，带动产业聚集，促进城镇化的发展。九寨沟也是一个典型案例，本来是一个村，由于旅游发展，形成了九寨沟县，后来成了九寨沟市，最后形成了以九寨沟为中心城市的区域结构。

（三）按照城镇化动力机制划分的典型模式

按照城镇化的动力机制划分城镇化模式，大致可以划分为以下几种模式。

1. 苏南模式

苏南模式是学术界对苏州、无锡、常州地区自20世纪80年代以来经济和社会发展道路的概括和总结。由苏南地区城镇化发展过程可以看出，"苏南模式"城镇化具有以下两个特点：一是依靠社区政府推动，走内发型的发展路子，以集体经济为主要经济体来发展乡镇企业，采取由政府出面组织劳动力、土地和资本等生产资料的乡镇政府为主组织资源的方式，政府出资办企业，并指派企业负责人。通过这种城镇化模式，企业家把社会闲散的资本集中起来，跨越了资本的原始积累阶段，从而使苏南乡镇企业有充足的资金在全国领先发展，使大规模的农民向非农领域转移，并出现了就地工业化局面。二是苏南模式具有城乡产业相互协调推进的特点，它注重加强与城乡工业的联系，并不断提高一体化程度，以促使农村经济结构转变。在城镇化方面，城市工业要素在向农村转移扩散的过程中，会选择某些区位避开另一些区位，使其在空间分布不匀，小城镇的聚集程度和工业化水平会得到进一步的提高。1980～2000年，在苏南地区迅速崛起近300个小城镇，组成了名副其实的"小城镇王国"。苏南地区经济发展的一个特点就是非常重视培育特色商品市场，并使其具有强大的吸引力，从而促进人口和要素向城镇集中，进而推动了城镇化不断发展。

2. 温州模式

温州模式是温州农民在没有政府投资及相关政策支持的情况下，以家庭工业生产和专业化市场相结合，敢为人先，一举打破了由政府支持的经济格局，率先以市场经济的方式，促进农村经济的发展和城镇化的进程。"温州模式"城镇化的特点，一是以农民的手工业、小商品为起步点，充分发挥以市场经济为基础的个体经济和私营经济的优势。在温州，成千上万的农民自己兴办企业、承担风险，发展以劳动密集型产品为主的小商品，把小企业一步步做大、做强，把小商品逐渐发展成为市场主导产品，并在国内外市场拥有相当大的份额。到了20世纪90年代以后，温州地区的生产规模开始扩大，开始摆脱小商品、小企业的局面。民营企业开始扩大生产规模，进而转向规模经济,同时也开始发展外向型经济,并向国际市场迈进。二是依靠家庭经济和市场经济发展小城镇。温州地区在集体资源有限的情况下,把资源主要配置在家庭工业上,大量的劳动力外出务工,方便了获取市场技术和信息以及进行民间资本的积累;温州地区很重视培育专业市场,并形成了许多闻名全国的专业市场,如仓南宜山再生晴伦市场、金乡牌徽章市场、永嘉桥头纽扣市场、东清柳市低压电器市场,等等。温州的家庭经济和商品市场的不断发展,促使剩余劳动力转向温州的家庭经济和商品市场,人口不断向小城镇聚集,小城镇的规模逐渐扩大,从而促进了城镇的发展。

3. 胶东模式

胶东模式是对胶东半岛地区出现的城镇化模式的统称。胶东半岛地区具有与韩国、日本相邻的地缘优势,以发展出口商品为导向,农村集体经济在乡镇企业快速发展的基础上,通过农村产业结构升级,促进农村人口向城镇转移,出现了一批中小城镇。农村剩余劳动力就地安置,直接到当地乡镇企业就业。20世纪80年代后期,当地乡镇企业从出口外向型经济转向全面开放提升型经济,胶东地区的产业结构进一步随着国际产业转移的加快,加快升级步伐,打造国际先进制造业基地。同时,由于国际产业资本、人员的大量转移,带动城市规模、城市建设、城市文化、城市功能不断与国际接轨。

4. 珠三角模式

珠三角模式是指以广东省广州、深圳等为中心的珠江三角洲地区的社会经济发展道路和城镇化发展模式。它主要是大规模引进香港等地外资,以外资企业和中外合资企业为主体发展经济,通过工业化发展推动了城镇化发展。20世纪80年代中期,"珠江三角洲经济开发区"经国务院的批准成立,大量香港加工业迁入珠江三角洲。华侨众多且毗邻港澳及国家特区的优惠政策优势,使"珠三角模式"举世瞩目。"珠三角模式"的特点有两个。一是利用FDI。在珠江三角洲地区建立乡镇企业的资金不是来自内部,而是主要来自外资特别是大量香港资金,利用这些资金在内地投资建厂,利用"前店后厂"(珠江三角洲为"厂",香港为"店")的模式来发展经济。依靠"外资推动",珠江三角洲地区乡镇企业逐渐兴起并发展起来进而推动城镇化的发展。二是体制机制创新。珠江三角洲在发展中逐渐完善了市场体系,并通过珠江三角洲特殊的区位优势,使生产要素在城乡之间的流动性大大加快。

(四)按照城镇化空间结构划分的典型模式

按照城镇化的空间结构划分城镇化模式,大致可以划分为以下几种模式。

1. 城市扩展模式

城市扩展模式是最为传统的城镇化方式,是指伴随着城市人口的不断增长,逐步向外扩大城市用地范围的发展方式。世界上很多国家的城镇化都采取城市扩展模式,这一现象最先出现在西方,20世纪50~70年代又连续发生了市郊化和超市郊化现象,城市不断向周边扩展。西方的土地为私有制,中国的土地为公有制,所以,中国的城市扩展非常具有特色。中国土地公有的性质使城镇化的发展速度更快,目前中国的城市规划项目总量在全世界规模最大,在人类历史上也极为罕见。

2. 新区和新城建设模式

在我国,建市建镇要经过国务院和民政部的严格审批,标准程序非常复杂。新区和新城的建设是通过在新建区域根据区域发展定位,对入驻人口、土地性质、产业布局、道路交通以及其他水电气等基础设施进行规划,从而使人口和资源逐渐集中在一定的范围的城镇化过程。新区、新城一般是原有的城市基础设施和产业能够辐射的区域,一般在产业基础和特色、功能布局等方面具有一些优势,在城镇体系建设中非常重要,是原有城市的不可或缺的组成部分,一定程度上起着分担中心城区的商业、商务、工业、居民居住、文化娱乐等城市功能。

3. 开发区城镇建设模式

开发区城镇建设模式主要通过政府对开发区给予一些土地、税收、人员安置等方面的政策,进而形成当地产业结构调整和经济快速发展的一个区域增长极。以政策汇集要素,以要素带动产业,以产业促进就业,以就业带动人口集聚,进而带动当地的城镇化进程。开发区城镇建设模式显示了我国当前的政府行政主导和行政资源对于经济社会和城镇化发展的巨大推动力。一些开发区在短短的几年里,厂房林立,道路和基础设施逐步完善,人口和产业在较短的时间内完成集中和集聚,从而实现人口规模的跳跃性增长和城市地域空间的迅速扩大以及产业结构转型升级。开发区经济建设是我国城市空间拓展的主要方式之一。

4. 建设产业集聚区、中央商务区或特色商业区模式

产业集聚区主要是以发展工业为主,中央商务区(CBD)和特色商业区主要是以发展服务业为主。政府为了推动工业和服务业的发展,分别划定一块区域或者通过旧城更新改造作为产业发展的载体。一般在发展产业的同时,当地政府提出产城融合,打造宜居宜业之城,通过创造优美环境,公平竞争的机会促进各种要素进行集聚。比如河南省2012年全省都在推进服务业的集聚区建设,商务中心区或特色商业区共计176个,商务中心区和特色商业区的建设很多都依托新区、老城区改造,通过"两区"建设进而推动当地的城镇化发展。

5. 农村就地城镇化模式

城镇化推进还可以采用分散的形式,比如农村就地城镇化就是这种形式。农村就地城镇化是指在农村地域中出现了城市形态,由于区别于农村生活,在农村一定区域的环境中,一些区域拥有良好的生活环境和社会服务,以及大量的工商业就业机会,大量的非农人口逐渐向农村的这些地区聚集,从而引发产业、人口密度、基础设施、建筑形态等方面发生变革,走城市发展之路。农村就地城镇化发展可以利用来自外部的技术、资本,或迎接产业转移进入,还可以利用农村经济自然发展形成。我国农村就地城镇化的方式按照空间层次的不同,可以分为村庄产业化和乡镇产业化的发展方式。

(五)按照城镇化推进方式划分的典型模式

按照城镇化推进方式划分城镇化模式,大致可以划分为以下几种模式。

1. 统筹城乡模式

我国城乡经济社会发展呈现出二元结构。2007年,四川省成都市被确定为全国统筹城乡综合配套改革试验区之后,成都市提出"三个集中"城镇化模式,即以推进工业向集中发展区集中、农民向城镇和新型社区集中、土地向适度规模经营集中为抓手,带动新型工业化、新型城镇化和农业现代化的城乡发展一体化模式。工业项目向工业区集中,农民要向中心村、集镇和城市集中,耕地要向种田能手集中。其主要做法是对以城乡总体全域式规划为基础,加快土地确权颁证的形成,对农村土地产权交易市场应尽快建立,加快建设用地增减指标挂钩机制等制度的建立。把发展较好的区域作为起步点,从而确立优势产业,并进一步形成以市场为导向的产业集群。另外以农民的公共服务和社会保障作为配套设施,不断提高农民的生活水平。

2. 整体推进模式

整体推进型城乡一体化模式以天津"以宅基地换房"和嘉兴"两分两换"为代表。天津的主要做法是从整体上把搬迁农民的安置问题解决掉,然后再通过土地集约增值获得的收益来发展地区产业,解决农村居民的重大就业问题。从而将农民的集中居住与产业化、城镇化有机结合起来。嘉兴的主要做法是"两分两换",指宅基地和承包地分开、搬迁与土地流转分开。一方面,农民在经过"两分两换"后,将农房换成了商品房,并且获得了养老保障,还可以通过打工或者创业增加收入途径。另一方面,被置换出来的宅基地也将重新利用,一部分会被复耕为农田,还有一些被转给投资开发公司。投资开发公司利用置换进来的宅基地向银行抵押贷出大量的款项,开发农家乐、旅游景点等投资项目。整体推进模式的核心在于一次性的农民身份转移,然后通过城镇化与产业化相结合,逐步实现城乡经济、社会、文化、生态的全面、协调、可持续发展。

3. 以城促乡模式

以城促乡模式是最典型的现代城市力量的扩展,它主要是利用城市的发展来带动农村的经济发展,最终使城乡共同发展,达到城乡一体化的状态。该模式以城市自身的发展为主,由城市的扩展而辐射、带动农村的社会变化。我国义乌市属于该模式,由于义乌市具有较为发达的专业市场,通过专业市场带动产业集聚发展,通过产业集聚促进人口集聚,通过人口集聚进一步促进城乡一体化良性互动。

4. 以乡促城模式

以乡促城的城乡一体化,包括三个阶段。首先是大力发展农业阶段。通过提高农业的机械化水平,着重提高农业的劳动生产率,农业生产出现剩余劳动力。其次是农业工业化阶段。在农业劳动生产率不断提高的情况下,农业逐渐向农产品加工业等工业发展阶段转换,进一步释放农村剩余劳动力到农产品加工行业转移。再次是完善农村基础设施阶段。随着农业工业化的逐步推进,以及人口的集聚对其他配套产业的需求与日俱增,增加城市配套基础设施,拉大城市框架,增强城市功能。

另外,我国在推进新型城镇化过程中,中西部围绕新农村建设也探索形成了一些推进模式。主要包括以下几种。

一是城镇带动型模式。主要是依托城市郊区和小城镇建设,采取市场化运作模式,对城镇近郊村的村庄进行改造整合,建设社会主义新农村。如新郑市孟庄镇,利用靠近郑州,土地价值较高,积极引入开发商推进新农村建设。

二是产业支撑型模式。主要是依托产业集聚区或发展特色产业集群,调整居民点布局,建设社会主义新农村。如鹤壁市浚县王庄镇依托中鹤集团,对王庄镇小齐村、大齐村等5个村进行搬迁改造,集中规划建设中鹤社区,把原有村庄节约出的土地和农民的承包地集中起来经营,实现企业扩张发展、村居条件改善的双赢。修武县围绕服务云台山旅游,引进世贸天街、河南建业等知名企业,投资100多亿元,建设七贤功能区,转移7个村庄11 000人。

三是搬迁安置型模式。主要是依托国家重大工程建设、扶贫开发、地质灾害治理、采煤深陷区治理等,通过迁村并居,建设社会主义新农村。如河南省汝阳县结合异地扶贫搬迁建设社会主义新农村,现已搬入130户487人,居民依靠旅游资源开办家庭宾馆,开发旅游商品和土特产产品。

四是村庄合并型。主要是整合距市县乡镇较远、相对分散,且不具有历史文化价值的一般村向中心村集中,合理推进不同行政村搬迁合并。如驻马店市平舆县射桥镇单老村。

二、我国城镇化典型模式的比较

由于我国地缘文化差异较大,在城镇化过程中形成了多样化的城镇化模式是必然的。如何看待这些不同的城镇化模式?它们之间有什么样的不同?对我们今天推进新型城镇化建设有什么样的借鉴意义?我们必须对这些模式进行不同视角的比较分析。

(一)城镇化区域结构划分模式比较

当前,城市群已成为发达国家城市化的主体形态,城市群对区域农村及中小城镇化的辐射带动作用愈加明显。城市化初期阶段,发达国家主要是以单个城市的空间面积扩张为主要手段,当城镇化发展到一定阶段后,在市场机制的作用下,开始出现1~2个特大城市,并且周边一些中、小、城市围绕龙头城市协调集群分布,整体形成组团式发展格局。大城市和中小城镇之间还保留一定的林地、农田、水面等,这些城市群或城市带通过高效便捷的交通走廊相连接。这种城市化形态,由于存在现代化的交通网络来降低交易成本,城市群及大城市具有的集聚经济和规模经济效益不会被降低。并且通过这种组团式发展格局,可以预防某一个特大城市过度扩张后形成塞车、污染、贫穷等为特征的"城市病"。

区域是城市的基础,中心城市是区域的核心,两者相互依存、彼此推动。区域性中心城市是指在一定的区域范围内具有引领、辐射、集散、制衡等作用的主导性城市。它超越了原始的自然地理范畴,中心城市能够在资源、产业、交通、市场、信息、文化地理、政治地理等多层面对周边农村及中小城镇具有领带效应。

交通是经济的先导。大部分城市都布局在一些交通要道附近,这是因为方便快捷的交通可以降低各类经济成本和社会成本。城市群及各城市功能组团之间的连接都需要通过建立多层次、立体化的交通网络，以降低成本，促进经济快速发展，促进企业集群发展及产业集聚，进而吸纳人口集聚，带动周边城镇化的发展。

表 4-1 按区域结构划分城镇化模式比较

比较特征	城市群（带）带动模式	中心城市带动模式	交通要道带动模式
区位优势	城市群周边县域	中心城市周边县域	交通优势
要素转移	城市群范围的转移	中心城市周边转移	利用交通路网
发展走向	国际型大都市	区域中心城市	大中小城市
重点区域	珠三角、长三角和环渤海	中西部	沿铁路、公路等干线支点

（二）城镇化资源禀赋划分模式比较

产业发展是推进城镇化的基础，产城融合是城镇化发展的关键。缺乏产业支撑的城镇化将会导致城镇化进程出现两大问题：一是没有产业支撑，吸纳农村剩余劳动力的能力很弱，进城农民没有就业机会，就会出现拉美地区城镇化过程中的贫民窟现象，最终导致社会矛盾激化。二是没有产业支撑，区域经济发展缓慢，基础设施建设财力不足，城镇基础设施滞后，城市功能不完善，城镇缺乏对农民进城的吸引力。

专业市场型和工业型主要是依托园区坚实的产业基础带动相关产业发展，依托园区服务园区，吸引周边农村劳动力进入园区或集镇从事二、三产业，成为新的城镇居民。实行旅游商贸带动模式的城镇，主要是利用旅游产业的强大人气和影响力，再结合自身一些资源优势，进而发挥以旅游产业为支点，其他产业为配套的旅游复合型经济模式。同时，增加集镇的设施建设，增强综合配套服务功能，进而促进城镇化较快发展。农业型城镇化主要是针对一些传统的农业大省（市），积极推动农业产业结构调整和产业化经营，增加农民收入，而且带动了城镇的发展。各地具体采取什么样的城镇化模式，首先应该根据当地的资源禀赋条件，选择有特色的主导产业。

表 4-2 按照资源禀赋划分城镇化模式比较

比较特征	专业市场模式	工业型模式	农业型模式	旅游带动模式
起步方式	专业市场	工业	新型农业	旅游服务
发展基础	市场体系发达	资源富集、工业基础好	农业条件优越、工业基础薄弱	自然环境优美、生态资源丰富
推进方式	从下往上	从上往下和从下往上	从上往下	从下往上和从上往下

续 表

比较特征	专业市场模式	工业型模式	农业型模式	旅游带动模式
发展走向	依托专业市场,然后发展第二、三产业	优先发展资源产业,然后加强基础设施建设和公共服务供给	以现代农业促进农村、农民转型,推进城乡发展一体化	依托生态文化资源,以旅促农,以城带乡
代表城市	温州、义乌	东北老工业基地	安塞、遵义	云南大理

（三）城镇化动力机制划分比较

城镇化动力机制是指城镇诞生和发展过程中所需动力产生的机制。根据主导力量的不同,一般可以分为政府主导型、市场主导型和政府市场主导型。我国是一个大政府社会,城镇化的推进力量在很多地方还是自上而下的政府主导模式,政府是城镇化战略的制定者,城镇化的推进速度容易受到政策的影响。改革开放以后,为适应市场经济条件下的城镇化发展要求,在各地陆续探索的基础上,形成了"苏南模式""温州模式""珠三角模式"和"胶东模式"。

"苏南模式"主要是依托政府对资源的垄断优势,通过选择合适的企业家队伍,促进农村工业的发展,农村工业的发展又反哺农业。同时,苏南模式的要素转移是在社区范围内进行,发展方向是公社走向社区集体,再由社区集体走向城乡联合。

"温州模式"是典型的依托市场经济自下而上的城镇化模式。在经济结构转变的过程中,市场机制的推动作用表现得十分突出。利用市场在资源配置中的基础性作用,温州的农业剩余劳动力不断向非农产业的生产领域转移,这样农村工业部门就得到快速发展,于是小城镇迅速成长起来,不断推动城镇化进程。温州农民通过打造城镇化发展的产业基础,形成了专业化生产和专业市场的特殊产销一体化模式,从而在促进小城镇经济起飞方面具有巨大的作用。

"珠三角模式"的主要特征就是利用港澳资本、先进技术和侨乡优势,充分利用珠三角区域自身的劳动力资源优势,并结合外部要素和内部要素,实现资源共享、优势互补,进而推动农村经济和城镇化迅速发展。

"胶东模式"的特点是典型的现代农业拉动型城镇化模式。主要以集体经济为主体,农业经济为依托,乡镇企业为支柱,发展出口商品为导向的城镇化模式。

表 4-3 我国主要城镇化动力模式比较

比较特征	苏南模式	温州模式	珠三角模式	胶东模式
起步环境	准市场经济	准市场经济	准市场经济	准市场经济
起步方式	农副产业中到工商业	商贩业到工商业	出口加工业中到新兴工业	农副业中发展加工业

续　表

比较特征	苏南模式	温州模式	珠三角模式	胶东模式
发展主体	社区集体	个人或家庭	集体和个人	社区集体
要素转移	社区集体范围的转移	个人资本自发与自由流动	外来资本、劳动力大量流入	土地、劳动力跨地区转移
与农业关系	互为主体,从以农补工到以工补农	农业要素流出较多,反哺型农业投入相对较少	非农化、工业化导致土地增值,农民从中受益	工农业互为一体,从以农补工到以工补农
发展走向	公社走向社区集体,再走向城乡联合	个体经济走向资源互利基础上的联合或合作	三来一补到吸引外资,从进口替代到出口替代	社区内发展走向互惠型合并与重组

（四）城镇化空间模式划分比较

从世界各国城镇化的空间发展方式看,主要包括连续发展、内部重组、就地发展和跳跃发展。连续发展是以现有城市作为依托,在市场作用下土地形成级差地租,推动着城市空间向外扩展。内部重组是指在原来城镇建成区范围内,在城镇用地上进行空间整理和功能置换,进而提高城镇化发展水平。就地发展是指村庄和乡镇通过自身经济社会的不断发展,促进产业不断升级,从而促进乡村基础设施水平改善和提高,进而可以增加农民收入,改善农民生活,提高农民生活水平。即在本地实现城镇化的生产生活方式。跳跃发展是指在城镇范围以外的农村地区,以相对独立的方式地进行城镇化发展,由于这些地区缺乏城镇化发展所必需的基本要素,因而需要借助外力的不断推动。

当然,这四种空间模式并不是相互孤立的,而是相互联系的。内部重组常常与跳跃发展或连续发展相联系,比较常见的如旧城改造带动城郊新居住区发展,工业区外迁形成新区等。新城和新区的建设通常也会依托新设的交通要道和交通站点,以经济发展较好的乡镇为重点,这是就地发展和跳跃发展的有机结合。不同的城镇化发展阶段,其城镇化主导空间发展模式也可能不同。例如20世纪50年代,欧美国家城市化推进以连续发展为主,20世纪80年代,主要以内部重组为主导推动中心城区复兴。

尽管在世界各国城镇化发展过程中上述四种空间推进方式都普遍存在,但中国和欧美国家的推进特征还存在显著的不同。欧美国家主要以蔓延式的连续发展为主,中国主要以内部重组和跳跃式发展为主。

在我国,内部重组方式主要有旧城改造和建设商务中心和特色商业区,连续发展主要有城市自然扩展和建设CBD或特色商业区,跳跃发展包括建设新城区和建设开发区,就地发展主要包括农村就地城镇化(具体见表4-4)。目前我国城镇化的发展主要以跳跃发展为主。对开发区、新区、新城的建设已成为中国推进城镇化的重要手段。

表 4-4 按照空间结构城镇化模式比较

比较特征	建立开发区	建设新区新城	城市扩展	建设CBD	农村就地城镇化
主导力量	国务院、省市政府	国务院、市政府	市级政府	市级政府	市、县、乡政府
运作方式	政府主导、市场运作、企业参与	政府主导、企业参与	政府引导、市场运作、企业参与	政府主导、市场运作、企业参与	政府指导、企业参与
土地供给	中央划拨、征用农地等	大规模征用农村土地	征用农村土地	城市用地、征用农地	农村集体土地
推进方式	自上而下	自上而下	自上而下与自下而上	自上而下	自下而上与自上而下
发生区位	城市近、远郊	城市近郊、远郊	城市内部	城市内部、新区新城内部	乡镇、村
增长方式	跳跃发展、连续发展	跳跃发展、连续发展	连续发展	内部重组、跳跃发展、连续发展	就地发展

（五）城镇化城乡统筹模式划分比较分析

统筹城乡发展走城乡一体化道路,是城镇化过程共有的现象和趋势。不同区域由于历史文化背景有别、经济发展水平有异,在城乡统筹中表现出不同的特点。成都模式的主要特点是,在国家综合改革试验区基础上,以城乡规划为基础,确立全域成都理念,加快推进农村产权、户籍制度、社保制度产业布局、财政制度、教育培训、医疗救助等方面的改革,逐步推进城乡基本公共服务均等化。

天津和嘉兴模式的特点在于,在当地比较发达经济的基础上,实施"十改联动",即就业、户籍制度、新居民管理、社会保障、村镇建设、涉农体制、公共服务、金融体系、规划统筹等改革,整体推进城乡服务一体化。以城带乡模式主要是先发展城市经济,增强城市经济的辐射力,然后通过城市经济的辐射及产业链带动,增加城市与乡镇的产业联系、就业联系、交通联系等,最终形成区域经济的整体发展。以城促乡模式主要通过乡镇经济的快速发展,加快完善乡镇基础设施,加快乡镇居民公共服务均等化,进而实现城乡统筹。

表 4-5 按照城乡统筹城镇化模式比较

比较特征	城乡统筹规划	整体推进	以城带乡	以城促乡
起步方式	梯次推进	整体推进	递次推进	梯次推进
发展基础	全域式规划先行	户籍改革先行	先发展城市经济	先发展农村经济
推进方式	政府主导	政府主导	政府主导+市场推动	市场推动
主要特点	三个集中，全域成都	两分两换	大力发展城市经济	公共服务均等化
代表城市	四川成都	浙江嘉兴	浙江义乌	珠三角

三、国内较发达地区城镇化协调发展的经验借鉴

（一）严格城镇体系规划管理，优化建设用地布局

严格城镇体系规划管理，优化建设用地布局的首要任务是重视城镇总体规划，明确发展方向，对城镇空间布局结构进行合理设计，坚决贯彻执行保护农田，调整土地的利用方式及程度，在建设用地方面，尽量探讨通过更新存量土地的利用方式来实现土地的集约利用，尤其是对产出效能较低的土地的再开发和再利用。

关于再开发再利用产出效能较低的土地，各地已有一些可借鉴的成功案例，广东的"三旧改造"被看作是我国对低效土地优化升级比较成功和具有代表性的例子。"三旧改造"在广东的实际操作中，是指对"旧城镇、旧村庄、旧厂房"这三方面低效用地的二次开发。"三旧改造"是相应国家对建设用地存量优化相关政策的要求，在广东省内对建设用地集约节约使用的一次新的尝试，以节约为要求也为目的。实现城乡的统筹发展是旧村改造的主要目标，而旧城改造则是以改善人居环境、人民生活质量和更新城市的面貌为目标，在对低效用地二次开发的过程中，也引导当地的产业实现更优化的配置，升级优化了产业结构。同时，深圳作为试点城市，为了对土地实现再开发再利用，盘活存量用地，为经济增长挖掘潜在空间，也开始积极探索土地整备、发展单元和社区规划等多种规划模式。

国土资源部于2013年4月15日颁布了《开展城镇低效用地再开发试点指导意见》，确定了在全国的10个省、市、自治区中开展低效地再开发利用的试点工作，推进城镇空间用地的优化升级。由此可见，低效用地的再开发、城镇建设用地的优化升级将成为未来破解人地矛盾、土地供需矛盾的突破口，同时促进产业结构的优化升级和经济发展方式的转变。

（二）以经济发展推动人口城镇化的发展

以经济建设为未来城镇化发展的工作中心，以发展经济来推进人口城镇化发展。着力推进三次产业的结构优化升级，发展第二、三产业，尤其是第三产业的发展能为农村剩余劳动力提供更多的城市就业岗位，同时，优化发展工业、服务业的同时，也能把临时从业人员培养为更具稳定性的产业工人。经济是引导人口资源实现有效配置的重要因素，产业结构的变化和发展状况决定了劳动力的需求状况，产业结构的优化升级能够带动人口转移就业的结构变动，实现人口资源的合理配置，两者相辅相成，互相促进。

在过去快速发展的城镇化进程中，有些城市为了展示政绩工程、实现GDP目标，行政干预市场，用行政的力量主导资源在市场上的配置，发展容量较大的就业产业，吸引、吸收大量低层次劳动力的就业，导致了低效益的非正规就业部门膨胀。京津冀、珠江三角区和长江三角区这三大都市圈在2010年时聚集了全国流动人口的70.9%，据2011年流动人口的统计，全国流动人口的65%都聚集在中国13个较大的城市。因此，把专注点转移到中小城镇的发展上是十分重要的，通过合理调整产业结构和布局来推进中小城市的建设与发展，对统筹调控流动人口的规模和分布，实现区域的协调发展、人口城镇化的健康发展有着重要的意义。同时，还能降低人口向发达地区、大城市过度集聚，对于河南省内的农村富余劳动力向本省的几大城市群、中小城市和小城镇分流，也具有重要意义。

想通过经济发展推进人口城镇化，关键问题是如何协调好区域内部、区域间的产业转移与承接，实现产业结构的调整和升级等问题。要科学引导、因地制宜地实施产业的转移和承接，通过产业结构的调整来提升区域中心城市的辐射带动作用，来推动人口的科学、有序地流动。对此，东部地区首先通过执行企业准入政策来落实区域定位，控制同行业同类型的企业的数量，着力提高企业的质量，颁布一系列吸引高新技术企业、现代服务业落户的政策。其次，对现存产业进行升级优化，延长企业的产业链，向上游行业扩张，共建共赢机制。最后是淘汰夕阳产业，将劳动力需求量大、高耗能、低收益的传统型企业转移到欠发达地区，推进区域之间的产业转移，区域之间根据自身情况实施产业的转移及承接，有序地推动不同区域、不同城市合力进行产业转移、升级与优化。

省域范围及区域中心城市的就业人口结构和就业层次在这一产业结构调整优化的过程中都会自发地进行逐步改善，许多高层次人才被吸引并在城市稳定下来，一批相对层次略低但具有发展潜力的人才也可在这一过程中获得有职业导向、有规划性的教育和培养，使之为城镇化的建设增添一份力，而低素质劳动力人群将会在这一过程中向周边城市转移，并在相关的其他路径的共同作用下逐步沉淀下来。

同时，改善就业人口的层次结构同样也会反作用于产业的优化升级，能促进产业的结构化调整，二者是相辅相成的。河南省郑州以及洛阳等区域中心城市也可通过产业结构的调整与升级，让高知识水平、高技术人员留在城市的高科技产业中来推进城市建设经济的发展，并借助转移资源型、劳动密集型产业来使一部分人口跟随企业转移到中小城市,中小城市可通过积极承接产业转移来吸引产业工人的流入,让中小城市快速发展起来,形成一定程度的产业和人口集聚,发展城镇经济,加快人口的城镇化进程。

(三)加大政府财政投入,加强基础设施建设

农民工的市民化涉及社会的方方面面,所需的成本是巨大的,所以,在推进人口城镇化方面,政府想要有所作为,就必须加大财政投入,为人口城镇化的发展提供必要的资金支持。公共基础设施是城市发展的基础,应投入相应的资金来完善基础设施,逐步改革与城镇人口配套的保障制度,解决居住、医疗、教育等在城市生活就涉及的福利性问题,只有通过构建更健全的公共服务体系,才能使当前半城镇化的人口逐步实现城镇化,而此项改革的重点在于分地区、分城市、分步骤、分群体,适当地剥离户籍附带的福利,如因户籍约束,大城市中的公共服务没有覆盖到城市所有常住人口。统筹解决城市与城市间、城市与农村间人口流动的公共服务问题,构建关于流动人口的评价体系,然后分阶段、分层面地扩大城镇公共服务的覆盖面,在改革的同时还要兼顾效率与公平。此外,对于中小城市、小城镇,财政根据实际情况加大对它们的投入,扶持中小城镇的发展,通过引导性的政策支持来提升公共服务质量,吸引农村剩余劳动力的流入与落户,实现就地城镇化,留住人才,从而实现集聚,促进发展。

同时,应学习东部经济发达地区,在加大政府财政投入的同时,对户籍制度进行深入改革,放宽落户政策,着力提升农业转移人口在住房租购、劳动报酬、子女教育、公共卫生等服务方面的均等化水平,使农民工享有与城镇居民同等的福利待遇,吸引以农村剩余劳动力转移就业为主的流动人口落户。

但需要注意的是,不同地区的流动人口有不同的公共服务项目需求,因此应根据流动人口的实际需求和各地区的实际情况,因地制宜地推进公共服务体系建设。

第二节 河南省新型城镇化推进的模式研究

近几年,河南省各地因地制宜,大胆实践,探索走出了一条以新型城镇化引领"三化"协调科学发展的路子。由于各地在资源禀赋、发展阶段、区位交通等方面存在很大差异,其城镇化推进模式也是多样化的。目前,大致可分为四种类型,具体包括经济发达县(市)新型城镇化推进模式、工业化水平高的县(市)新型城镇化推进模式、传统农区县(市)新型城镇化推进模式、粮食主产区县(市)新型城镇化推进模式。

一、经济发达县(市)新型城镇化推进模式

经济发达县(市)经济基础好,三次产业呈现出二、三、一的特征,二、三产业增加

值在生产总值中所占比重在 90% 以上。县乡经济实力强,县域综合经济实力位居全省前列,政府财力较为充裕,城乡居民收入水平高,民间资本较为雄厚,非农就业比较充分,具备了新型农村社区建设的条件。但这类县(市)发展转型的任务重,土地等资源的瓶颈约束紧,城镇化远远低于工业化水平,"三化"发展不够协调,城乡一体化亟待推进。河南省距中心城市较近、综合经济实力强的县(市)都属于这类,约占全省县(市)的 1/10。

该类型县(市)在推进新型城镇化过程中,把新型农村社区建设作为推进城乡一体化的切入点、统筹城乡发展的结合点、加快新型城镇化的着力点、助推经济发展的增长点,在探索以新型城镇化为引领、推进"三化"协调发展的道路上取得明显成效。如新密市作为集经济发达县、郑州都市区郊区、资源型城市等基本特征于一体的县级市,针对资源型城市转型中遇到的诸多矛盾和问题,按照转变经济发展方式的要求,跳出原有的工业化发展模式,把新型城镇化特别是新型农村社区建设作为"三化"协调科学发展的切入点,坚持规划先行,以煤矿沉陷区治理为契机,采取合村并城、合村并镇、合村并点、移民搬迁等模式分类推进,通过政府引导、部门支持、社会帮扶,高标准建设,高功能配置,打造宜居农村新型社区。新型农村社区建设的成功推进,改变了旧的农村面貌,带来了农村人居环境、生态环境、人文环境的全面改善;完善了城镇体系,拓展了城市发展空间,增强了城市综合承载能力;节约了土地,缓解了土地瓶颈约束,为传统产业的升级转型和新兴产业发展扩展了空间,促进了农业适度规模经营,提高了农业组织化程度,推动了现代都市农业发展,加快了农业生产方式转变。

作为集经济发达县、郑州都市区郊区、资源型城市等基本特征于一体的新密市,既面临着由郑州郊县到郊区角色转变带来的良好发展机遇,也存在着资源型城市转型中遇到的诸多矛盾和问题。新密市从转变经济发展方式的宏观背景上审视发展要求,从中原经济区建设大格局中考量发展方向,从构建郑州大都市区中谋划发展定位,调整发展思路,跳出原有的工业化发展模式,坚持把新型农村社区建设作为推进城乡一体化的切入点、统筹城乡发展的结合点、加快新型城镇化的着力点、助推经济发展的增长点,立足县域实际,顺应群众意愿,以促进城乡居民共同富裕为根本目的,统筹城乡规划、统筹产业布局、统筹基础设施和公共服务,"一城、一区、新市镇、新型社区"的城镇体系和"产业聚集区-专业园区-乡镇创业园-农民创业园"的产业布局初步形成,城乡一体化发展迈出坚实的步伐,走出了一条具有新密特色的县域"三化"协调"四化"同步发展的路子,全市城乡面貌发生显著变化。

(一)新密市新型城镇化建设进展情况

2011 年以来,新密市积极探索新型城镇化建设的路子,从煤矿沉陷区搬迁安置,到社会主义新农村的"五通四改",再到新型农村社区建设,持续加大投入,持续克难攻坚,持续强力推进。2012～2015 年连续三年获得郑州市新型城镇化先进单位,被国家发改委城市和小城镇改革发展中心评价为新型城镇化建设"新密模式"。新型社区入住群众 17 万人。新型社区建设按照"市规划、镇主导、村建设"的原则,坚持

"四个优先"(中心城区、产业集聚区、镇区规划区并城并镇,干线公路两侧1千米沿线村庄社区化,煤矿塌陷区群众安置,贫困山区易地扶贫搬迁)进行建设,建成和在建社区78个、1015万平方米,入住群众17.6万人。社区设施配套,按照"五通七有两集中"和"1+25"标准,共建设水、电、气、路、公共餐厅、游园绿地、学校、幼儿园、科技文化服务中心、警务室等基础设施和公共服务项目546个,让入住新型社区的群众既拥有同城市社区一样的基础设施和公共服务,又能享受家乡美丽的田园风光。超化新区、刘寨轩辕、牛店金泽苑、产业聚集区锦绣、米村和盛嘉园、来集浮山雅居、袁庄易地扶贫搬迁新区等社区已形成万人规模且紧邻城区、镇区、产业园区,形成人口、产业聚集,成为新密新型农村社区蓬勃发展的活力所在。"七纵六横、内捷外畅"的骨干路网架构基本形成。新型城镇化以顺畅的交通路网为先导,按照融入大郑州、对接航空港的目标,骨干路网与城乡道路一体规划、同步推进。累计实施路网建设项目190个、532千米,以郑少高速、郑尧高速、郑登快速通道、G343、G234、S321、大学南路、密州大道等"七纵六横"道路为骨干的城乡一体、通行顺畅路网体系基本形成。生态廊道基本实现全覆盖。按照"5321"规划和主干路网绿化全覆盖的要求,坚持"林随路走、路林相随"的绿化理念,高标准建设生态廊道。累计实施廊道64条,共计410千米,绿化面积3 050万平方米,建设森林公园和森林体验园12个、生态水系28千米,全市森林覆盖率达42.15%。中心城区带动作用明显增强。把中心城区作为统筹城乡、以城带乡的主体,拉大城市框架,增加城市厚度,提高公共服务能力,打造人口集聚、转型发展的主阵地。累计投资70余亿元,实施市政道路等基础设施项目42个,南水北调引水入密工程、集中供热、中医院迁建等公共服务项目12个,商务商业项目17个,形成双十字景观大道。特色商业街已建成面积1.51平方千米,中心城区建成区面积达25平方千米,聚集人口25万以上,辐射带动作用明显增强。产业集聚区(新密新区)提速发展。累计投资20余亿元,建成主干路网14条40多千米,绿化廊道4条29.5千米133万平方米,水、电、气、垃圾和污水处理等覆盖到位。目前,产业集聚区已建成13.35平方千米,入驻企业118家,规模以上工业主营业务收入实现316亿元,税收3亿元,安排就业3万人,成为以环保装备、品牌服装为主导产业的二星级产业集聚区。

(二)新密市新型城镇化建设的具体做法

从新密近年来的探索实践看,推进县域新型城镇化建设,加快了城乡一体和全面建成小康社会进程,是符合新密实际的转型发展、科学发展正确道路,显示了强大的生命力。

1. 坚持规划引领,注重城乡一体

按照"四个合理"(合理的城镇体系、合理的产业布局、合理的人口分布、合理的就业结构)的要求,完成了新密市"三化"协调科学发展空间布局规划和市域城镇体系规划、产业发展规划、交通道路规划、生态廊道规划等专项规划的编制。城镇体系规划把全市303个行政村中的71个并入14个城市社区,83个并入19个镇区社区,149个并入56个新型农村社区。按照这一布局,现有农村70%的人口将进入城镇,

30%的人口将集中居住在56个新型农村社区。通过规划实施,原村庄占地15.8万亩,新社区规划占地5.7万亩,全部社区建成后可节约土地10.1万亩,为新型工业化和农业现代化提供了较大的发展空间。交通道路和生态廊道规划按照"8642"和"5321"标准进行,郑州至新密市区快速通道为双向8车道,两侧各50米绿化带;过境国、省道路为双向6车道,两侧各30米绿化带;新密市区至各中心镇道路为双向4车道,两侧各20米绿化带;各镇区至新型农村社区道路为双向2车道,两侧各10米绿化带,形成顺畅快捷的绿色通道。新型农村社区规划按照"五规合一"要求,引入城的理念,按照《新密市新型农村社区基础设施和公共服务设施配套规范化指导意见》(简称"1+25指导意见"),设施配套规划到位,产业发展布局到位,生态建设谋划到位,努力让群众不仅住得好,而且生活得更好。

2. 完善政策措施,破解建设难题

一是强化政策支持。市委、市政府成立了以书记、市长为指挥长的新型城镇化建设指挥部及其办公室,制定出台了《关于加快推进新型农村社区建设的若干政策》、市直部门支持新型城镇化建设具体措施的"1+21"政策支撑体系,为新型城镇化和新型农村社区建设快速推进提供了坚强有力的政策支持。二是多措筹集资金。采取村企共建、上级奖补、政府配套、社会捐助、民资投入等形式,整合18个涉农部门的项目和资金,首先保障新型农村社区基础设施和公共服务设施建设。近年来,各级财政共奖补资金4亿多元,整合各类资金6亿多元,双强村支部书记和民营企业家累计投入近9亿元。三是破解土地瓶颈。按照占补平衡的原则,充分利用山荒地、丘陵地、废弃地以及农民搬入社区后拆除旧宅整理出的土地等,有效解决新型农村社区建设用地。截至2015年底,全市正在建设和启动建设的78个新型社区一期工程,占地7280亩,节约土地1.5万亩。

3. 保护生态环境,建设美丽新密

持续改善人居环境,开展"清洁家园、美化乡村"、城乡环境卫生整洁行动、农村环境连片整治、采石场治理等综合整治活动,建立健全长效管理机制,全市城乡环卫保洁人员总数7600名,城区和农村分别建立了"集中收集、集中转运、集中处理"和"户投放、组保洁、村收集、镇转运、市处理"的运行体系;投资2800万元的餐厨垃圾无害化处理厂、投资2.5亿元的生活垃圾无害化处理厂建成运行,日处理餐厨垃圾35吨、生活垃圾400吨,实现了垃圾的减量化、无害化处理和资源化利用;加强城乡污水处理,建设工业污水处理厂2家、市生活污水处理厂1家、乡镇生活污水处理厂8家、社区(村)生活污水处理设施20家,日处理污水12万吨。加强生态水系建设,建设引水入密工程,重点整治中小型水库35座,治理河道17.7千米,切实增强水资源保障能力。

4. 打造产业支撑,实现就业增收

以产业发展为支撑,以群众就业为根本,统筹推进新型工业化、农业现代化和现代服务业发展,真正使农民就地就近就业,实现了离土不离乡、就业不离家、增收不失地、就地城镇化。目前,全市建设省级产业集聚区1个,超化耐材、大隗循环经济等郑州市级专业园区2个,米村、岳村、苟堂等乡镇创业园3个、农民创业园33个,入住企业 330 多家,创造就业岗位 10 余万个。

总之,新密市在新型城镇化建设中,按照"融入郑州、对接空港、创新驱动、持续转型"的发展总要求,以规划为引领,以交通道路为先导,以新型农村社区建设为突破口,以产业聚集为支撑,走出了一条符合新密实际的科学发展路子。

二、工业化水平高的县(市)新型城镇化推进模式

工业化水平高的县(市)工业基础较好,主要是资源型加工业,工业增加值在生产总值中所占比重较高,县域综合实力比较强。但是主导产业与农村经济耦合程度较低,农业和农村经济游离于工业化进程之外,农民就业不充分问题依然存在,呈现出工农分割、城乡分离的二元结构格局。河南省矿产资源丰富的县(市)多属于这类。

该类型县(市)针对当地经济构成偏重、二元结构体制矛盾突出的问题,在推进新型城镇化过程中,坚持人口集中、产业集聚同步推进,通过改善农村生活生产条件,实现工业反哺带动;通过减少农民、增加市民,让更多的人在大工业领域实现就业;通过土地流转,为农业发展拓展发展空间;通过产业再造,推进结构调整,加速新型工业化进程。如舞钢市把新型农村社区与中心城区、中心镇区、产业集聚区一体规划建设,确立了"1个中心城、4个中心镇、17个中心社区"的城镇化建设目标,着力推进"农民向城镇集中,农村土地向规模经营集中,公共服务向社区相对集中,企业向集聚区集中",完善覆盖城乡的社会保障体系、政策激励机制,创新工作机制,形成了"城一镇一社区"联动发展的局面。通过新型农村社区建设,使社区居民享受到优美宜居的社区环境和高质量的服务,全面提高了居民生活质量,转变了农民的生活方式;将教育、卫生、通信、社区管理、物业管理、文体、商业服务等设施科学布局,促进了公共服务均等化;随着农村土地向经营大户集中,提高了农业规模化水平,发展多功能农业,加快了农业生产方式转变;通过产业集聚区建设,做大做强主导产业,为城乡一体化发展构筑了坚实的产业基础,有效拓展了居民的就业空间。

通过对舞钢市进行深入的调查,舞钢市属于矿产资源丰富的县(市),在新型城镇化建设中坚持以统筹城乡发展为切入点,着力推进"农民向城镇集中、公共服务设施向社区集中、土地向规模经营集中、企业向集聚区集中",积极探索新型城镇化引领"三化"协调科学发展的路子,取得了明显成效。

(一)舞钢市新型城镇化进展情况

舞钢市坚持高起点、高标准推进新型城镇化,截至 2015 年底,舞钢市城镇化率提高了 14.6 个百分点。牢固树立"规划先行"的理念,城市建设规划实现全覆盖。商务中心区完成投资 16 亿元,区内配套设施逐步完善,建成区面积达到 0.3 平方千米,整体框架基本形成,行政核心区地位逐步显现。注重精细化管理经营城市,启动 54 个旧城改造项目,完成市政工程 190 项,新增城区公厕 51 座、垃圾中转站 24 座,人均公园绿地面积达到 12 平方米,污水处理率、生活垃圾无害化处理率、燃气普及率分别达到 92.6%、99.9% 和 66.2%。完成了高速连接线、省道 220 七蚁线(三里

河—尹集段)和省道234平桐线(叶舞界—任桥段)大修工程。按照"巩固、完善、提升、积极、有序、量力"的思路,启动中心镇、中心社区建设,同步完善配套基础设施,积极引导农户搬新拆旧。启动15个中心社区建设,建成社区新民居6 298套,销售4 500套,销售率达到71.5%;入住居民3 800户,入住率达到60.3%。建成9座污水处理厂,日处理能力达到42 370吨;饮用水水质达标率保持在100%。大力推进生态创建,新增国家级生态乡镇3个、省级5个,省级生态文明村13个、平顶山市级20个。开展生态林建设,造林3.8万亩,森林抚育5.1万亩,森林覆盖率达到35.4%,比"十一五"末提高1.9个百分点。

(二)舞钢市新型城镇化的具体做法

1. 促进农民向城镇集中,转变农民生活方式

舞钢市加大新型农村社区建设,引导农民集中居住。一是把新型农村社区纳入城镇体系。舞钢市辖区面积小,人口数量少,工业化城镇化水平高,根据新型城镇化发展要求,舞钢市把新型农村社区与中心城区、中心镇区一体规划建设,确立了"1个中心城、4个中心镇、17个中心社区"的城镇化建设格局,将全市190个行政村纳入这一体系之中,形成"城—镇—社区"联动发展的一体化局面。二是多渠道筹集建设资金。实行财政奖补政策,按照"乡镇为主、财政奖补"原则,市财政对新型社区基础设施和公共服务设施投资按照1∶1进行奖补,对农户在新型社区建房、购房给予一定资金扶持,各乡镇筹措的资金全部用于新型社区建设。整合各类支农惠农资金,统筹安排,捆绑使用,集中投向新型社区建设。依据有关政策规定,搞好商业化运作,推进社区建设节余土地指标商业运作出让金净收益返还新型社区建设。积极鼓励和支持企事业单位、社会团体、个人等社会力量,通过捐献、捐助等多种形式,参与新型社区建设。三是高起点规划新型社区。根据不同乡镇自然地理特征、人口经济布局、文化历史特色等,按照"基础设施完善、生活环境优美、文化氛围浓厚"的建设要求,突出美观性、实用性和周边环境的相融性,高起点规划建设新型社区。社区建设通盘考虑生产、生活需要,加强基础设施建设和社会公益事业配套,完善功能,美化环境,让社区居民享受到优美宜居的社区环境和高质量的服务,全面提高居民生活质量。

2. 促进公共服务设施向社区相对集中,合理配置公共资源

舞钢市在新型农村社区规划建设中,将教育、卫生、通信、社区管理、物业管理、文体、商业服务等设施进行科学布局,合理配置公共资源。一是完善公共服务设施。根据社区人口聚集规模,确定各类公共服务设施规模,预留土地,满足公共服务设施建设用地面积,做到社区住宅与公共服务设施同时建设,同时竣工,同时投入使用,确保居民即住即用。二是加大投入力度。各部门向上级争取的专项资金集中公共服务设施建设,采取市场化运作方式将收益部分也用于公共服务。目前,舞钢市已建成的新型农村社区,公共服务设施如小学、幼儿园、卫生所(室)、邮政所、警务室、文化广场、连锁超市等公共服务设施一应俱全,物业管理、垃圾清运、清扫保洁、绿地管理等专业服务配备齐全。公共服务设施实行统一管理,文化娱乐、体育健身设施免

费开放使用。通过公共服务设施向社区相对集中,提高了公共资源的配置效率。

3. 促进农村土地向规模经营集中,转变农业生产方式

舞钢市从实际出发,以土地承包经营权流转为突破口,推进农村土地向经营大户集中,提高农业规模水平,发展多功能农业,加快农业生产方式转变。一是政策激励引导流转。实行奖补政策,对达到流转规模和种植标准的项目进行奖补,每亩每年200元以上。加大项目扶持,对农业基础设施建设、土地综合整治等项目资金进行整合,打捆用于土地流转项目区。优先重点扶持特色优势项目,对于发展融观光、采摘、种养、餐饮等为一体、规模在2 000亩以上的高效农业观光示范园,采取"一事一议"的办法给予特殊奖励。进行技术扶持,建立农业专业技术人员联系土地流转项目的技术服务机制,无偿帮助项目业主和农业企业培训、研究和推广适用技术,促进土地流转项目做大做强。二是建立市场规范流转。建立了市乡村三级土地流转市场,配备专职工作人员,健全完善工作制度和服务流程,为广大农户和业主提供土地流转信息发布、政策咨询、评估指导、合同鉴证等全程服务。建立健全土地流转服务、土地流转运行、土地流转纠纷调处、土地流转保障、经营环境服务和推进土地流转项目农业保险等六项工作机制,搭建土地流转服务平台。三是健全保障促进流转。制定《被征地农民养老保险暂行办法》《农村土地流转风险基金管理办法》,建立土地流转风险防范机制。同时,制定促进农村劳动力转移的优惠政策,鼓励农民进城务工经商,助推农村土地有序流转。农村土地流转,促进了农业规模化经营和农业结构调整,提高了农业整体效益。涌现了一批农民专业合作组织、现代农庄、现代农业产业园区,形成了林果、棉花、烟叶、中药材、水稻五大特色产业基地,以及集林果采摘、生态旅游、休闲娱乐为一体的观光农业基地,提高了农业劳动生产率、土地产出率和资源利用率,土地亩均收益比流转前提高了2～3倍。

4. 促进企业向集聚区集中,强化产业支撑

舞钢市坚持产业立市、产业聚城,在推进新型农村社区建设的同时,与产业聚集区同步推进,做大做强钢铁、纺织、旅游"一黑一白一绿"三大产业,为城乡一体发展构筑坚实的产业支撑。一是积极推进产业集聚区建设。按照"企业集中布局、产业集群发展、资源集约利用、功能集合构建、人口向城镇转移"的要求,围绕"以高新技术产业为先导,以钢铁产业为主,机械制造、纺织服装为辅"的产业定位,采取"三优先、三超前"工作法,促进资源优先向产业集聚区配置,人才优先向产业集聚区调配,资金优先向产业集聚区倾斜;超前推进基础设施建设,超前安置被占地农民,超前报批建设用地,积极推进产业集聚区建设。改变该市工业发展与当地经济耦合度不高的状况,为迁并到新型社区的居民拓展了就业空间。二是积极推进龙凤湖旅游度假区建设。充分发挥舞钢市依山傍水,生态资源得天独厚、人居环境优美舒适的优势,坚持生态建市,围绕龙凤湖周边的山水,打造17平方千米的龙凤湖旅游度假区,拉大了城市框架,带动了观光农业和农家乐项目建设,促进了社区餐饮、房地产等第三产业发展,丰富了产业结构,形成了"水在城中、城在山中、山在林中、人在画中"的宜居环境。

5. 加强中心城区建设,壮大区域经济增长极

深化城市功能分区,积极发展新兴服务业,不断壮大区域经济增长极。一是大力发展新兴服务业。深度挖掘整理、开发利用冶铁文化,叫响"中国冶铁文化之都",高标准策划、筹办"舞钢水灯节",打造舞钢的城市名片。大力发展文化产业,以文化旅游产业为龙头,积极发展社区服务、餐饮、金融、商贸、物流、房地产等现代服务业,形成类型齐全、管理规范、功能完善、服务优质的文化旅游产业体系,强化城区的产业支撑。二是推进行政新区建设。采取市场化运作方式,多元筹集建设资金,推进行政新区建设,打造服务功能齐全、高效快捷、环境优美的新城区,拉大城市框架,提升城市形象,实现提质扩容的目标。三是加快旧城区改造。把城中村和旧城区划分为47个开发单元,引进知名企业参与旧城改造,有序改造开发,优先安排保障性住房建设,增强城市综合承载能力。四是完善城市功能。抓好城市路网建设,完善公交设施,建设便利快捷的现代交通体系。完善水、电、气、暖、通讯等配套设施,合理布局商业网点,加快建材、家具、家电等各类专业市场及大型综合性商场建设步伐,健全市场体系。加快构建安全可靠的城市安保、能源保障、现代服务、信息交流体系。加快推进城市污水和生活垃圾处理工程,完善城区环保设施。同时,着力提高城市精细化管理水平,巩固中国优秀旅游城市、国家园林城市、国家卫生城市创建成果。目前,舞钢中心城区已经形成了包括产业集聚区、龙凤湖旅游度假区、行政文化新区和商住区在内的,布局合理、分工明确的城市功能区,呈现出了良好的发展态势,在区域经济发展中的辐射带动作用显著增强。

三、传统农区县(市)新型城镇化推进模式

传统农区县(市)农业基础条件比较好,农产品资源丰富,农业增加值在生产总值中所占比重较高,农业产业化势头良好。主导产业主要以农产品加工业为主,工业发展已经有了一定基础。但该类型县(市)经济发展整体上欠发达,县域财力不强,工业化过程尚未充分展开,农村富余劳动力转移任务较重。这类县(市)在河南省占有相当的比例。

该类型县(市)在推进新型城镇化过程中,以推进农业产业化为切入点,促进工农对接,通过发展现代农业,搞好农产品深加工,拉长产业链,以产业集聚、产城融合促进城镇化、农民市民化,走出了一条以农业产业化带动农区工业化、推进城镇化的内生性发展之路。如潢川县立足自身优势,加快土地向特色产业、高效农业流转,规划建设了一批集中连片、布局合理的专业乡、专业村,初步实现了特色产业的专业化、规模化、标准化生产,形成了六大特色农业板块,为新型城镇化奠定了基础。在城区东部和西部分别规划建设两大产业集聚区,培育县域主导产业,为新型城镇化提供了产业支撑。拉大城区框架,加强基础设施建设,促进人口、产业向城镇转移集聚,全力打造区域性中心城市。按照"特色突出、功能协调、布局合理、因地制宜"的原则,加快建设特色城镇。积极探索用土地换社保、换就业、换住房、换固定收益的"四个置换"模式,推进农村新型社区建设。潢川县围绕农产品精深加工做文章,推进工

业化进程,促进人口向城镇集中,提高了城镇化水平,进而为农业结构调整、增加农民收入提供了新的契机,从而形成工农良性互动、"三化"协调科学发展格局。

(一) 潢川县新型城镇化进展情况

潢川县新型城镇化步伐加快,被国务院大别山扶贫规划列为鄂豫皖三省交界区域性中心城市之一。截至2015年年底,城镇化率达47.1%,比"十一五"末提高了8个百分点。重大基础项目建设进展顺利,信阳东500千伏输变电站(魏岗)建成运行,宁西铁路复线潢川段在全市率先建成运行,106国道潢川城区段改线开工建设。扎实推进京九大道、中轴大道、民兵路、迎宾路改造、潢河二期、潢河三期、潢河4座大桥等48项城建重点工程。与泛华集团达成框架协议,合作建设5平方千米智慧生态示范新城。商务中心区扎实推进,累计完成投资2.8亿元,拆迁面积5万平方米。城市建成区扩大至45平方千米。电力通信设施进一步完善,成功申报宽带中原示范县。城市管理成效明显。持续开展城乡"三违"整治,防止了新的"三违"发生。持续开展交通秩序综合整治,不断扩大三轮车限行路段,整治城乡非法客运车辆,严查超限超载,进一步规范城乡交通秩序。持续开展环境卫生整治,大力实施环卫体制改革,实行市场化、网格化、属地化管理,县城卫生状况明显改观。持续开展市场经营秩序整治,集中治理了迎宾路等12条道路占道经营行为,取缔了二环西路骑路市场,启用了翠竹园农贸市场。持续开展河砂资源综合整治,全县砂场合理有序开采经营。美丽乡村建设稳步实施。实施以奖代补、以点带面、点面结合,重点打造仁和连岗、付店晏庄等70个美丽乡村示范点,再次荣获省级园林县城、卫生县城、双拥模范城等称号。美丽乡村建设初见成效,人居环境持续改善。

(二) 潢川县新型城镇化的具体做法

潢川县是传统农区县,近年来潢川以品牌创建做强龙头企业,通过土地向特色产业流转夯实农业基础,加快新型社区建设破解新型城镇化瓶颈约束。

1. 实施龙头带动,强化新型城镇化产业支撑

围绕把潢川建成全国知名、全省一流食品工业强县的目标,根据产业集约发展新趋势和龙头企业提升发展新要求,推进产业集聚区建设,靠园区集聚壮大龙头企业,靠龙头企业带动食品工业优化升级。一是做大做强龙头企业。通过争取扶持资金、上市融资、招商引资、实施回归工程等途径,引导生产要素向骨干企业集中,截至2014年底,全县农业产业化龙头企业已达95家,其中国家级农业产业化龙头企业2家、省级12家、市级24家。全县初步形成了"禽业、生猪、花木、水产、羽毛羽饰、优质粮油"六大支柱产业和华英鸭、生猪、糯米粉、花木、水产品五大农业产业化集群,其中华英禽业、盛世莱新花木、黄国裕丰米业三大产业集群被省政府认定为省级农业产业化集群,华英禽业产业集群被省政府认定为省示范性集群(全省20家),宝树水产业集群被市政府认定为全市首批农业产业化集群。二是推进企业集聚发展。按照"项目支撑、集群发展"的思路,在城区西部依托华英集团高起点规划建设了10.6平方千米的产业集聚区,引导华英集团、宝树水产、甾体生物等龙头企业向园区集

中。六大特色支柱产业除花木产业外,有五大产业龙头聚集在园区,集聚效应初步显现。在城区东部规划建设了以物流业为主的开发区,吸引中储粮、中石油、中石化等央企在潢川设立直属库,集聚大量物流企业,形成了区域性的粮食、煤炭、油气、建筑建材、仓储贸易中心。一东一西两大产业集聚区,成为产业发展的制高点,城市发展的增长极。三是拉长产业链条。依托特色产业和龙头带动,打造了樱桃谷鸭、花木、生猪、羽毛、水产品及粮油加工等六大产业链,提高产业附加值。如华英集团围绕樱桃谷鸭,形成了集孵化、养殖、饲料、屠宰、熟食制品、羽绒加工为一体的产业链,在此基础上,还将进一步开发鸭血提取血红素、蛋白粉、生物复合肥等高端项目。黄国粮业围绕粮食加工,形成了精制米、水磨糯米粉、稻壳发电的产业链条,正在向糯米淀粉多肽等终端产品延伸。目前,六大产业链占全县生产总值的比重已经达到90%,形成了产业化经营格局。四是加强品牌创建。坚持靠领先创品牌、靠标准创品牌、靠市场创品牌、靠生态创品牌,打响华英鸭、光州黄鳖、潢川金桂、黄国水磨糯米粉、忠兴饼干专用粉、光州名茶等系列名牌产品。华英集团拥有国家级鸭业工程技术研究中心和中英鸭产业研发所,开发出多项核心技术,一直在技术上保持行业领先地位。

2. 发展现代农业,夯实新型城镇化基础支撑

依托龙头企业带动和服务体系支撑,促进农业向基地化、规模化、标准化发展,形成特色农业基地。一是彰显特色。根据龙头企业发展需要,规划建设一批集中连片、布局合理、独具特色的专业乡、专业村,形成了六大特色农业板块,成为企业生产的"原料车间"。目前,潢川已经成为世界最大的樱桃谷鸭养殖基地、全国花木生产示范基地、全国闻名的生态甲鱼养殖基地、全省重要的生猪供港基地、羽毛饰品和水产品出口基地,六大特色产业对全县农民人均纯收入的贡献率达到50%以上。二是流转土地。在信阳市率先建立了"县有中心、乡有站所、村有网点"的土地流转服务网络,加快土地向特色产业、高效农业流转。三是拉长链条。以万亩花木精品园建设为核心,以100多家有资质的园林公司为支点,推动花木产业由单一种植向集展销、餐饮、生态、休闲于一体转变,拓展了农业功能,提高了农业效益。四是健全服务。全县发展各类农民专业合作社686家,在此基础上组建了茶叶、花木、甲鱼、华英鸭和农机"5类10家"联合社及总社,显著提高了农业组织化程度。完善基层农技推广服务体系,为农民提供农技推广、良种推广、病虫害防治、农业标准化生产、农村沼气、农民培训等服务,形成了较为完备的农业社会化服务体系。

3. 提升城区功能,拓展新型城镇化发展空间

围绕"城市建成区面积达5万平方米,常住人口超50万人"的"双五十"发展目标,潢川县拉大城市框架,完善城镇体系,加强基础设施建设,促进人口、产业向城镇转移集聚,全力打造区域性中心城市。一是加快"三区"对接发展。以京九大道两侧、潢河两岸为重点,规划建设城市拓展区,推进潢川、光山两县城区对接发展。以潢河治理和京九大道、工业大道为主线,加快中心城区与开发区、产业集聚区"三区"融合发展,实现产城互动,拓展城市空间,增强承载能力。二是打造"水城花乡、秀美潢川"城市名片。潢川因小潢河而得名,因花木而闻名。城区一水中流,两城对峙。

该县充分彰显这一优势,围绕"水城花乡,秀美潢川"这一定位,不断提升城市品位。近年来,以小潢河为轴线,每年都排出一批城建重点工程,以水兴城,以水丽城。特别是结合小潢河整治,组织实施了沿岸一期、二期治理工程,现正在推进三期治理工程,形成了城区中心景观带,成功创建省级园林城市。三是重点建设特色小城镇。按照"特色突出、功能协调、布局合理、因地制宜"的原则,加快建设特色城镇。建设新型农民社区,着力打造新型城镇,使之成为居住环境优美、功能完备的小城市。

4. 加快新型社区建设,破解新型城镇化瓶颈约束

借助河南省农村改革综合试验区建设的平台,潢川县针对"钱从哪来,人往哪去,地从哪出"的难题,在新型农村社区建设中大胆探索,取得了突破。一是推进"四个置换"。定城办事处桃园村,以桃园康居新区为试点,积极探索用土地换社保、换就业、换住房、换固定收益的新模式,规划建设集商业大街、大型蔬菜批发市场、农民安置小区于一体的新型社区。从实践看,"四个置换"很好地解决了农村新型社区建设中建设用地难、筹措资金难、基础设施配套难等问题,有效地改变了以往征地中出现的失地农民就业无出路、生计没着落、拆迁安置难的状况,加快了"农村变社区、农民变市民"的步伐。二是发展农村新型金融。按照"加快确权颁证、构建信用担保体系、建立新型金融组织"的思路,大胆探索、勇于突破,培育发展农村新型金融组织,先后成立了福德小额贷款公司、市商业银行潢川支行、珠江村镇银行以及24家农民资金互助合作社,初步形成多元化的农村金融市场。如爱国村率先成立全市第一家农民资金互助合作社,入股资金2 000多万元,贷出1 260万元,有效支持了新型社区建设和花卉种植等产业发展,缓解了建设资金约束。

四、粮食主产区县(市)新型城镇化推进模式

粮食生产区县(市)粮食生产在农业生产中占有较高比重,是粮食生产的重要基地,承担着国家粮食安全的重任。但这些县往往工业化和城镇化水平都比较低,既缺乏强县的产业支撑,也少有富民的项目带动,内生发展能力不足,城乡居民收入水平偏低。

该类型县(市)针对内生发展能力不足,缺乏产业支撑的实际,把借助外力与培育内生发展能力有机结合起来,充分利用外部城镇化的拉动作用,促进农村劳动力向县域外转移。加强农业和农村基础设施建设,不断提高粮食综合生产能力,调整农业产业结构,积极发展现代农业。通过强化县城和中心城镇带动作用,培育新型城镇化的空间载体,承接产业转移,吸引人口等生产要素集聚,实现保障粮食安全与区域经济发展的双赢。如淮阳县立足于产粮大县、旅游资源大县的实际,将文化旅游业作为战略性支柱产业加以培育。不断加大农业投入,完善农业基础设施,强化农业科技服务,增强农业综合生产能力。加大招商引资力度,吸引外部要素进入,发展壮大支柱产业。加快推进产业集聚区建设,促进人口、产业向集聚区集中。强化中心城区建设,加快推进"周(口)淮(阳)一体化",规划建设了行政新区、文化旅游产业集聚区,强化产业支撑,扩大城市规模,提高综合承载能力。

淮阳县坚持以新型城镇化为引领,大力发展现代农业,夯实新型城镇化的基础支撑;推进产业融合互动发展,强化新型城镇化的产业支撑;培育壮大县城和中心镇,构筑新型城镇化的空间载体;关注改善民生,共享新型城镇化的发展成果,从而促进了三化协调发展,壮大了县域经济实力,保持了社会和谐稳定。其主要成效和做法表现在以下几个方面。

1. 粮食实现七年连增,农业基础地位不断巩固

淮阳县认真落实国家各项强农惠农政策,不断加大农业投入,完善农业基础设施,强化农业科技服务,农业综合生产能力不断增强。粮食连续七年增产,夏粮单产连续四年超千斤,连续三年被评为全国粮食生产先进县。主要做法一是加强农业基础设施建设。扎实推进农业综合开发和粮食生产核心区项目建设,加强中低产田改造和高标准农田建设,实施小型农田水利工程,改善农业生产条件。二是加大农业科技投入。构建县、乡、村、户四级科技推广体系,依托国家科技富民强县专项行动计划和国家粮食丰产科技工程项目,实施科技入户工程,加快新品种、新技术引进和推广。依托曹河现代农业示范区,大力发展黄花菜特色种植、优良品种繁育、环保生态养殖等现代农业,运用先进实用技术改造传统农业。三是建设专业化生产基地。依托农业产业化龙头企业,围绕主导产业和特色农产品,通过规划引导、政策支持、示范带动等建立一批与龙头企业配套的专业化生产基地和种养殖小区。四是转变农业经营方式。依托陈州华英、宏达脱水蔬菜公司、辉华粉业、金农实业等龙头企业,推进农业产业化经营,促进农产品转化增值。大力发展农民专业合作组织,充分发挥县土地流转服务中心作用,引导农村土地合理流转。

2. 工业化进程不断加快,产业集聚程度明显提高

近年来,淮阳县立足自身优势,积极承接沿海地区产业转移,吸引外部要素进入,发展壮大支柱产业,推进产业集聚化发展,工业化水平不断提高。一是积极承接产业转移。利用朝祖会、荷花节、宗亲联谊会等活动,开展大招商活动,引进了一批投资规模大、带动能力强、竞争力突出的产业转移项目,特别是纺织服装和农产品加工等劳动力密集型产业。二是推进企业战略性重组。鼓励企业引进大企业、大集团,实行战略重组。在广东联塑成功收购河南华林的基础上,先后促成中美矿业集团与淮阳金农实业公司、江苏永泰公司与淮阳华泰卫材公司、北京博瑞莱集团与平康电气公司、江苏中通机械公司与淮阳宏源传动件公司、安徽恒安集团与县棉纺织厂等企业的联合重组,盘活了经济存量,提升了产业发展质量。三是加快推进产业集聚。按照"三集一转"的要求推进产业集聚区建设,县委、县政府出台重点企业务工人员鼓励办法;整合人事、劳动、农业、扶贫等培训资源,实施"农民工培训倍增计划";规划建设集小学、初高中教育和职业教育于一体的教育园区;加快廉租住房、经济适用房、公共租赁住房等各类保障性住房建设,促进人口向产业集聚区集中,保障产业聚集区发展需要,增强产业聚集区的吸引力和承载力。

3. 文化旅游业支撑作用不断强化,城镇化水平快速提升

淮阳县抓住建设省级文化改革试验区和全国旅游标准化示范县的难得机遇,充分挖掘利用以伏羲文化为代表的历史文化资源,彰显农业生态保护功能、观光休闲

功能和文化传承功能,实施"文化旅游带动"战略,将文化旅游业作为战略性支柱产业加以培育,使其成为县域经济发展的拉动产业、结构调整的优势产业、扩大开放的先导产业、生态文明的绿色产业和改善民生的富民产业,有力地支撑了新型城镇化发展。一是构建大旅游格局。积极发掘淮阳文化生态旅游元素,整合资源,丰富景区,打造"一陵一湖一古城"为核心的主板块,建设寻根祭祖区、休闲度假区、民俗体验区三个功能区,开辟寻根游、生态游、休闲游、体验游四大类旅游线路,形成了"一主三区四大类"的文化旅游格局,与中原旅游圈实现了有机融入和对接发展。二是延伸旅游链条。依托羲皇故都风景名胜区,建设了城关东关、白楼庞庄2个省级旅游专业村,促使文化生态旅游业向乡镇和农村拓展。大力发展旅游商品业、餐饮业、娱乐业,延长旅游产业链条,增加旅游附加值,初步形成了"以游兴城、以游助农、以游促产"的发展局面。三是建设生态宜居城市。按照特色鲜明、功能完善、生态宜居的现代化城市的目标,强化中心城区建设,加快推进"周(口)淮(阳)一体化",规划建设了行政新区、文化旅游产业集聚区,强化产业支撑,扩大城市规模,提高综合承载能力,促进人口集聚;坚持"三集中一疏散",推进行政事业单位向新区集中,工业向产业集聚区集中,文化项目向产业园区集中,疏散老城人口,改善老城居住环境和旅游环境;建设独具特色的伏羲文化景观群、龙湖生态观光园,打造环湖景观带,高标准建设龙湖国家湿地公园,完善城市功能,提升城市品位;加快城中村和旧城区改造,推进县城建成区内现有城中村转变为城市社区,促进村民转化为市民;加强城市精细化管理,巩固省级文明城、园林城、卫生城创建成果。

4. 居民收入显著增长,民生水平不断改善

坚持把改善民生作为建设新型城镇化的落脚点,以发展文化旅游产业为切入点,推进新型工业化和农业现代化进程,使全县人民分享到更多的改革发展成果。淮阳是产粮大县、国家级扶贫县,是国家支农惠农政策的主要受体。上级政府的补贴缓解了产粮大县财政紧张的状况,调动了地方重农抓粮的积极性,增加了农业基础设施投入,增强了县乡提供公共产品的能力。二是促进城乡劳动力充分就业。通过产业集聚区建设、旅游带动和促进劳动力异地转移就业,三是全面推进社会事业发展。围绕创建教育强县,加强普通教育,发展职业教育,改善办学条件,提升教育质量,适龄儿童入学率100%,高招本科上线总数、增长率、重点院校录取等多项指标均居周口市第一。加强农村文化设施建设,完成了乡镇综合文化站、农村书屋建设和信息共享工程基层点建设任务,丰富了农村文化生活。加强公共卫生和农村卫生服务体系建设,改善医疗卫生条件,人均基本公共卫生服务经费标准进一步提高,实现了基本公共卫生服务全覆盖。逐步健全社会保障体系,城乡居民养老保险全面实施,低保标准逐步提高,城镇低保覆盖率达到了100%,农村特困群众全部纳入农村低保范围。加大扶贫开发力度,32个贫困村成为社会主义新农村示范村。

第五章　河南省新型城镇化建设的思路

第一节　以人为本的城镇化

新型城镇化说到底是以人为本的城镇化。然而,"以人为本"并非一句空洞的口号,它应该作为一种指导原则,融入新型城镇化发展的方方面面。如何做到以人为本,怎样才算是真正的以人为本,笔者认为,以人为本就是要充分考虑"人"的需求,尊重"人"的情感,在城镇化建设中充分发挥人的这种"内力"驱动作用。人的需要有哪些,人的感情如何得到尊重?要回答这些问题,需要从以下几个方面来说明:人口城镇化需要实现身份平等;就业城镇化需要提供就业保障,使进入城镇的人保障生活物质来源;教育城镇化需要保证农民身份市民化的人口子女拥有平等的受教育机会,免除他们的后顾之忧;医疗城镇化需要解决人们的健康医疗问题;社会保障城镇化需要保障老人的养老问题,等等。总之,都是从人在社会上生产衍生出来的衣食住行各种需要,下面我们分别对这几部分进行详细的分析。

一、人口城镇化

(一)人口城镇化的作用

人口城镇化是新型城镇化建设的第一步,也是最根本的一步。新型城镇化的内涵,就是农业人口逐步转为城镇人口的过程。从世界以及中国文明发展的历史进程来看,城镇化与工业化可谓是相辅相成,早期城镇化快速发展的动力直接来源于工业化的快速发展,由此带动了人口身份属性的改变,城镇经济以及地域范围的扩张直接促进了对农村剩余劳动力吸纳能力的增强。过去,在工业化发展的主导下,虽然也促进了城镇化发展,但城镇化是作为工业化发展的附属,是工业化发展进程中衍生发展起来的,也就是说,它体现的是一种工业化对城镇化的拉力,是一种外力的作用。而现在,随着河南省经济社会的快速发展,城镇化理应作为一种发展的主角,要挖掘城镇化发展的内在力量,内力与外力有机结合,才能更好地促进城镇化的发展,用通俗的话来讲,即是"妥善安置已进城的,积极争取可进城的,努力拉动暂不想进城的,塑造将要进程的",从这种思路出发,我们可以有很明晰的人口城镇化发展路径。

(二)人口城镇化发展路径

首先,妥善安置已进入城市的农业转移人口。对这些人来说,有主动转移到城镇的意愿,有留在城镇的各项基本条件,住房以及就业等问题基本解决,也认同了城镇的生活方式。但是由于户籍问题,无法享受与当地居民一致的公共服务与基础设施条件。因此,完善基本的人口转移政策制度,这是人口城镇化的基础工作。为此,可从以下两方面着手。一是制定合理的落户基准条件。可以把在城镇的居住年限、就业年限、参保年限等作为参考因素确定合理的落户依据,确保在城市有稳定住所与就业且有意愿在城镇稳定生活的人口纳入到落户标准中来。二是为防止农业人口集中向经济繁华的个别城市聚集,还可以制定有差别的落户政策。大中小不同规模的城市及小城镇设立不同的落户政策。一般来讲,经济越发达的城市人口落户的压力越大,就应该制定更为严格的落户政策;而越小的、经济越不发达的城市人口落户压力较小,可承载更多的农业转移人口,就可制定较为宽松的落户政策。

其次,积极争取可以到城镇发展的那部分农村转移人口。这部分人在城市虽然没有稳定的生活条件和较好的就业机会与住所,在心理上还没有完全接受城镇的生活方式,看似各个方面的条件都不太具备,但他们有意愿到城镇生活,当有较好的机会来临的时候,他们往往会选择留在城镇。对这部分人来讲,当务之急是要给他们提供稳定的就业机会与住房条件,对他们进行一定程度的劳动技能培训,掌握工作技能,使他们有能力在城镇胜任基本的工作要求。还要制定一些鼓励引导措施,吸引他们到城镇生活,并逐步转化为城镇人口。

第三,努力创造条件拉动一部分暂不愿来城镇发展的农业人口。我国在2006年全面取消农业税,且对农业也一直有不同程度的奖励补贴政策,农民生活压力减小。在这种条件下,农民更愿意留在农村,不愿来到城镇发展,在我国的部分地区,甚至有城镇户口要求转为农业户口的情况发生。针对这样的情况,需要通过提高城镇生活水平,配套城市各项基础设施、完善城市公共服务系统、以及完善城市各项福利保障政策等增加城市生活吸引力的措施来促使他们自觉地认识到城镇生活的优势,并自动加入到城镇生活中来。

第四,通过文化塑造营造良好的城市生活氛围,吸引农村人口转移到城镇。我国特殊的社会经济发展现状,使得农村广大青少年通过读书求学到达城市,并且他们毕业后往往大多数人选择留在城市生活,但是他们的家属有很多仍然居住于农村。也有农村的青壮年男子,长期在城镇打工,而妻儿均留守农村,对这些人来说,他们有着强烈的在一起生活的渴望,但是因为各方面条件不具备而无法全部在城镇一起生活,可以从这些方面寻找突破口来实现城镇化的高质量发展。

二、就业城镇化

(一) 就业城镇化的作用

城镇化的推进要有产业支撑,没有产业发展,人口和劳动力就不能有效聚集。只依赖于行政力量的强制推动,将人口聚集在城市从而扩大城镇规模,没有充分考虑产业发展与人口的就业问题,就会留不住人,不可避免地会出现"空城""鬼城"等伪城镇化现象。我们要建设的新型城镇化,应该是高质量的城镇化,具体到一个城市,应该是该城市 GDP 达到稳健增长,产业结构合理,居民有良好的就业机会,从而有稳定收入来源。新型城镇化核心在于"人",一切从"人"的角度出发,保证城镇化人口有稳定收入来源应是新型城镇化的落脚点和归宿,即要给人创造良好而稳定的就业机会。除原有城镇人口外,还应该为农业转移人口创造就业机会,此即为就业城镇化。在这样的要求下,必须更进一步激活城镇经济,优化产业结构,创造更多的就业岗位,增强城镇吸纳人口的能力。

(二) 就业城镇化的演化历程

1952 年以来,第一产业一直以来都是河南省经济发展的基础,承载了大部分的人口,主要基于河南省人口众多的事实,从另一个角度也反映了河南省工业化程度不高,第三产业不发达。但第一产业就业人口比重呈现下降趋势,说明随着第一产业劳动生产率的提高,导致了农村剩余劳动力的增加,第一产业无须急切承载大部分的人口。另外第二产业以及第三产业就业人口比重持续攀升,同时也说明了河南省工业化程度的加快推进以及第三产业的迅速增加,二者的发展吸引了农村剩余劳动力的就业,从而导致了第一产业就业结构的下降以及第二、三产业就业人口的上升。

1978 年以后,第一产业产值所占比重持续下降,第二产业产值所占比重大致不变,第三产业产值所占比重不断增加。但从总量上看,第一产业所占比重最低,对经济的拉动作用最小;第二产业所占比重最大,对经济的拉动作用最为强大;第三产业所占比重次之,弱于第二产业,没有发挥出第三产业对经济发展新的拉动作用,促进经济发展新经济增长点等作用。但是从 2013 年以来,河南省的就业结构发生了变化:虽然经济增长率降低,但城镇新增就业不但没有减少,反而不断增加,主要是第三产业、中小微企业发挥了积极作用。

产业结构是指各产业的构成及各产业之间的联系和比例关系,即包括产业构成、各产业之间相互关系在内的结构特征。产业结构转变与升级一般遵循两个规律:一是产业结构合理化,指各产业之间相互协调、相互联系;二是产业结构高级化,即由重化工业化向高加工度化演进。传统上将产业分为第一产业、第二产业和第三产业,它们三者演化规律遵循配第一克拉克定理、库茨涅茨法则和钱纳里"标准结构",三者综合思想为在社会发展初期,三产构成比重为"一、二、三",随着工业化的进行和社会生产力发展的提高,三产构成比重为"二、三、一",在国民经济发展到较高阶段时,三产构成比重为"三、二、一"。显示了现阶段我国从过去主要依靠工业化的拉动作用向更多依靠第三产业的拉动转化。

(三)就业城镇化路径选择

从宏观经济的层面来看,要拉动一个地方的 GDP 实现稳健增长,需要从三个方面着手:投资、出口、消费。只有这"三驾马车"一起发挥作用,才能对经济增长的拉动作用发挥最大效能。而基于河南省现有的城镇发展状况,大部分没有出口的有利条件,并且整体消费水平也不高,要想实现城镇经济的快速发展,必须要充分发挥"投资"这辆"马车"的作用,具体来说,大致有以下几个步骤。

第一步:投资。通过正确的投资,进行新型城镇建设,完善城镇的基础设施条件,使城镇成为一个环境良好,宜居宜业的适宜场所。河南省有相当一部分的中小城镇,其基础设施还比较差,人口聚集功能较弱。因此应首先由政府牵头,完善其基础设施建设极为必要。同时在进行新城镇的建设,完善基础设施的过程中,还要吸引更多的社会或民间资本投入(即采用 PPP 模式),主要负责城镇的具体建设工作,促使其在建设过程中成长壮大,而这一部分社会资本或民营企业应以建筑型企业为主。城镇的基础条件越来越好,就更能发挥城镇的人口集聚功能,吸引更多的人才与企业到这些城镇落户和发展。

第二步:筑巢引凤。在新城镇建设基本完成,基础硬件设施基本完善之后,城镇经济会上一个新台阶,此时要开始着重发挥县域筑巢引凤的载体功能。一方面,要积极培育一批本地中小企业,让城镇发展环境成为它们成长的摇篮,引导它们在这里发展壮大;另一方面,要进行积极的宣传与招商,制定完善的扶持优惠政策,引入一部分更优秀的企业到这些城镇来,更进一步加强城镇的经济实力和整体水平。基础设施完善,企业的发展环境条件更加完备,特别对中小型城镇,它们具有大城市没有的成本费用优势,对其他企业的吸引力必然增强,这个时候再来宣传与招商,会起到更好的效果。培育优秀中小实体企业与吸引外来优秀企业两者路径共同推进,在城镇里渐渐会产生出更具有竞争力的明星企业,它们可以在更高的平台上与其他企业竞争,走向全省、全国,甚至走向世界。

第三步:产业转型升级与推动农业现代化。基础设施建设达到一定程度之后,城镇对建筑型企业的市场需求会减少,要实现城镇经济的进一步发展,就要积极培育一批制造型与服务型企业,引导本地更多企业向制造业、服务业等第二、三产业转型,促进城镇的产业结构升级。同时,对影响城镇经济发展的农业经济进行积极引导,充分发掘产业链条,实现农业现代化。农业现代化的发展对于促进城市经济产业的转型和升级,提高农业产业化程度,以及对于推动整个城镇经济的良性发展意义重大。

第四步:形成投资、消费、出口三辆马车齐拉动的局面。城镇有了自己的明星企业,制造业和服务业也达到一定水平,农业形成成熟的产业链条,代表县域的经济实力已经大大增强,居民的收入必然会水涨船高,与此同时,消费能力也会大为提高。

制造业的发展,提高了企业生产的产品竞争力,为走出国门、走向世界打下了基础。此时,城镇经济的拉动作用不再单靠投资拉动,消费与出口对城镇经济增长的拉力开始发挥作用,"三辆马车"一起拉动,城镇经济就有了可持续发展的动力。城镇的经济活力增强,对人口和企业的集聚作用更进一步强化,如此形成良性循环,自然实现了就业城镇化。

从以上分析可以看出,新型城镇化建设应该充分发挥政府、社会资本和外资的合力,而不能单纯依靠政府投资,应根据实际情况来建设合理的城镇规模和基础条件,同时挖掘各地不同的特色文化,因地制宜,避免千城一面。

在人口就业问题上,除了提供就业机会之外,还需要对农业转移人口进行就业培训,使他们掌握基本的工作技能,适应产业发展要求。

三、教育城镇化

(一)教育城镇化的作用

教育在推进城镇化的过程中发挥着愈益重要的作用,它是推动农业人口市民化的巨大动力。农民受教育程度的提高,促使他们的知识、技能水平提升,活动范围得到扩大,自发向城镇转移的意向就会更大。美国的经济学家米凯·吉瑟的一项研究证明,受教育水平每提高10个百分点,会使迁移到城镇的农民增加6到7个百分点,同时将工资提高5个百分点。这说明,农民的受教育程度对城镇化水平的提高具有积极的推动作用,因此,为农民子弟提供高质量、高水平的教育,是确保农业劳动力转移的一个有效措施。

首先,全面提高人的素质是推进城镇化的基础工程。城镇化是人们的生活和生产方式从原始的农村农业向现代城市文明的升级转化过程。这种转化,是时代发展的必然趋势,对河南省的综合情况来讲,又是解决河南省"三农"问题的根本出路。它是知识经济时代对人民进行知识培育的基本环节。教育的目的是为社会经济发展与建设输出人才保障,从而可以保证经济社会可持续发展。因此某种意义上而言,教育在城镇化发展过程中发挥着无可替代的作用。城镇化既是人口由农村向城镇地域范围内集聚的过程,也是生产布局更加合理、产业结构演进、资源深度开发利用、经济发展形成新的格局的过程。不论是城镇化建设的哪一个方面,都有赖于各级各类人才的支撑,需要人的素质的全面提高。如果在城镇化推进过程中,单纯注重农业人口在地域空间上向城镇集聚,那么以城带乡、增强城镇生产要素的集聚和发挥城镇的辐射作用功能就不可能实现。进一步来说,思想观念的更新、社会结构的转型、现代文明的普及更是一纸空谈。

2005年,中共中央、国务院颁发《关于深化教育改革全面推进素质教育的决定》提出,全面推进素质教育,提高国民综合素质,造就"有理想、有道德、有文化、有纪律"接班人的需求,高标准普及九年义务教育,率先普及高中段教育,大力发展高等教育,这必然会对河南省未来城镇化进程产生重要影响,对提高劳动者综合能力,推动科技进步,发挥全局性和决定性的作用。

其次,河南省经济发展要提高增长质量,必须以教育的多样化、协调化作为重要支撑。在城镇化过程中,人口由农村地区向大城市流动转移,城镇得以集聚众多资源和生产要素,并对相关区域的农村产生辐射和带动作用,本质上是经济活动的根本拉动力,这种拉动作用在过去的粗放型向现在的集约型经济发展方式转变的过程中显得尤为突出。现代人力资本理论通过大量的实证研究证明,劳动者身上所表现出来的能力、技能、知识等,是生产增长的主要因素,对生产起促进作用,是具有经济价值的一种资本。而知识的来源必然是通过教育,因此这个理论充分肯定了教育在人力资本的形成过程中发挥着不可替代的作用,对社会经济增长有巨大的促进意义。教育的最终目的是充分发挥个人经济效益和社会经济效益,提高人的生产能力,从而促进劳动生产率提高,进而促进国民经济增长。当前,知识经济已经是一个国家综合实力强弱的重要衡量标志,而知识经济的有机组成部分就是国民的素质,在此过程中,教育的作用无可替代。世界银行《1991年世界发展报告》也指出,参与社会生产的劳动力平均增加一年受教育时间会使国民生产总值增加9%。目前我国教育体系相对完备,高等教育、成人教育以及职业教育等相当普及,虽然其形式各异,受教育水平人群不同,但高等教育、成人教育和职业教育等各种方式的教育与劳动产业、用人部门是直接联系的。城市化发展的需要,集聚了大量的生产要素,劳动力是生产中最重要的部分,是最重要的因素,劳动者可以使素质较高的生产要素产生最大的经济效益。城市化的健康合理可持续发展,与产业结构的调整与优化升级以及能源节约型和环保型产业的发展密不可分的,其中提高从事非农产业工人的素质和行业内部的科技含量是城镇化健康发展的关键。目前,第三产业是一个需要大力发展的产业,需要大量高素质的专业人才为其持续快速发展提供重要支撑,特别是高素质的人才,因此,基础教育、中等教育和高等教育要注重加强人才素质的培养,不断适应社会发展需要,培育新型人才。因此,我们有理由相信,教育系统的高品质建设是经济增长的重要支撑,并且在提高城镇化的质量,加快城镇化健康发展的过程中发挥着非常重要的作用。

第三,有效的教育体系的构建是农村人口城市化的重要动力。城镇化是引导农村人口向城镇集聚的过程。它的动力主要来源于两大方面:一是城市生活对农村人口的吸引力,包括城市的生产生活方式、公共服务以及人口产业聚集带来的现代都市繁荣;二是农村落后的基础设施与生产生活方式的贫瘠对农村人口的推力。当前推进新型城镇化建设,是为了推进农业、农村现代化,把农村的剩余劳动力从农业转移到第二、三产业,自然而然就实现了城镇化过程。以往小城镇上面的一些乡镇企业虽然承担了一部分转移农村剩余劳动力的职能,促进了乡村经济发展,但是由于这些乡镇企业大部分科技含量不高,生产过程中存在的资源浪费、环境污染、集约效益差等问题也非常突出。要解决这个问题,需要提高他们的科技含量,在此过程中教育作用不可或缺。城镇化是推动我国产业转移升级,进而实现农业现代化的重大战略,而教育是实现这个战略的重要推动力。因此,提高农村地区的教育资源和水平,帮助农民子弟受到优质教育,可以有效推动农业劳动力向城镇转移。事实上,农民的子女也有非常迫切的接受高质量教育的需要,只是由于当前城乡二元结构的限制,乡村教育水平较差,而农民想要让孩子进城读书需要付出更多的代价。

(二)教育城镇化的发展历程

按照我国九年义务教育为基础教育,高中三年为初等教育,普通本专科为高等教育,则改革开放以来我国基础教育、初等教育以及高等教育的毛入学率如表 5-1 所示。

表 5-1 我国基础教育、初等教育及高等教育毛入学率

年份	基础教育		初等教育（高中）	高等教育
	小学	初中		
2006	99.68%	98.35%	55.61%	18.3%
2007	99.94%	98.79%	67.7%	19.68%
2008	99.91%	99.17%	80.3%	20.5%
2009	99.92%	99.16%	88.84%	22.02%
2010	99.94%	99.62%	89.08%	23.66%
2011	99.94%	99.60%	90.0%	24.63%
2012	99.93%	99.70%	90.0%	27.22%
2013	99.87%	110.50%	90.20%	30.10%
2014	99.97%	99.96%	90.30%	34.00%
2015	100.00%	99.95%	90.30%	36.50%

数据来源:2006～2015 年河南省教育事业发展统计公报

由表 5-1 可以看出,我国基础教育毛入学率由 2006 年的 99% 上升至 2015 年的 100%,初等教育毛入学率由 2006 年的 55.61% 上升至 2015 年的 90.30%,高等教育毛入学率由 2006 年的 18.3% 上升至 2015 年的 36.50%。在城镇化进程中,各级各类教育加快推进,实现了更好水平的普及教育,切实保证了人民群众受教育的权利,主要体现在:基础教育有效巩固,2015 年小学毛入学率 100%、初中毛入学率 99.95%;初等教育入学机会进一步扩大,2015 年高毛入学率 90.30%;高等教育大众化水平逐步提升,2015 年高等教育毛入学率 36.50%。

（三）教育城镇化的发展举措

教育城镇化的思路，应着眼于在城镇化背景下，以提高全体人民的受教育水平，提升河南省人才的竞争实力为目的。以此可见，教育城镇化发展路径可以选择两个方向：一是促进进入城镇农民享有平等受教育的权利，同时保证他们受教育的质量；二是要努力提高农村的基础教育质量。两手都要抓，都不能松懈，双管齐下，从这样的思路出发，结合河南省具体情况，对教育城镇化的发展路径可以借鉴以下几点。

一是要加快建立全省中小学生学籍信息管理系统，为农民工随迁子女的学籍转接提供便捷的服务。农民从农村流入城市，其子女的教育问题是他们所关心的，解决了这个问题，可以为农民进入城镇免除很大的后顾之忧，进而促进城镇化健康稳定发展。

二是除保证农民工随迁子女学籍转接顺畅便捷之外，还要确保他们受教育的公平性，这包括他们接受的教育福利一致和教育渠道顺畅，即保证他们接受义务教育的权利和正常参加升学考试的权利。

三是要增加投入，提高农村基础教育质量。城镇化背景下，农村义务教育面临着很多问题和挑战，农村学校数量和生源减少，导致学校布点分散，办学条件差，学生上学路程变远，安全隐患增加等问题不断涌现。同时，由于计划生育及城镇化等政策的影响，农村学龄儿童有所减少，并且在城镇化过程中进城务工人员的随迁子女也不断增多，表明农村的教育生源进一步减少。这些原因的限制，再加上城乡发展的差距，使得农村基础教育质量与城市存在明显差异。由此可见，必须不断加强对农村地区教育水平的投入力度，努力提高农村教育质量。农村基础教育的建设是城镇化推进过程中的基础性工程，由此要求我们对农村基础教育的建设要常抓不懈，作为重点工作对待。

四是统筹规划与合理布局，充分发挥教育资源聚集效益。在城市化不断推进的过程中，进行乡镇行政区域的合理调整，将规模弱小的学校进行合并，并且将区域学校与学生进行统筹布局与综合考虑，调整农村中小学布局，包括加快并购规模过小复式班小学进程，以提高办学效益为宗旨，增强城镇集聚中心的教育服务水平；每个乡镇建设一所重点初中，注重教师素质的提升，提高初中教育质量；普通高中以县城为主导，并适当在市中心均匀分布。总之，通过规划布局，打破教育的区域垄断，使得教育资源进行区域之间的共享，增强教育实力和教育水平。

四、医疗城镇化

城镇化不仅是一个城镇数量增多以及城市地域范围规模扩大的过程，而且也是一种城镇结构和功能转变的过程，同时也是城市文明、城市意识在内的城市生活方式扩散和传播的过程，更是人的城镇化的过程。人的城镇化就要求城镇化过程中不仅要注重城乡基础设施建设水平的提升，更要加强各项公共服务水平的提高。医药卫生资源的合理布局和医疗卫生能力的提升，就是城镇化推进过程中的公共服务之一。

在笔者看来,医药卫生问题的核心包括两个方面,一是医药机构部门提供医疗服务,二是医疗保障部门支付医疗费用。在城镇化的过程中,这两个核心问题如果能得到合理的解决,医疗城镇化的目的也就达到了。在解决这两个问题之前,应该先了解一下河南省目前的医疗体系框架和存在的主要问题。

(一) 河南省医疗保障体系的基本框架

基于河南省地大人多、资源环境有限的基本省情,民众的基本医疗保障在过去的几十年一直处于较紧缺的状态,这使得河南省一直积极地探索各种医疗保障体系改革的方案,以提高现有资源的使用效率。经过多年的改革与实践经验总结,在我国社会医疗保障制度逐渐完善的基础上,形成了具有河南省特色的"三纵三横"的医疗保障框架。其中"三纵"是指城镇职工医疗保险、城镇居民基本医疗保险和新型农村合作医疗,分别覆盖城镇就业人员、城镇无业居民和农村居民,"三纵"医疗保障体系是河南省基本医疗保险制度的主要组成部分。"三横"包括主体层、保证层和供应层。这三个基本医疗保险制度构成了河南省基本医疗保险制度的主体层,城市和农村医疗救助和社会慈善捐助体系帮助困难群众参保,通过补充医疗保险和商业健康保险可以满足群众更高的、多样化的医疗需求。

(二) 河南省基本医疗体系存在的主要问题

虽然河南省的基本医疗保障制度改革进行了很多探索,并根据实行情况做出了很多改进,并且在适应人群方面、保障范围方面、保障方法方面、资金来源方面等都做出了调整和改进,但是由于医疗保障制度本身带有很强的阶段性和试验性,同时保障的人群数量比较庞大,不可避免存在一些问题,主要表现在下面几个方面。

首先,总体而言,河南省医疗保障水平不高,覆盖面不够宽泛,不同人群实行差别化的待遇。一是医疗保险覆盖面不够。河南省人口众多,虽然在制度上要求实现全覆盖,但是由于现实的一些原因,还是有部分人得不到基本医疗保障。二是筹资和保障水平总体不高,部分重病患者参保后个人负担仍然较重。医疗保障范围过于狭窄,一般需要住院的重病大病才会纳入保障范围,而多发病、流行病以及常见病的门诊医疗费用统筹还在推进过程中,尚未付诸实施。三是城乡之间以及区域之间实行不同的保障水平。城镇居民医保和新农合待遇明显低于城镇职工医保,并且各地区待遇水平区域差异性显著。同时,目前的医疗统筹仍然以县级统筹为主,县级医院就医条件及医疗水平与大城市相比还是存在不小的差距,导致参保人员大多选择去大城市看病,大量异地就医的情况普遍发生并愈加显著。四是医疗保障制度不健全。河南省对医疗费用成本管控能力虽然较高,但相关其成本控制机制尚未完全建立。另外补充保险覆盖面不足,只有部分群众参与补充保险,并且商业保险与基本医疗保障尚未实现无缝对接。总体而言,就现阶段而言,河南省的医疗救助能力尚且有限,家庭因病致贫现象屡屡发生,因此,需要进一步推进医疗制度改革,进一步发挥医疗保障对于医疗服务的监督作用以及制约作用。

其次,医疗保障的区域流动性以及区域对接性等方面不足。一是医保关系的区域转移接续困难。城乡之间的基本医疗保险由不同部门管理,在有需要的时候,急需保障的人员在区域之间、城乡之间转移时,保障的对接存在困难。二是异地就医问题较为突出,特别是部分异地退休人员普遍反映异地就医报销不便,需要预先垫付医药费用,但异地就医预先垫付的医药费用在报销时总是遇到种种困难。三是医疗保险经办机构服务能力效率低下,已经普遍不适应社会快速发展的需要。各地医疗保险经办机构普遍存在人员编制过少、经费制约等多方面问题,另外尚有相当部分地区信息化水平落后,管理手段僵化滞后。

再次,医疗卫生资源布局不均衡,存在"看病难、看病贵"的现象。过去河南省的医疗资源、卫生资源的分布和发展也主要是自发分布和自我完善的,而优质的医疗资源总是稀缺的,这些问题使医疗卫生资源、医疗机构过于集中于大城市,而大城市的优质医疗资源又会过于集中在中心城区,造成小城市小城镇医疗机构无人问津,而大城市大医院人满为患,加剧了"看病难、看病贵"的现象。因此,在河南省城镇化推进快速发展的新阶段,应高度重视城镇化推进过程中医疗卫生资源的合理布局,避免重蹈历史的覆辙,造成新一轮的医疗卫生资源分配、分布的不合理,形成新的"看病难、看病贵"现象。

(三)河南省医疗城镇化的发展路径分析

通过对河南省医疗体系现状与问题的分析,基于医疗现状与问题的分析相应提出解决对策。根据发现问题、解决问题的思路分析,河南省的医疗城镇化发展路径可以从医疗制度、医疗资源、医疗服务等几个方面来展开。具体来说,主要包括以下几点。

一是完善河南省的医疗卫生制度。从市到省,逐步建立起统一的医疗信息管理系统,制定条件明确的存续流转制度,为居民的医疗流转需要提供便利的服务。

二是重视基础医疗,提高县级区域内医疗服务水平。要优先建设发展县级医院,完善以县级医院为龙头、乡镇卫生院和村卫生室为基础的农村三级医疗卫生服务网络,向农民提供安全、价廉、方便的基本医疗卫生服务。这样可以避免省级医院人员扎堆,而县市级医院对大病束手无策的现象,还可以有效减轻农民的医疗负担。努力争取达到医疗保障的全民覆盖,并将医疗保障重点将向大病转移,提高报销比例不低于90%。

三是高度重视城镇化建设和推进过程中的医疗卫生资源的合理分布问题。将医疗卫生资源等各项公共服务条件与城镇化的规划、设计、推进和建设结合起来,根据各级城镇对医疗卫生资源的合理分布进行规定,并可根据实际情况来适当调整。各级政府应将基本医疗资源作为一项刚性、法律约束性指标列入发展规划,明确医疗资源分配。

四是倡导医疗资金"开源节流"。"开源"是指要进一步加大财政投入,从政府层面落实对城镇化进程中医疗卫生机构的基本建设、设备购置等硬件投入,探索进一步提高城镇基本医疗保险的人均筹资水平方法。"节流"是指规范医院就诊流程,加强培训,提高医生医德,减少不必要的医疗开支。同时,鼓励民众自发提高保健意识,增强体质,减缓生病频率,自然起到"节流"作用。

五是要加强符合城镇化要求的合格的基层医护人员素质和能力的培养。建立和完善基层医护人员培养体系,废除"基层医生就是低级医生,在小医院工作的只能是小医生"的错误观念,重点推行符合基层医疗机构的新的"5+3"模式。城市大医院要结对帮扶基层医疗卫生机构,形成定期下基层的机制。

五、社会保障城镇化

(一) 社会保障城镇化的基本认识

城镇化主要是受经济拉动的,并和经济发展相互促进。目前城市化进程面临的难题,除了要促使农民转为城镇居民渠道顺畅外,更重要的在于将农民变成城市人口后,如何妥善解决其就业、医疗、教育、住房等各种问题,尤其在社会保障方面,更是面临较大的考验,要保障进城农民的基本生活,解决他们的基本物质需要,让他们没有后顾之忧,这是除就业、医疗、教育之外,农民人口是否能有效迁入城市较为基本的问题,对这些问题需要全盘考虑,妥善应对。

根据《2015年河南省国民经济和社会发展统计公报》,截至2015年末,全省参加城镇职工基本养老保险人数1 508.71万人,其中,参保职工1 148.95万人,参保离退休人员359.75万人。参加城乡居民基本养老保险人数4 854.43万人。参加城镇基本医疗保险人数2 344.90万人,其中,参加城镇职工基本医疗保险人数1 200.72万人,参加城镇居民基本医疗保险人数1 144.18万人。参加失业保险人数783.33万人,年末领取失业保险金人数16.24万人。参加工伤保险人数856.70万人。参加生育保险人数609.46万人。全年共发放城镇居民最低生活保障资金31.7亿元,城镇享受最低生活保障人数107.86万人。发放农村最低生活保障金55.8亿元,农村享受最低保障人数393.25万人。发放城乡医疗救助资金7.13亿元,救助69.86万人次。

总体来说,我国社会保障体系正逐步完善,保障覆盖的人数不断增多,人民的基本保障水平稳步推进。城镇化不仅是农民身份向市民身份转化的过程,也是生活水平不断提高、人居环境不断改善的过程,同时也是城镇化人口在医疗、教育、养老、失业救济等方面与城市居民不断均等化的过程。而目前,河南省社会保障还存在一些突出的问题,影响了城镇化的健康发展,因此,随着城镇化的快速推进,还应该对社会保障提出更高的要求。

(二) 社会保障城镇化的基本问题

社会保障城镇化的基本问题,一是制度割裂现象严重。虽然河南省社会保障工作近年来取得了突飞猛进的成绩,然而,城乡之间、群体之间以及地区之间的分割现象仍然是非常严重的,并且,在城市化过程中,城市和农村地区面临的社会保障制度也分别被差别化对待。众所周知,在城市建立社会保障制度的时间远早于农村地区,由于各种原因,社会保障水平普遍高于农村,这带来了农民对于农村社会保障制度不满的问题,是城镇化健康发展的一个隐患问题。由于城乡之间分割以及区域分割现象的影响,目前已进入城市的农民没有完全融入城镇社会保障体系。

二是城乡养老制度与医疗保险制度不能有效衔接。并且参保成本较高,制度安排固化,许多障碍因素尚未消除,异地医疗体系尚未建立,很多农民工及其家属很难参加当地职工养老保险以及医疗保险,另外农村社会保障体系为河南省社会保障水平最低的一环,从而导致农民工外出务工动力不足,即使外出务工,也面临着许多障碍。所以就目前情况而言,虽然许多农民已经进入城市,但社会保障还没有将其完全接纳进去,未来需要进行二者有效对接。

三是保障水平偏低。现有的社会保障投资主体是当地政府,政府财政的收支决定了社会保障的程度和水平,因此区域之间社会保障差异较大。另外农民人口市民化的成本也相对不菲,促使当地政府对这部分人群参保的积极性降低。同时现有的社会保障制度往往只保障最低生活水准,保障水平普遍偏低,势必影响城镇化的健康推进。

(三) 社会保障城镇化的路径选择

针对以上问题,结合河南省社会保障的现实情况,笔者认为,河南省在城镇化过程中要高度重视社会保障工作,因为它是社会稳定,人民安居乐业的基础。

一是大力发展社会保障制度融合发展,建立成熟完善的社会保障制度。城市化进程不断加快,使公共服务水平和公共服务质量不断提升,但城市化会导致城市和农村经济结构的深刻变化,由此急需加快统一和衔接的社会保障制度的建立,并消除制约劳动力区域之间自由流动的障碍因素。与此同时,传统的家庭养老制度、土地养老制度等将随着城市化进程的不断推进而不断弱化,从而需要不断改进人们投保、续保的积极性,并且促使享受的社会保障人群向更高水平的需求增长,从而保证在广覆盖的基础上,促进社会保障的全面发展。城乡之间和农村地区加快建立流畅的社会保障连接通道,内容应包括身份确定、缴费年限等方面,城乡之间社会保障的无缝对接对于解决区域分割和系统分割问题可以发挥重要作用。社会保障中最重要的问题,比如医疗保险、养老保险等,应尽快推进新农保参保范围与保障水平,建立城乡居民统一的保障制度。加快了一系列社会保障政策的出台,如城乡居民之间的基本养老保险的形成和转移之间的衔接,以及多年识别体系和转移年限问题,从而使两者可以在异地之间相互连接,而不是只能单向传输。与此同时,在城镇化推进到一定程度时,也可以将职工养老保险制度和居民养老保险制度逐步纳入到全国统一的养老保险制度。进一步推进养老保险制度的改革,加强信息化办公,促使政府型机构向服务型机构转变,促使办公效率提升,最终实现城乡之间和不同群体之间的养老保险制度的有机统一。

就医疗保险而言,首先要做到城镇职工医疗保险和城镇居民医疗保险以及新型农村合作医疗保险有机统一,努力做到不同人群、不同层级以及不同体系医疗保的一体化进程,确保城市居民以及农村居民共享医疗保险成果,消除城乡之间待遇的差别。同时改善医疗卫生保障制度,解决农民工及其亲属在城市之中的社会保障问题,解决医疗保险制度在不同区域以及不同地方的差别化对待问题。

二是完善社保经办工作,提高服务水平。经过多年的不懈努力,社会保障机构,无论是网络的数量还是服务的质量已经迅速改善。然而,随着城市化进程的不断加快推进,社会保障机构在服务功能、信息化建设等方面与其他方面的发展相比,还存在着一些短板。未来城市将集聚更多的人口,为此对社会保障水平以及能力提出了更高的要求。与此相反的是,农村地区人口不断减少,但农村地域宽广,为农民提供区域之间相同服务的社会保障水平的难度以及工作量都将增加。为了解决这个问题,农村基层社会保障服务平台需要适当补充工作人员,充分发挥"三支一扶"的角色,帮助在校大学生以及大学生村干部作用的充分发挥。与此同时,社保部门应加强职业培训,提高管理人员的业务水平以及服务水平。此外,中央财政和地方各级政府要加大扶持力度,加大对社会保障服务平台建设的投入力度,在提高经办点网络硬件设施的同时,也使相关人员待遇水平得到提高,从而刺激经办人员的工作积极性,并且提高队伍的稳定性。

三是加大以信息化为核心的技术支持力度。伴随着人口的大量迁移和社保关系的转移接续,对信息系统支持提出了新的要求。因此,应按照完善功能、规范流程、强化服务、高效管理的要求,统一规划、统一建设,实现信息资源共享,做到标准统一、网络互连、数据共享,使社保信息网络连接到所有街道(乡镇)、社区(村),从而提高管理的精确度和服务的便捷性。

第二节　城镇规模结构与空间结构的多元化

城市作为新型城镇化建设的重要载体,其作用如何得到充分发挥,是本章要研究的主要问题。

一、大中城市与小城镇的协调发展

(一)我国城镇化规模结构发展背景

从 20 世纪 80 年代就有相当多的学者对城镇的合理规模问题进行了多次讨论,直到现在,大家讨论的焦点仍然集中在究竟是发展小城镇还是发展大城市。综合起来主要三种观点。一是小城镇加快发展,即"小城镇化"。发展小城镇尤为必要,过去小城镇发展严重不足,现在应该大力培育发展,小城镇可以吸纳农村剩余劳动力,帮助解决一部分就业问题和预防"城市病"。二是大城市重点发展。发展大城市还是最重要的,因为城市发展有其普遍规律,其中规模经济就是一个客观规律。中国相当多数量的城市规模还不够大,发展大城市可以充分发挥规模、辐射效应,对周边起到有力的带动作用。三是中等城市重点发展。中等城市实际上处在大城市和小城镇中间一个凹陷区,很多中等城市不仅没有发展,反而衰落了,在中国主要是指那些地级市以及有些规模比较大的县级市,但其经济实力一般不强,同时也得不到政策的有力支持。持这一论点的学者认为,小城镇靠农村,有广大的腹地,另外大城市能得到政策的强有力支持,两者一般都发展得比较好,而中等城市发展明显不足,等等。这些讨论的核心实际是如何确定城镇适度规模,如何调整和优化城市人口分布,以及如何全面促进城镇协调发展,实现城镇的最佳综合效益问题。

实际上,以上三种模式各有利弊。在城镇规模这个问题上,各学派的研究成果为该问题做出了有意义的借鉴作用,同时国家层面也做出了重要指示,即走"大中小城市与小城镇协调发展之路",具体体现在十六大报告提出"坚持大中小城市和小城镇协调发展,走中国特色的城镇化道路";十七大报告提出"促进大中小城市和小城镇协调发展"的战略方针;十八届三中全会进一步强调"推进以人为核心的城镇化,推动大中小城镇协调发展、产业和城镇融合发展,促进城镇化和新农村建设协调推进",这些均为发展指明了方向。

(二)河南省城镇化规模结构存在问题

在过去的城镇化建设过程中,由于一些问题的存在,使得城镇化的发展效果作用有限,同时城镇化质量也不高,综合起来这些问题主要有以下几个方面。

第一,大中小城市之间的拉动力不强,城镇之间互动联系不足。对小城镇而言,在发达国家,小城镇起到非常重要的作用,可以联结城市带和城市群,并与它们组成一个有机整体,从中找到更多的产业合作与发展机会。而在河南省甚至我国,很多的小城镇四处分散,主要从农村内部集聚资源,产生合作。通过乡镇企业吸纳一定数量的农村人口。另外对大中型城市来说,他们的发展主要通过与其他大中型城市的交流与合作来进行的。因此,大中小型城市与小城镇发展之间的纽带渐渐被切断,或者联结作用不强,无法起到互相促进的作用。

第二,在建设思路上"重硬件、轻软件",对"社区建设"缺乏应有的重视。社区作为居民生活的基本区域,在整合新居民(农村人口)和旧居民(城镇人口)方面可以发挥重要作用。而在城镇化建设过程中,对修建大广场、大马路、大地标过度热衷,而对配套服务以及产业规划比较忽视,从而造成产业区和住宅区距离较远,使一些在城市生活的企业职工每天过着两地迁徙的"候鸟式"生活,除了浪费大量的时间与成本之外,还大大增加了城市道路的拥堵状况,使人民的生活满意度下降。还有一些小城市,基于唯 GDP 论绩效考核下,基层政府没有进行科学合理的空间布局与规划,盲目进行招商引资,工业区与住宅区混杂在一起,城市街道污水横流,城市空气重度污染,对居民生活环境产生不良影响。

第三,对小城镇发展重视不够。小城镇在协调城乡关系、促进城乡一体化发展方面有重要的作用。实际上,小城镇是"城乡互动的桥头堡",是"城市化因素散落在农村的明珠",这句话主要体现了小城镇的重要作用。第一个作用是小城镇是联结城乡,促成产业合作的枢纽。一方面,小城镇与农村地理接近,与农业生产有较深的联系,能够帮助掌握农村、发展农业产业的情况;另一方面,小城镇的工商业、服务业等产业的发展与农村的农业生产不同,小城镇具有作为沟通城乡的中心枢纽的作用。因此,小城镇在维护城乡产业合作、促进两方交流、缓解城乡矛盾等方面起了很大的作用。第二个作用是小城镇是离农村最近的,是农村剩余劳动力的第一去向,可以吸纳相当大一部分农村人口。河南省是农业大省,从事农业生产的人占了大部分。随着农业技术的更新和农业现代化的实现,出现了很多剩余的劳动力,这些剩余劳动力必然要向其他产业转移,而小城镇距离农村最近,同时非农业产业又较为集中,自然而然成为农村剩余劳动力的优先选择之地。实际上,在河南省城镇化发展的历史过程中,郑州周边地区发展较先较快,它们的镇域经济发展证实了这个小城镇作用的正确性。第三个作用是小城镇能够有效促进城乡协调发展。城乡二元结构的矛盾一直是河南省经济社会的一个很大矛盾与问题,小城镇由于位于农村周边,具有推进农村产业升级的地理优势和便利条件,方便就近吸纳农村人口变为城镇人口,是促进城乡交流的重要纽带。而且,除此以外,小城镇由于生产生活方式与农村不同,更多地接近城市生活方式,可以缩小城乡之间精神层面的差异,促使两方居民的生活方式以及价值观念升级。

但是,在实际建设过程中,由于对小城镇的建设缺乏足够的重视,使得小城镇的发展没有收到显著的效果,从而在促进城乡合作和转移劳动力等方面的作用没有得到充分的发挥。值得注意的是,小城镇并不是一个独立的区域,它的发展与农村息息相关,如果脱离了与其他广阔区域如大中城市的经济社会环境的拉动,它的优势也无法发挥出来,所以小城镇的发展,必须要有较大的空间格局和战略眼光。

大中小城市之间的联系与拉动力不足导致河南省城镇化建设困难重重,所以必须寻找和挖掘大城市对小城市的拉动力,寻求它们之间的产业合作机会,促使它们互利互惠,形成双赢甚至多赢模式。小城镇要充分利用区位优势和自身的资源,主动争取与大城市之间的产业合作,与城市中心区域保持密切联结,发挥自身实力辐射农村腹地,因地制宜寻求特色发展之路,实现协调发展。

(三)不同规模城市在城镇化中的作用

大城市聚集人才和资本的能力最强,有利于更深度专业知识的发展和思想的交流,同时大城市各类配套设施最为齐全,相对来说大城市的劳动效率是最高的,也是交通运输网络效益最好的,是创新的源地。但大城市的发展一定程度上会剥夺周边区域的发展机会,导致周围地区的"被动发展",形成经济社会发展的低谷。结合河南的实际情况,发展速度快的城市大多集中在郑州市周边,历史和现实的双重路径致使郑州成为河南省社会经济发展的引擎,带动其他地区的快速发展。然而在大城市的发展过程中,要做好城市间发展的联系,做好基础设施的支撑,完善社会保障职能,同时采取适宜的城镇化发展模式,具体讲,要走集聚集群城镇化道路,即指继续促进资金流、信息流、技术流、人流和物流向发展潜力好、发展速度快的城市和地区集聚,同时注重地域邻近城市间的整合步伐,加快地域一体化、同城化和集群化发展,扩大城市影响力和辐射功能。城市化集聚集群发展会缓解城市之间不合理分工与恶性竞争,缓解城市发展的生态环境压力。

大城市发展到一定程度之后,可能会对经济发展产生寄生作用,导致资源的低效益利用,同时也会致使社会诸多方面的不公平性。中等城市具有一种承上启下的作用,是大城市发展所经历的一种阶段,相对来说,具有较好的发展前景,同时可以克服大城市发展所难以克服的弊端。小城市具有吸收农村剩余劳动力的巨大潜力和作用,可以缓解进城农民对于城镇化发展的压力,充当农民到市民身份转变的缓冲区域,对于城镇化发展具有重要作用,尤其是以小城市为主的地区。现阶段河南省主要还是以中等城市和小城市为主的等级规模结构,要积极培育中等城市和小城市的发展,走大中城市与小城镇协调发展的城镇化发展道路。

(四)大中城市与小城镇的协调发展

大中小城市及小城镇协调发展是总的发展方向,十七大报告里明确指出:走中国特色城镇化道路,按照统筹城乡、布局合理、节约土地、功能完善、以大带小的原则,促进大中小城市和小城镇协调发展。通过特大城市为中心,充分发挥其辐射作用形成大的城市群,培育新的经济增长极。具体来说主要包括以下几个方面。

第一,重视城市群、城市圈的打造,以点带面实现均衡发展。城市群策略是各类城市协调发展的关键。通过观察其他国家的城市化发展历程可以发现,一个共同的特点是最初都从大城市出发开始扩大规模,直到发展饱和然后开始向外扩张,周边城市渐渐形成大的城市群,像伦敦、巴黎、日本东海道等都是这种方式渐渐形成的城市群落。城市群内部既有分工又有合作,还可以通过合理整合,避免城市群内部的产业同构和重复建设,使城市之间实现功能上的互相补充,提高区域整体竞争力。还可以促进各城市之间均衡发展,形成城乡一体化发展局面。同时也要认识到,虽然城市群有很多好处,但它绝不仅仅是几个城市之间的简单相加,而是各城市生产要素、劳动力发展水平、社会文化观念、产业发展状况等多个方面的融合与发展。1980年以来,我国也逐步形成一些城市群,包括京津冀、长三角、珠三角等几大重要城市群,中西部、东北地区、成渝、中原、长江中游、哈长等城市群,推动我国经济的快速发展和区域化格局的逐步形成。

发展城市群、城市圈的基础条件,是要有完善的交通运输网。交通的便捷可以将群内城市有机快速地联结起来,信息传递与物资传递更加方便快捷,各类生活生产要素的流动成本也会随着交通路网的便捷而降低,而中小城市向大城市的要素集聚也更为顺畅,是大中小城市协调发展中最为关键的基础条件。充分利用城市高速公路、铁路等各类方式,使城市群里面的各个"点"衔接紧密,运转流畅,形成均衡发展的网络状空间格局。

第二,加快区域中心城市建设,提高城镇生活质量,培育城市增长极。城镇化的目的就是让老百姓过上更舒适的生活,因此要发展好城市的各项配套建设,完善各类社会保障体系,使城镇成为人民的理想居住地。推进城市规模化发展,增强城市集聚力。完善省会城市的功能,适度扩大城市规模,强化城市辐射功能,提升城市综合竞争力。另外,不同城市选择发展模式时要充分考虑本地的特点,结合自身优势来发展。对资源处于劣势的城市,尤其要注意先培育一个经济中心,形成经济发展的增长极,然后再拉动周边地区发展。核心城市作为产业链的龙头,要积极参与更高水平的竞争,向高新技术、高产出产业迈进,让核心城市成为整个地区的经济、商贸、知识产权的中心,让传统产业更多地向周边城镇转移,为核心城市走向区域性、国际性的大都市过程腾出更多的发展空间。只有这样,核心城市才能有足够的拉力带动周边城市,将整个城市群的影响力扩展到最大,从而迎来更多的发展机会。

第三,扩大中小城市规模,大力发展小城镇。中小城市是小城镇到小城市的轨迹上发展起来的,它实质上是由中小型城镇体系联结而成的,在此过程中乡镇企业发挥了重要作用。由于中小城市行政级别较低,在资源分配和发展机遇上不具备优势,只能充分挖掘自身特色,形成自己的独有风格,同时整合区域内的小城镇,将中小城市的优势发挥壮大。对此《国家新型城镇化规划》也指出,要把有条件的县城和重点镇发展成中小城市,这个过程中,要严格审批程序,完善设市标准,这对中小城市提高起点水平,获得均衡发展极为重要。

要加强公共服务设施和市政基础设施建设。医疗、教育等方面与人民生活息息相关的公共资源要更多地向中小城市和县城倾斜,对有特别优势可以发展产业的城镇更多关注,引导其充分展现特色,发挥优势,提高特色城镇的产业集聚的能力,形成区域中心,更好带动周边城市发展。要根据经济发展水平和市场发育程度,找出中小城市和小城镇的优势地带,区别情况,寻找特色,分类发展,努力打造旅游型、交通商贸型、工矿型、城郊型以及区域中心型等各类型的城镇,只有找准优势和特色,才能更好地发挥集散功能和经济组织作用,使其尽快成为农村地区发展极核。

城市群发展模式的关键在于群内形成纵横交错的"城镇网格",将群内的各个点有机地结合在一起,每个城市之间既要互相竞争,又要互相合作。中小城市要呼应核心城市的拉动,也要对周边的小城镇形成聚集作用,整个城市群之间形成一种有机结合的整体,形成优势互补、道路互通、知识共享、风险共担的状态,使中小城市发展壮大起来,使小城镇发展好起来。

二、空间结构优化发展

优化我国城镇化发展的空间布局是推进健康城镇化、加快生态文明建设的重要举措。河南省城镇化水平截至 2015 年达到 46.85%,城镇化虽然处于我国水平较低阶段,但发展速度之快,耗时之短,规模之大,令人震惊。然而,城镇化的快速发展也产生了一系列的问题:城市的不断扩张与城市有限的承载力之间矛盾显著加剧,不同城市在培育过程中间有机联系弱化障碍难以清除。鉴于此,党的十八大会议上明确提出把推进城镇化作为发展方式转变的主攻方向之一,这也对河南省城镇化发展的转型提出了客观要求。

（一）城镇化的空间结构存在的问题

新型城镇化是一个大中小城市和城镇并存的等级建设体系。但是，各种城市规模的大小分量该如何合理制定，还是一个比较突出的问题。河南省市区人口超过100万的，也就郑州、洛阳等为数不多的几个城市。中小城市发展不够，城市效应不明显，带动辐射能力不强。另外城乡二元结构导致的城乡差别仍然很大，某些方面不但没有改善，反而出现继续扩大的现象。一方面是对城市的投入依然较大，另一方面是对农村地区的投入力度不够。过去的一段时间经济社会在发展过程中依然有很多问题，地区经济发展不平衡，城乡差距、居民收入差距较大，社会矛盾更加突出，更加尖锐。主要表现为以下几个方面。

一是城市间集合效应尚未完全形成。城市群发育不够完善，城市之间产业分工协作程度不高、互补性不强，区域内资源共享、设施共建、分工协作等方面实质性进展缓慢。省会郑州无论是人口规模还是经济总量都与周边武汉、西安等市存在较大差距，首位度明显偏低。周口、驻马店、信阳等传统农区市域人口都在万以上，中心城市却不足万人，难以有效辐射带动周边地区发展。

二是辐射带动能力弱。各中心城市仍以低层次的一般性服务功能为主，而高层次的综合服务功能则较为欠缺。2013年，郑州金融服务业从业人数占第三产业从业人员的0.08%，中心城市三大产业结构比为4:53:43，第二产业比重偏高；平顶山、鹤壁、濮阳、许昌、漯河等市的第三产业比重不足30%，使得中心城市的对外辐射带动功能难以有效发挥。

三是城市形态不够合理。河南省部分中心城市沿用圈层状"摊大饼"的形式向外蔓延，造成城市形态和结构不合理，郑州等大城市的交通拥堵等"城市病"开始显现。部分中心城市功能分区不协调，产业布局缺乏统筹规划，出现工业围城趋势。工业项目、行政办公、高等院校的外迁，在城市外围形成了规模较大、功能单一的工业区、高教园区或新的行政中心，配套的生活服务设施建设不足，造成了大量的通勤交通，增加了城市交通的压力。

四是城镇空间分布和规模结构不合理。与资源环境承载能力不匹配。河南省中部一些城镇密集地区资源环境约束趋紧，河南省西部资源环境承载能力较强地区的城镇化潜力有待挖掘；城市群布局不尽合理，城市群内部分工协作不够、集群效率不高；部分大城市（如郑州、洛阳）主城区人口压力偏大，与综合承载能力之间的矛盾加剧；中小城市集聚产业和人口不足，潜力没有得到充分发挥；小城镇数量多、规模小、服务功能弱，这些都增加了经济社会和生态环境成本。

（二）优化城镇化的空间布局

依据河南省的省情和资源优势，河南省的城镇体系布局应优化城市空间布局，调整规模结构，加快建设中原城市群的步伐，进而提高中心城市辐射带动能力，增强县级城市集聚产业和人口的能力，实施重点镇建设示范工程，促进大中小城市和小城镇协调发展。具体包括以下几个方面。

1. 优化城市形态和布局,加快发展中原城市群

中原城市群纳入《国家新型城镇化规划》,意味着中原城市群上升到国家层面。河南省紧紧抓住这一重大机遇,正积极争取国家尽快制定中原城市群发展规划。提升郑州区域中心的服务功能,全面推进郑州航空港经济综合实验区建设,深入推进郑汴一体化,促进郑州与毗邻城市融合发展,加快大郑州都市地区建设,进一步提升郑州全国区域性中心城市地位,加快中心城市组团式发展和县级城市提质扩容,实施重点镇建设示范工程,促进大中小城市和小城镇协调发展。增强在全省经济社会发展中的核心带动能力。发挥综合交通运输网络对城镇化格局的支撑和引导作用,依托陆桥通道、京广通道和东北西南向、东南西北向运输通道建设,推动城镇布局与综合交通体系有机衔接,打造米字形城镇密集带。扩大轴带节点城市规模,完善城市功能,推进错位发展,促进大中小城市和小城镇合理分工,紧密衔接,内聚外联,协调发展。加强郑欧班列等对外联系通道建设,争取把郑州建设成"丝绸之路"经济带桥头堡,加速区域内人流、物流以及要素互换,促进与毗邻地区优势互补,联动发展。

2. 提升郑州国家区域中心城市地位,增强地区性中心城市辐射带动能力

河南省要利用自己的区位、交通及物流优势,建设大枢纽、发展大物流、培育大产业、塑造大都市,提升郑州国家区域性中心城市的地位,努力发挥创新优势,促进高端要素集聚,壮大支柱产业,完善综合服务功能,增强辐射带动全省和服务中西部发展的能力。大力推进郑州航空港经济综合实验区建设,引进国内外龙头企业,创新体制机制,强化政策支持,加快构建国际航空物流中心、以航空经济为引领的现代产业基地、内陆地区对外开放门户、现代航空都市和中原经济区核心增长极。加快郑东新区发展,推进重点功能区连片开发,强化金融、科技、文化、信息、高端商务等服务功能,打造全省推进新型城镇化样板区。加快推进中心城市组团式发展,强化中心城区与城市组团间基础设施和公共服务体系对接,引导产业链接发展,形成分工合理、功能互补、联动发展的格局,加快人口和经济集聚,发挥对周边区域经济社会发展的服务和辐射作用。优化城市产业结构,推动产业高端化发展,提升现代服务功能,壮大城市规模和综合实力。推进旧城区改造,以棚户区改造为切入点,稳步有序推进城中村、连片旧住宅、废旧工业片区等综合整治,全面改善人居环境。支持基础条件好的省辖市发展成为百万以上人口城市。

3. 大力发展县级城市,有重点地发展中心镇

把发展县级城市作为推进城镇化的重要着力点,发挥其落户成本较低、人文环境相近、进城农民有较强归属感等优势,努力使县级城市成为吸纳农业人口转移的主阵地。按照关联性大、成长性好、竞争性强的原则,提升产业集聚区发展水平,培育壮大特色主导产业,完善城市功能,增强产业和人口聚集能力。基础较好的县(市)要率先发展成为人口集聚能力强、功能完善的30万以上人口规模的城市。基础较差的县要完善基础设施,扩大县城规模,提升经济实力和综合承载能力。支持省直管县(市)逐步培育成人口50万左右的地区副中心城市。选择区位条件优越、产业基础好、发展潜力大的中心镇,布局建设专业园区,增强产业支撑能力,提升发展质量,逐步发展形成一批10万人以上的小城市。对具有特色资源、区位优势的小城镇,通

过规划引导、市场运作，培育成文化旅游、商贸物流、资源加工、交通节点等专业特色镇。对远离中心城市的小城镇，完善基础设施和公共服务设施，提升服务功能，发展成为面向周边农村的生产生活服务中心。

（三）土地城镇化的特点

土地城镇化是指从非建设用地转变为建设用地的过程。土地城镇化与土地所有权国有化同时交错进行是中国土地城镇化最大的特点。土地城镇化过程中，国家或者集体是城镇化唯一的合法拥有者，通过招、挂、拍等形式，使得城镇土地使用者获得土地的使用权，但其并未取得土地所有权，并且这一过程的实质也是土地国有化的过程，即首先将土地收归国有，然后通过土地市场使非农土地使用者获得土地的使用权。河南省人多地少的基本情况决定了河南省土地城镇化显著具有以下几个特征。

一是土地城镇化主导者－地方政府。地方政府是土地的唯一拥有者，使得地方政府在土地的支配方面具有决定性的作用。另外所有的土地交易均由地方政府完成，将土地由农业用地或者非建设用地转换为城市用地或者建设用地也是由地方政府完成的，使得地方政府职能过大，超出了其应该发挥的市场监管功能、仲裁功能以及协调功能，政府调控代替了市场机制。另外在寻租作用下，地方政府处于自身利益最大化考虑出发，尽量压低征地成本，但高价出售土地，同时对征得土地的后续赔偿问题力度不足，常常爆发大规模群体上访以及暴力执法现象的发生，严重影响社会的稳定和谐。因此，未来，地方政府应该发挥自己服务型职能作用，增强市场机制在土地市场中的作用，最终使得政府调控与市场机制有机结合。

二是土地的产权矛盾突出。在市场经济体制下，私人投资成为投资主体，私人投资是经济增长最主要的基本动力。但是不管城镇国有土地，还是在农村集体土地上的私人房屋或厂房设备，由于没有土地所有权，一旦地方政府征收农村集体土地所有权或者提前收回国有土地使用权，他们有权让私有房屋所有者或私人企业主搬走。在土地城镇化中，虽然有《土地管理法》和《城市拆迁管理条例》等法律法规制度保护，但是也经常发生政府和城镇土地使用者强行征收农民、市民和企业的土地与房屋现象，而他们给出的补偿不及市价一半，自然引发强烈不满，这证明土地国有化制度体系下土地的私有产权和投资者的产权很难得到保护。即使有相关法律规定，但是面对强势政府，被征地的拆迁户即使用全家的生命也抵挡不住地方政府和房地产开发商的"合法"强制拆迁。在房地产开发建设过程中，拆迁和补偿问题经常会造成社会矛盾，引发很多暴力事件，严重影响社会和谐。在土地国有化过程中又必然涉及拆迁补偿问题，被征收的居民和企业为了保护自己的合法私有产权，必然会有越来越多的暴力阻止施工、抗拒强制拆迁、网上求援、个人或群体上访等事件和行为，引发社会不和谐以及不稳定问题。

三是土地城镇化快于人口城镇化，导致耕地减少，危及国家粮食安全。中国城镇化过程中对土地的城镇化推进，占用了过多的农业用地，同时建设用地的配置效率又十分低下。过度的土地城镇化使城镇土地的供给超出了城市建设的需求，使耕地消耗过多,并且在利益的驱使下,还出现了囤地、倒卖等投机和低效率现象。城镇化,尤其是土地城镇化过快发展严重危及耕地警戒红线和国家粮食安全战略,使中国人均粮食占有水平基本徘徊于国际公认的人均370千克粮食安全警戒线附近,严重影响我国的粮食安全。

(四)优化土地城镇化发展路径

河南省现有的土地城镇化发展方式是在计划经济体制下形成的,实践证明,在规范的法律制度保障下,将市场化发展路径与土地国有化路径进行有机结合,能更好地协调各方面的利益,促进土地城镇化的健康良好发展。具体来说,主要包括以下几点。

一是坚持以市场为主体,弱化政府行政干预。过去政府对土地市场干预太多,市场活力不足,造成了很多城市土地没有得到有效利用,在今后的建设过程中,政府要减少干预,其职能主要体现在城市规划制定、土地争议仲裁和交易使用的监管上,对土地城镇化发展尽量减少行政干预,更多地激发市场活力。用科学发展观来指导,合理控制与管理土地城镇化进度,使各方面协调发展。坚持依法和谐拆迁,在这个问题上,要转变土地征收方式,以免恶性事件和大规模群体事件的不断发生。要努力实现土地资源配置的帕累托最优,这就需要妥善处理地方政府、被征收人和新土地使用者之间的利益关系。改革政绩评价机制,规范土地征收程序,走市场、国有化的土地城镇化道路。

二是健全国有私有产权平等保护制度。尊重和保护私有产权是社会和谐与社会进步的体现。私有产权与公有产权平等交易的前提是他们的法律地位平等,这就需要制定和完善产权保护制度,特别将保护私有产权提高到重要位置上来。而私有产权是否得到保护的最简单判断标准就是他们在交易过程中是否实现了等价交换。在被保护中的私有产权,拥有拒绝交易的权利,在不违反国家法律法规的前提下,其行为均有产权主体自主决定。

社会能否和谐发展,私有产权的尊重和保护对其有很大的影响,而社会的和谐进步也是我国推行新型城镇化发展道路的目的。要实现社会和谐,首先要采取和谐的拆迁方式,在保护合法私有产权的基础上,实现私人利益与集体利益以及公共利益之间得到公平合理的分配,充分发挥市场经济的特点来解决问题,并且在市场经济体制下,采用等价交换或者按照不低于市场价格的标准补偿征收土地房屋的产权,相关征收管理部门也要根据市场发展状况,与时俱进地制定相关的偿付标准,保证被征收方的合法利益。

三是完善农村集体土地征收市场机制。过去由于特殊的国情,农民一直处于弱势地位,在农业土地和集体土地征地的过程中,农民无法享受应有的土地增值收益。在农业土地征收过程中,一直是"以征地前农业产值为基准"的原则来征收,这些标准严重不符合现实,大大忽略了农民应得到的利益,而广大农民群体多因文化水平和产权意识淡薄,无法为自己争取,于是"失地农民"成了一种特殊的群体,在农村没有了赖以生存的土地,到城市无法为自己谋得生存之地,成了两种生活方式中间的

"夹缝人"。随着农民受教育水平的提高,现在的农民对自身权利的维护程度较过去强烈,对土地争议的诉求也越来越多,如果不妥善解决这个问题,土地城镇化的发展必然无法顺利进行。因此当务之急就是对新时期市场化机制下的征收补偿制度进行完善,特别对农民拥有与使用土地的主权确立、土地证件的办理和土地价值进行有效评估等方面要有详尽的规范指导。在征收相关土地使用权时,要以市场经济为指导,按照不低于市场价格对征收土地进行补偿,实施市场化征收,如果土地征收对象性质是耕地属性的,还需要补偿农民在耕地上的农作物所做的一切投资。同时,政府要退出土地交易环节,保证土地征收和城镇土地供给的非营利性,重点在平衡发展土地和耕地保护等功能上面。

四是健全土地产权耕地自我保护的制度。目前,河南省土地违法和耕地减少趋势依然存在,虽然河南省耕地保护制度和土地督察处罚力度很大,但是却难以有效节制这种现象的发生,其最深层次原因是河南省土地产权自我保护机制和土地价格机制没有建立与完善,这与河南省农村集体土地所有者以及使用者没有完全的土地产权有关,这导致他们维护自身土地所有权利益的动力不足,因此需要对农村的集体土地进行确权,完善土地产权机制,使其市场价值得到充分体现,才能有效遏制这一现象的出现。

第三节 产城融合与一体化

一、产城融合与新型城镇化

产城融合是城镇化发展进程中的新理念以及新趋势,其空间形态显著表现为以人的需求为中心,城镇的生产功能以及生活功能彼此相互促进、和谐共生发展。其所要追求的目标可以分为两个方面:宏观尺度上,是最终实现城镇生活空间与生产空间合理布局;微观尺度上,最终追求的是实现土地混合利用,居住用地与生产用地混合协调配置,以及生产性服务用地和生活性服务用地的综合配套。

新型城镇化必须做到以人为本,产城一体化则是以人为本的城镇化须有的支撑,失去产业支撑的城镇化就是土地的城镇化,片面强调非建设用地向建设用地的转变,而没有"产"与"城"的有机融合,城镇会蜕化为"卧城""鬼城",城镇发展失去其应有的活力。由此可见,"产城融合"是带动社会经济持续发展的"发动机",是城镇建设永竭不休的"动力源"。只有实现产城融合发展,以产业为支撑,以城镇为发展载体,以人的需求为第一要务,真正实现产、城、人三者之间的有机互动,才能充分挖掘与提高土地的利用效率,打造城镇经济发展打开新篇章,真正实现新型城镇化的健康发展。

新型城镇化建设必须首要考虑优化产业发展布局,真正实现产城融合与产城一体化发展。在城镇化快速发展的进程中,产业布局不合理的问题较为普遍,诸如有的城镇根本未考虑产业的长远发展,只是盲目推进土地的城镇化,大搞房地产开发建设,缺少产业的支撑,造成主动与被动进入城镇的人口难以就业。同时有的城镇在发展过程中,缺少人口发展与产业布局的长远规划,导致人口集聚区与产业集中分布区的空间布局严重失调。城镇化的发展进程告诉我们,城镇化发展的前提和基础是产业的发展,没有产业支撑的城镇只能是"沙漠上的大厦""海市蜃楼",不可能健康可持续地发展。

天津、武汉等大城市发展的经验启示我们,产城融合是城镇化发展的基本方针,真正实现产城融合就要逐步实现"三个一体化":一是要形成产城融合共同体,即新型城镇化建设要与工业园区以及工业集中区有机融合;二是要形成产城布局一体化,即新型城镇规划的产业园区、产业集中区、中心城区产业转移以及重大项目建设要与城镇功能实现空间布局一体化;三是要实现开发利用一体化,即规划的各类新城镇要结合本区域资源,因地制宜,综合开发与利用区域资源,实现资源开发利用的一体化。

二、产城融合发展的基本要求

"产城分离"已经引起高度关注,产城融合思路由此而生,它强调产业、城市和人三者融合持续发展,人"活"、产"旺"、城"兴"。据此,产城融合发展应遵循的基本要求如下。

(一)发展是第一要义

产城融合发展的基础就是产业和城市的发展,城市在发展最初是作为"生产基地"而存在的,城市居住条件相对落后,单一的城市功能导致产城融合缺乏必要条件。当产业发展到一定程度,城市建设需求进一步加大,城市与产业协调发展的矛盾就凸显出来,融合发展就成为出路。但并非城市与产业都发展了,产城融合发展的目标就会自然实现,它还需要产业与城市功能的相互匹配,所以说,城市和产业要走上融合道路,发展是第一要义,要发展,还得贯穿人本理念,从人的需求出发。

(二)功能匹配是关键

不同产业对于城市空间的需求不同,比如,资本或资源密集型产业对空间的匹配度要求很高,而劳动或技术密集型产业对城市空间的要求则相对灵活,这就要求产业结构必须与城市空间结构相匹配。

根据配第一克拉克定理和库兹涅茨对配第一克拉克定理的发展,当工业化发展到一定阶段之后,其吸纳劳动力的能力开始下降,而第三产业对劳动力的吸纳能力较强,其比重会逐渐上升,因此产业结构发展需要与就业结构相匹配。

城市就业结构的发展涉及城市人群结构的发展,而城市人群结构又与城市社会服务发展息息相关,因此城市就业结构很大程度上依赖于社会服务。比如,城市人均收入低且远远跟不上房价增长水平,那么城市居住服务就满足不了人群需求,它将阻碍产城融合的发展。因此,城市就业结构也必须与城市社会服务相匹配。

简而言之,要推动产城融合发展,功能匹配是关键,要求城市产业结构与城市空间结构匹配、城市产业结构与城市就业结构匹配、城市就业结构与城市人群结构匹配、城市就业结构与城市社会服务匹配。

(三)坚持以人为本原则

产城融合是中国经济发展到一定阶段的必然产物,也是城市发展从功能主义向人本主义转变的标志,产城融合归根结底是要满足人的需求,即满足人对于更好品质生活、更便捷工作、更高精神享受的追求,当人的基本生活需求被满足,他们就需要得到更多的尊重、更全面的发展,因而,河南省城市发展大多经历了从"工业新城"到"工业新区"再到"综合新城"的历史蜕变。要实现产城融合,必须要坚持以人为本,关注城市功能对于人生产、生活以及精神需求的满足,关注人的创新与发展需要,不断开发人的潜能、促进人的全面发展,从而推动城市经济的发展。

三、产城割裂发展的原因剖析

(一)规划引导上缺乏衔接

城市规划具有引领与指导城市发展的作用。城市的发展是在实践过程中不断探索与提升的一个系统工程。目前产城割裂的原因,很大一部分在于城市规划引导方面,即城市总体规划、控制性详细规划与园区规划尚没有形成有机整体,而是根据不同区域的规划导向和规划要求独立编制,它们之间缺乏紧密的联系。城市总规和详规以及园区规划实际上是一个从宏观到微观的过程,这三者之间必然是可以衔接的,但就目前来看,城市规划未能很好地协调城市功能区、生活社区、产业园区规划等不同空间的相关规划的衔接,这种情况使得它们之间难以形成有机联系的整体规划体系。在某些应该衔接的地方,由于总规与详规无法对接,在具体要求中甚至还会出现矛盾和冲突。同时,城市规划对城市的产业规划没有科学的论证,因此在布局安排上往往与城市性质不符。某些城市盲目发展工业,其工业用地比例远超正常城市工业用地标准,导致城镇的其他功能发展滞缓,城市发展不均衡,生活配套设施发展不足,严重影响和制约产业的进一步发展,而产业发展的欠缺,又对人民生活所涉及的交通、环境、公共服务设施等建设发展形成制约,如此则阻滞了城市的健康发展。

(二)产业园区"唯利是图"

城市发展过程中,新区、产业园区层出不穷,成为城市经济发展的重要载体,然而,有的城市对产业园区的规划建设过度强调产业资源集聚,强调招商与税收,盲目建设产业设施,形成单一生产型经济园区,服务配套建设严重滞后,且与相邻城市居住区缺乏互动联系,城市功能远远滞后于生产功能,有的甚至出现招商项目绑架园区规划的事件,破坏了园区规划的统一性,从而使之失去可持续发展的动力。

(三)城镇化与工业化发展不协调

工业化与城镇化之间互相促进、相辅相成的关系已经得到各界人士的普遍认同。然而随着工业化和城镇化的进一步发展,两者之间相辅相成的关系部分转化成了相互制约关系。如城镇化的发展促使人们进入城镇,居民在生活成本方面的消费增高,而在工业产能方面有所下降。另外过多工业用地的需求使得城市用地紧张,提高了居住商业等地价,阻碍了城镇化进一步发展,等等。它反映出我国城市化进程中工业化与城镇化关系失调,特别是有些地方政府在城郊接合部地区城镇化建设中过度强调"土地的城镇化",追求数字上的成绩,将这些地方居民为变成城市居民,但是忽视"人的城镇化",没有妥善布置人居住所需要的各种产业与服务配套,使得城市没人居住或房屋大部分空置,导致"空城"现象的出现。同时,资源配置不合理,主城区生活居住成本高昂,造成众多主动进城的农民工与被动进城的农民只能在城郊居住,在城郊附近的园区工作,无法与城区生活和消费市场接轨,园区和城区的生产生活要素没有沟通的渠道,造成产城割裂。

四、实现产城融合的路径选择

要实现产城融合,应当把握好以下几个方面。

(一)加强城市相关规划完善和衔接

城市建设规划要以人为本、立足长远、科学论证,将产城融合的概念贯穿始终,改变招商利导的短视行为,统筹资源安排,重抓集成配套,使之既适宜生产,又适宜生活,同时适宜发展现代服务业,在合理利用空间和资源的基础上,为人的全面发展和生活休闲留下合理空间,以满足城市产业和人群结构同步可持续发展的需求。因此,城市建设规划不能是规划管理部门的闭门造车,要搞好部门联合并进行充分论证,形成高瞻远瞩的科学规划。

(二)建立有力的产业支撑体系

目前,我国大多数地区处于工业化加速进行阶段,要少走弯路,建立完善现代产业体系的同时必须与城市体系相适应,要重点发展与当地特点相适应的产业集群并延长相关产业链,形成城市特色产业,以克服产城各行其道、功能不协调的问题。因此,在推进产城融合的过程中,要抓紧时机"转方式、调结构",形成城市特色产业集群和配套功能分区。

(三)加强产业发展载体功能化建设

产业园区是城市功能的重要载体,要完善城市功能,就要重视其生产和服务功能，实现产业园区效能复合化，完善及发展其综合能力，促进产业园区由单一生产型向生产服务综合型演化。

（四）实现基础设施的完备化

产业快速发展的时候，如果基础设施发展跟不上，将制约人群的流动、影响岗位结构的跟进，甚至影响城市功能区之间的联系，最终影响到城市功能的发挥。因此，产业园区要实现生产服务综合型演化，就要健全各类公共服务设施，包括交通、居住等基础设施以及医疗、教育等服务配套，建立完善的产业和城市服务体系，方便生产与生活。

（五）注重产业优化布局

产城融合是一项系统工程，要求规划管理和建设实施人员统筹兼顾各个环节，完善政务服务、生产配套、生活服务各个方面，抓好集约用地，兼顾产、住、商用地的合理配比，实现产业发展与园区建设的良性互动，明确短、中、长期的发展目标，推动城市功能日益完善，实现城市经济健康、协调、可持续发展。

第四节 绿色低碳的生态城镇化

一、生态城镇化内涵释义

（一）生态城镇化

新型城镇化某种意义上就是绿色低碳的生态城镇化。党的十八大提出新型城镇化的发展战略，加快了城镇化进程。然而，众多经济数据显示，生态、人文等内在环境正在恶化的城镇正逐渐增加，河南省许多城镇正逐渐进入亚健康状态，城镇发展前景堪忧。自然资源的节约和生态环境的保护是新型城镇化面临的最大挑战。但从另一个方面来讲，河南省现今经济社会的高速发展依赖于资源环境的严重高消耗和高投入，二者之间的矛盾愈发凸显并不断加深，营造良好的生态环境的重责刻不容缓，传统的对资源进行掠夺式开发的发展方式和为快速发展城镇化而不惜破坏环境的恶性循环道路必须摒弃，发掘新型城镇生态化、可持续的道路迫在眉睫。

绿色低碳的生态城镇化必须将生态文明理念全面融入城市发展，构建绿色生产、生活以及消费方式。新型城镇化与传统城镇化有本质上的不同，即城镇发展与环境二者之间可以做到和谐共生、互动发展。生态城镇化致力于构建城镇化发展与环境改善二者之间关系框架，改变长期以来二者的拮抗性关系，缓和二者之间势不两立的局面。生态城镇化对于城镇化发展与环境的优化改善的关系重新予以定位，认为良好的自然环境是城镇化发展的前提,城镇化的发展可以对自然环境的改善提供更多的资金支持。

绿色低碳生态城镇化是贯彻"预防为主"的城镇化。预防性原则是生态城镇化的第一原则,即注重从补救性措施转向预防性策略,摒弃在长期经济社会发展中人们传统的不正确认识,例如盲目追求城市化速度以及城镇发展规模、单纯增加国内生产总值以及社会福利等。应该按照自然生态演替规律,要求城镇化发展必须具有生态化内涵,转变生产生活方式以及社会发展模式等,从而达到从根本上消除或者减少城镇化发展过程中对人文和生态环境造成的破坏,从而实现人文环境同经济社会的协调发展。

绿色低碳的生态城镇化是发展循环经济的城镇化。与传统城镇化相比,生态城镇化具有相对全新的内涵,即生态城镇化表现出与传统城镇化明显不同的生态文明的特点,不仅能够保证社会经济的良性发展,而且可以实现生产生活过程中的污染预防以及循环发展的目的,因此,生态城镇化模式对于城镇化发展来说,是种新的方式和思路。

表5-2 传统城镇化与生态城镇化的对比

类型	生态城镇化	传统城镇化
价值取向	生态文明价值观:以生态为主	工业文明价值观:以人类为主
发展阶段	工业社会向生态社会过渡阶段,最终实现现代工业社会生态转型	农业社会向工业社会过渡阶段,追求人类物质财富的增加
策略选择	采取预防性策略,按照生态规律构建生产系统,从源头上减少以及杜绝污染产生,提高生态效率	采取补救性策略,发展优先,采取先经济发展、后污染治理的模式,忽视生态环境保护
发展目标	关注生态和经济效益,追求生态效益和经济效益的"双赢"	以人类需求为中心,过度追求经济物质利益
环境关系	尊重环境,实现与自然环境的良性协调、和谐共生	忽视环境,片面强调征服自然、改造自然,与其矛盾对立
动力机制	生态化与城镇化结合,技术革新,政府调控作用以及市场配置资源基础性作用,社会资源整合以及公众参与决策	工业化以及工业社会技术;政府单方面作用,忽视市场的作用;"精英"决策典型特征
影响结果	低污染或无污染,人类社会与自然和谐、共生可持续发展,实现资源永续利用,经济发展与生态保护目标双赢	污染严重、资源衰竭,生态环境出现危机,人类经济发展缺乏后劲,发展陷入瓶颈,人类社会发展面临崩溃的可能
视野境界	以共生为主,关注生态区域或全球公平的发展,追求的是区域或全球的整体利益	崇尚竞争,追逐个体利益,忽略生态公平,最终可能导致恶性竞争进而损害整体利益

资料来源:根据崔照忠2014年整理提炼

绿色低碳的生态城镇化是可持续发展的城镇化。具体来说,即使城镇化建立在生态学原理基础之上,追求人地关系之间的和谐共进,注重人类经济社会活动与生态环境协调发展的过程,在自然基础上的人类自选择活动,落实在地表形态上最终形成了人与自然互惠互促的人居环境形态。同时,更加重视发展城镇化同消费环境资源之间的协调性,其终极目标是形成人与自然和谐共生。

综上所述,本研究认为,城镇的生态化发展是指在城镇化进程中,从城镇化建设与人口、资源、环境、文化、产业、社会和谐的统筹兼顾为立足点,一切从实际出发,为建设文明生态,以城镇人文生态环境优化、产业结构转型为目标,以循环、和谐、绿色、宜居为目标,全面建设绿色环境、健康经济、和谐社会、特色人文、低碳消费的生态化城镇,谋求新型城镇人文环境、经济社会的健康、和谐、可持续发展道路。

为实现生态系统的良性发展,以绿色经济体系为中心,以社会健康和谐可持续发展为目标,城镇化的生态发展是谋求城镇经济、社会、生态效益的最佳搭配。表现为以生态产业化为动力,因地制宜,统筹兼顾,以生态化、集约化、可持续化的发展方式促进城镇发展,全面提升我国城镇化的质量,走协调高效、环境友好、功能完善、城乡一体的全面和谐可持续的生态化发展之路。

所谓"生态",就是将社会的生态文明融入城镇化的发展中,转变传统的片面追求城市规模和发展速度的发展方式,全面提升城镇的生态文明、人文环境等内涵,使我国的城镇成为社会居民的宜居之所。现阶段,"生态城镇"已不是传统的城镇,而是一个有机的社会生态系统,是人与自然、社会与环境协调发展的生态型城镇,生态城镇化是未来城镇化的发展导向,亦是实现城镇全面协调可持续发展的必然选择。

(二)生态城镇化与城镇化的"新"

新型城镇化与生态环境具有非线性耦合关系特征。生态环境是城镇化的承载载体以及生态本底,在生态环境允许的阈值之内,可以促进城镇化的发展;城镇化是生态环境的承载对象,如果其发展对资源的消耗超过了生态环境的阈值,则生态环境的负反馈机制将会制约城镇化的健康发展。由此可见,生态城镇化概念的提出是人们不断总结我国城镇化发展过程的必然结果,并且生态城镇化最终所要追求的是人与自然、社会相互协调、和谐发展。

新型城镇化的"新"是观念革新、体制创新和文化更新,"型"指全面转型,包括产业结构、经济发展方式等方面的转型。新型城镇化的出现是对传统城镇化在发展过程中所出现的一系列严重问题的反思,是对传统城镇化在发展观念、发展路径以及发展模式上的全面修正,其所要追求的也是社会经济以及生态文明的全面协调发展。可见,生态城镇化作为对新型城镇化建设内涵的关键补充,是新型城镇化建设的生态面,二者具有相互联系、相互制约以及相互增益的作用。

新型城镇化强调河南省要走"河南特色"的生态城镇化道路。统筹考虑城镇化建设与人口、资源、环境之间的关系,从实际出发,实事求是,将城镇生态环境的优化作为根本立足点,以循环、便捷、和谐、宜居、高效、低碳为目标,以生态文明、资源循环为主题,追求可持续发展,最终走一条适合省情、区情的生态城镇化之路。

二、生态城镇化基本特征

(一)适度集聚性

与一般城镇化一样,生态城镇化同样具备集聚性特征,不同的是,生态城镇化具备的集聚性是一种适度规模集聚,而非盲目集聚,这种集聚未超出自然环境承载阈值,按照经济学观点,这种集聚性就是指环境承载力处于"帕累托最优"状态,即生态、经济、社会三者之间达到和谐有序、良性共生的发展状态。

(二)系统性

生态城镇化系统性特征主要表现为整体本身组成了一个有机统一体,其中每一个城镇都是这个生态城镇体系大系统内的一个子系统。从全球视角而言,每一个国家的城镇体系不尽相同,作为全球生态城镇体系之中的重要子系统,并各具特色,扮演着不同的分工角色;从国家视角而言,每一个国家的内部又可具体细分出不同的城镇子系统,各个子系统之间的互动合作共同促进了整体系统的高级演化。尤为注意的是,构成子系统之内重要组成成分的单一城镇必须融入更大、更成熟的生态城镇体系中,最终促进各子系统的相互配合优势互补,实现自然资源高效的高效配置。

(三)独特性

独特性集中表现为组成生态城镇体系的各子城镇间存在错位发展。伴随着生态城镇化的不断推进,必然要求各个城镇即要具有立足于当地具体情况的发展目标,又要求其在更大的生态城镇体系之中履行不同的职责,也就是说,在生态城镇化发展进程中要注重发展各个地区的特色,因地制宜推行城镇化,避免"城市克隆"情况的发生。另外,生态城镇化要求城镇在风格上具备区域特色,发展个性化产业,实现产业发展和个性化魅力的同意,并使之转化为促进城镇化发展的动力。

(四)动态性

唯物辩证法认为万事万物都是处于不断运动变化之中,要求用发展的眼光看待问题。生态城镇化的发展亦是如此。构成生态城镇体系大系统的各个子要素是相互关联和不断发展的。生态城镇化本身也是一个不断运动发展的过程,由此动态性也是生态城镇化的主要特征。随着社会经济和生态环境的不断变化,生态城镇化建设要妥善依据其本身所处阶段、经济发展条件、产业结构状况、资源禀赋情况以及环境承载能力的变化而采用不同的发展模式,因此,生态城镇化的建设绝对不可能是一个一劳永逸的过程,而是不断调整发展策略的"结果"。同时动态相关性原则要求生态城镇化在建设过程中要妥善处理好生态城镇化与其他城镇化之间的关系,如人口城镇化、就业城镇化、教育城镇化、医疗城镇化、社会保障城镇化以及空间城镇化等。

(五)生态性

顾名思义,生态城镇化的提出是将生态理念作为主旨,将生态文明建设与城镇化发展的全过程相融合,这是生态城镇化的基本特征。生态性这一基本特征表明生态城镇化更加关注环境保护,注重社会、经济与生态三者之间的良性可持续发展。另外生态性往往直接表现出生态环境对于城镇化发展的有力支撑。生态城镇化的生态性打破了传统观念的束缚,认为环境不再是社会经济发展的限制性因素,而是可以促进城镇化和社会经济的健康良好发展的有力因素。如果城镇生态环境破坏严重,将会直接导致人口的大量迁移,最终可能会导致城镇的没落以致成为废墟。另外生态城镇化要求依据循环经济理念、清洁生产的要求而形成的生态型生产消费模式。通过建设生态产业园区,以物质传递的方式将各类企业连接起来,实现资源共享促进共同生存,发展循环经济模式,是建设资源节约型、环境友好型生态城镇的有效途径。

(六)人本性

人本性是生态城镇化的核心特性,以人为本,进行人本性的城镇化建设是在生态城镇化过程中必须处理好的关键问题。人本性特征的缺失将导致城镇化变得一文不值。城镇化建设,核心在人。城镇化建设的目的,归根到底是造福百姓。生态城镇化的人本性,集中表现在城镇居民"内在"和"外在"福利两方面,其中"内在"福利主要表现在生态城镇化的推进可以改善城镇建设之中的生态环境,优美的生态环境势必可以吸引高素质人口以及高科技产业的进驻,提高就业岗位和人居幸福指数;其中"外在"福利主要表现在与居民生产生活息息相关的方方面面。充足的人气是城镇化发展的有力保证,在未来五到十年间,河南省的城镇化将更注重其以人为本的民生属性。

三、生态城镇化实施路径

生态城镇化是城镇化在发展过程中的必经阶段,作为新时代下新型城镇化的重要补充,生态城镇化实施路径主要包括以下几个方面。

(一)依托区域发展重点城镇

河南省的集镇数量众多星罗棋布,难以获得产业发展所需的人口支持,从长远发展来看,集镇的发展必须向大型中心镇集中。根据自身区位优势,以大型中心镇建设为中心点,促进小城镇的合理布局和功能完善,推进农村农业、农村非农产业以及乡镇企业的协调发展,形成丰富的产业结构、创新的产业技术结构、城乡交融一体化型的城镇文化和小有规模的基础设施集群,促进农村、小城镇共同繁荣。

因此,重点中心镇的选择显得尤为重要,结合城镇未来发展需求,必须有科学的选择标准。一是人口基数标准。重点中心镇必须具备强有力的人口吸引力,包括常住人口、户籍人口和流动人口。二是区域均衡标准。中心镇是为了选建和培育一个地区经济增长中心,促进多区域的合理布局、平衡发展。三是经济实力标准。中心镇需要建立在具备一定经济基础的地区,要科学核定中心镇各项经济指标的最低标准。四是生活状况标准。区域内居民的人均收入水平、人均消费水平、人均居住面积、人均自来水供应量、人均供电量等都应达到相应指标要求,对教学条件、基础设施、文化设施等也应具备核定的量化标准。五是发展潜力标准。包括自然资源、区域面积、交通运输、区位优势等发展储备条件。

(二)依托生态产业发展生态城镇

目前,河南省许多城镇正逐步进入城镇化的加速发展时期。许多城镇正承受着由过去粗放型发展带来的高污染、高能耗的生态破坏之痛,必须毫不动摇地实现产业生态化发展。产业生态化,是在生态经济学原理的基础之上,结合生态理念、经济学规律和系统工程的方法来管理传统产业,发展新型生态产业,实现经济效益和社会效益最大化,为此,生产、分配、流通、消费、再生产等各个经济环节进行合理优化耦合势在必行,将自然资源的充分利用与自然环境保护相结合,走两高一低产业发展道路,实现社会经济全面协调可持续发展。

产业生态化具有强大的促进作用,会推动城镇的快速健康发展。优良的生态环境,会对产业发展共同产生强大的正面效应,结合生态学原理和生态经济的理念,合理规划、科学建设生态化小城镇,有效地解决城镇化建设过程中的资源浪费、生态破坏、环境污染等一系列问题,实现产业生态化的健康利用。

(三)因地制宜选择差异化的生态城镇发展模式

生态城镇也被称为生态城市。由于各学科的研究方法以及侧重点不同,对生态城镇的理解与诠释也不尽相同:

表 5-3 生态城镇概念的比较与演化

代表人物	内涵释义	理论来源
O. Yanitsky	物质、能量、信息三者可以被高效利用并可实现良性循环	生态系统理论
Richard Register	生态健康城市,紧凑、充满活力、节能以及与自然和谐共处的聚居地	田园都市理论
王如松	社会、经济以及自然三者复合的生态系统,相互协调发展,天城合一	复合生态系统理论
王铎	"山水城市""生态城市""园林城市",具有开放体系以及多元化模式等特点	生态系统理论

续 表

代表人物	内涵释义	理论来源
钱学森	将现代化城市建成一座大园林,"山水城市"	田园都市理论
黄光宇	应用生态工程、社会工程、系统工程托现代科学技术建设,社会、经济、自然和谐发展	工程学理论
宋永昌	生态城市可以度量,由城市生态系统结构、功能和协调度等三方面构成	生态系统理论

资料来源:根据丁元2013年论文整理

总体来说,生态城镇是在生态环境承载力阈值之内,在合理利用生态经济学原理和系统工程理论的基础上,改变生产方式和消费模式,并且利用科学技术开发一切可以利用的资源,最终建立起经济高效、生态文明的低碳产业,形成宜居宜业的环境友好型的城镇。

具体而言,生态城镇的发展模式主要有以下几种。

一是生态工业模式。这类模式要求工业向园区集聚,建立循环产业园。采用此类模式的城镇往往要求其经济条件有一定的发展基础,工业企业相对较多,与此相配套的基础设施相对完善。

二是生态农业模式。要求土地经济的规模化,建立生态城郊观光型和林粮牧业型生态农业。采用此类模式发展的城镇往往位于城市远郊区,是城乡居民瓜果蔬菜和肉禽蛋类的重要生产供应基地。围绕发展空间领域,进一步提升农业科技水平,推进生态农业发展,提高农产品商品率,达到人与自然的和谐共生。

三是生态服务业模式。具体可细分为生态旅游以及生态物流模式。采用生态旅游模式的城镇往往分布在自然生态功能区内,生态本底条件优越,这类城镇往往主要依赖于本地旅游资源,生态旅游业的迅速发展,促进了住宿、餐饮等多方位需求。采用生态物流模式的城镇往往地处铁路或者公路等交通枢纽地带,承担一定区域范围的物流中转功能,该类城镇在产业发展上有便捷的交通条件,由此发展以物流业为主导产业的生态服务业可以促进当地经济的腾飞。

四是生态居住模式。要求人口集中居住以及集中建设生态居住区。生态城镇化发展要注重完善基础设施建设,改善村镇的人居环境。生态城镇化建设中,政府要从农村居民亟待解决难题入手,坚持村镇基础设施建设,改善农民群众居住水平和卫生状况、改善农民群众进入城镇的总体生活质量。构建完善的生态城镇体系建立健全城镇综合功能,营造生态居住社区,建设有地方特色的生态宜居宜业环境。

五是生态消费模式。其要求是实施"低碳消费"的方式。生态消费是生态城镇化发展的一项重要任务,要改变浪费资源、破坏环境的旧的消费方式,创新生态型消费模式,形成政府主导、居民参与、企业互动三方联动机制。首先,居民需要在意识形态领域树立生态循环消费观念,摒弃"面子消费""过度消费""炫耀性消费""一次性消费"和"便捷消费"的不良消费观念和陋习。其次,政府要加大宣传教育,制定相应的政策法规。与此同时,根据生态城镇消费形势的实际情况,制定切实可行的生态消费制度,最后,企业要加强产品和服务创新,提供更多可供选择的生态环保型产品与服务。

(四)重点推进低碳绿色生态城市建设

根据《国家新型城镇化规划》(2014~2020年),加快建设低碳生态城市,必须从以下几个方面着手推进。

一是绿色生态能源。以新能源示范城市为依托,建设太阳能、风能、水能、核能、地热能源等新能源示范区;有选择性地开展可再生能源利用示范工程;立足地方优势,加强绿色能源县建设。

二是绿色生态建筑。对既有建筑,完善供热设施更新和改造,提高资源利用率;对新建建筑和施工建筑,完善能源供应设计,提倡新型设施采用,逐步提高能源能效使用水平。执行严格的能源标准;积极推进住宅工业化;大型住宅小区、商业办公大楼和公共建筑严格执行绿色建筑生态标准和认证。

三是绿色生态交通。推动交通方式和交通工业的创新。鼓励新能源、小排量等环保型汽车的广泛使用;提倡公共交通在出行中的示范作用;加快步行和自行车、电动交通等慢行、清洁交通系统建设。

四是绿色生态新生活。提倡生活方式向简约、高效、绿色、低碳方向转变;积极引导绿色消费、健康消费、循环消费;建立健全城市废品回收制度;提倡可回收物品使用,抑制一次性产品的生产和使用。

此外,在产业园区循环改造和城市环境综合整治方面切实争取有效措施。与此同时,在加强绿色城市建设的同时,积极推进智慧城市和人文城市建设,全面提升城市智能化水平,增强人文魅力,统筹兼顾,全面提升新型城镇化的内涵与质量。

第六章 主要国家城镇化发展路径比较研究

第一节 发达国家城镇化发展道路

发达国家城镇化的快速发展开始于18世纪中期。由产业革命引起,蒸汽机的发明带动了现代工业文明,大大加快了发达国家的城市化进程,与发展中国家相比早了近200年。经过300多年的发展历程,发达国家的城镇化水平基本都高度发达,城市发展井然有序,城市群、带、网交错联动,均衡发展,形成了一座座繁荣的现代城市,是河南省发展城镇化的有力借鉴。发达国家的经济发展水平远超发展中国家,在城镇化建设的问题上,也基本走在发展中国家的前列,经过多年的发展,虽也走过一些弯路,但也形成了很多有价值的可以借鉴的经验。另外他们的城镇化质量相对较高,发达国家的成功做法对我们具有很强的启示意义。下面笔者选取几个典型的发达国家城镇化过程做简要的介绍。

一、美国城镇化发展道路及特点

美国是市场经济的典型代表,是当今世界最发达的资本主义国家。现阶段城镇化率超过了82%,是全球城镇化水平最高的国家之一,也是发达国家城镇化的一个典型代表。它的城镇化建设的一个重要特点是政府发挥的调控作用较小,主要通过加大基础设施建设投入来推动城镇化发展,突出城市特色和功能,充分发挥市场作用,实现城市低密度蔓延式扩展,这种城镇化发展模式被专家和学者称之为"自由放任式的城镇化"。从18世纪60年代开始,美国就先后建成了纵横交错的铁路网,联结各个区域,促进了城市之间均衡发展。他们对农村的建设非常重视,采取措施推动了农村的城镇化发展,再通过产业鼓励政策帮助了工业化和城镇化的协调发展。早在19世纪初美国就开始了从农村社会向城市社会的转变,到1920年时其城镇化水平已达到51.2%。工业化的发展使人口向城市聚集,城市数量和规模迅速扩大,城市空间结构由紧凑和密集结构向多中心分散结构发展。同时,美国非常注重道路交通建设,在19世纪40年代形成了世界最发达的运河网,在进入20世纪之前,铁路网已经连接了美国数以万计的大小城镇。

总体来看,其城市发展具有三个显著特点。一是十分注重生活、工作环境的创造与维护。通过对优美舒适的生活居住环境,方便快捷的投资环境的打造,同时对交通、通讯、医疗、教育、公共服务等能提高小城镇生活满意度的方面的发展维护,增加小城镇的吸引力。二是小城镇发展有科学规划。注重城镇建设长远性和综合性功能,其总体规划一般是结合该区位特点及产业特色进行,同时结合了联邦和州的有关法律规定制定的。三是建设初期十分注重城镇功能完善。由于有完备的规划严格指导小城镇的修建过程,排污、通讯、交通等公共基础设施建设的预见性很强,先修的与后修的设施可以完美匹配,避免了各种改造损失。

虽然如此,美国的城镇化进程中也出现过各种问题。20世纪40年代以后,由于美国城市化的快速发展,使得城市的环境污染、交通拥挤、住房紧缺、犯罪率居高不下等问题非常严重。面对中心城市区日益出现的问题,城市扩散化发展逐渐盛行,城市的空间结构因此发生显著变化。到70年代美国的郊区人口已经超过了中心城市的人口,出现了过度郊区化的问题。突出表现在资源能源消耗量大、城镇建设无序、环境污染严重、空间和社会结构性问题日益突出等方面。到20世纪90年代以后,针对过度郊区化问题,美国提出"精明增长"的理念。它的内容主要是对土地和空间的使用有了明确的规定,提高了土地利用效率,创造了更加舒适的公共环境。这个理念一经提出,便对过度郊区化带来的负面影响有所遏制。

综上所述,美国的城镇化道路可资借鉴之处在于以下几个方面。

首先,重视城乡之间的均衡发展。由于之前出现过城市人口过度聚集和过度郊区化等问题,在小城镇的建设过程中,美国政府非常注重区域和城乡之间的和谐发展发展,均等分布公共服务和基础设施,力求缩小城乡差距。尤其是在农村地区进行电力设施的改建和修建,完善农村的各项基础设施,增加了农村投资的吸引力。农村地区也因此得到了长足的发展。此外,供水系统、排水系统、网络工程以及远程教育等,也作为美国农业部门重点建设的领域,这些举措的实行积极促进了美国城市化进程。

其次,培养经济发展增长极,培育龙头城镇,提升聚集吸引力。美国注重整合各类要素,利用增长极的拉力,实现城市化均衡发展。20世纪20年代至今,美国城镇化以惊人的速度发展,以五大湖区、东部地区和西海岸为主的三个大都市集中带范围内的大城市规模和数量都迅速增加,随之而来的,在这些地区很快出现了人口分布过度密集的问题。为了引导城市发展,规避上述问题,20世纪60年代,政府推出"示范城市"计划,逐步将人口分流到小城镇。不到10年,"示范城市"计划就取得了显著效果。

第三,注重社会保障体系的建立健全。20世纪三四十年代,在美国城镇化发展的前期,大量人口涌入城市,造成城市住房严重短缺。针对这个问题,美国政府通过向联邦政府以贷款等形式在三年间快速修建2 200万套经济住房以缓解住房紧张。除此之外,还为购房者提供政府抵押担保和税收方面补助。在此基础之上,美国政府大幅提高了对城市不动产征收的税金,并颁布《城市租金控制法》,用来指导房租价格。同时,为残障人、低收入家庭等弱势群体放宽政策,帮助他们解决住房难题。政府也相当重视就业问题,采取各种措施为城镇居民提供工作岗位,保持了社会的稳定。除此之外,每年投入大量资金帮助民众进行各种职业教育和培训,通过提高城镇居民的素质和工作技能,帮助他们更好地就业。

第四,鼓励民间办学,扶持城镇社区教育。20世纪60年代中期,美国政府针对教育问题出台很多法律,公立学校、社区学校进行出资扶持,并用给予税收优惠及政策支持的方式对民间办学进行鼓励。美国同时通过提供大量政府援助的方式确保农村及城镇所有学龄儿童的教育资源。这一系列的激励措施,社会的各项资本盈余投向教育领域,这个时期兴起了很多的私立大学,包括一些世界知名的大学,著名的硅谷诞生了,知识经济显露锋芒。

第五,政府进行适度干预,重视规划。美国在城镇化过程中,经历了奉行自由经济理论,忽视政府的调控,以市场机制起主导的时期,而出现过度郊区化问题,之后政府改变观念,适度干预和规划,有效遏制了过度郊区化的无序发展状态,之后坚持根据以人为本、节约集约、可持续发展的原则对城镇化发展进行适度干预,取得较好的效果。同时,美国政府十分很重视规划的作用。美国对于规划的制定有四条基本原则:一是以人为本,注重功能,以满足人的需要为前提;二是注重发扬当地的生活传统;三是注重打造美好环境;四是保留特点,塑造个性。在美国,政府规划城镇时重视其自身特色,每个小镇都有不同风貌。

二、英国城镇化发展道路及特点

英国作为老牌的资本主义国家,它在全球最早实现城镇化。其城镇化的特点是城市与农村变革同步推进。英国是世界上第一个高度城市化国家,从1760年产业革命开始,到19世纪中叶,英国用了约一百年的时间,将城镇化率从20%提高到51%。1760年的英国工业革命,以蒸汽机为动力的机械化设备的发明大大促进了英国工业化发展,也加快了农业现代化的步伐,解放了大批农村劳动力,这些人开始向城市转移,进入工业化生产,英国的城市化进程由此加快。另外圈地运动也加快了农业生产组织方式的变革,规模化的农业生产、大农场的建立提高了农业产业的生产效率,同时又产生了大量的农村剩余劳动力,恰好满足了毛纺织工业对于原料和劳动力的双重需求,城市不断振兴的工业企业吸收了这批劳动力,也进一步加快了城市化进程。

通过对英国城镇化进程的梳理,发现英国的城镇化建设显著具有以下特点。

一是十分注重立法。在城镇化过程中,英国注重用法律法规来引导城镇化的进程。为政府治理城市中的环境和卫生问题,政府在1866年就出台了《环境卫生法》以及其他与城市公共卫生、社会治安管理、和贫民救济相关方面的法规制度,使政府的城市管理工作有章可循,有法可依。在二次世界大战之后,伦敦周围很多耕地被占用,影响了农业生产。针对这个问题,英国政府又出台了《绿带开发限制法案》,该法案规定城市建设开发由政府引导,保护了乡村环境。

二是政府干预相对较少。英国政府在工业布局上基本不强加行政干预,主要发挥引导的作用,同时对城镇化的不同阶段采取了相应的适量公共干预政策。在英国工业化过程中,采矿业的发达使得英国的城市发展更多地围绕工矿区展开。英国政府十分注重修建便捷的交通设施,新兴工业城市一般均有比较便捷的运河、港口、铁路等交通优势。通过这些优势,自然地吸引人口定居,很好地实现人口的集聚功能。而在城镇化发展的过程中,英国也曾出现过较为严重的问题,但政府通过及时的公共干预政策,有效地避免了失控局面的发生。二战后,大城市人口急剧聚集等现象造成英国出现大规模郊区化的趋势,政府通过分析论证,采取了一系列政策如建设新城和设置环城绿化带等方式,成功地阻住了大城市的无序蔓延趋势。

三是重视城市规划。英国政府十分重视城市规划的作用,是最早将城市规划列入政府职能管理层面的国家。通过有效的规划引导,使城市规划在城镇化建设过程中发挥了显著效果,获得了世界各国的广泛关注与借鉴。它很早就建立了相对完善规划体系,其中有很多已经成为法律历史上的经典和先行者,对后来的城市规划制度起到深远的影响,其中包括世界上第一部城市规划法律《住宅与规划法》,1909年出台,奠定了英国现代规划体系的基础的《城乡规划法》,1947年出台。后来,英国政府专门成立城乡规划部门,在城市建设中发挥了主导作用,最终推动城市规划成为地方政府的法定义务。

三、德国城镇化发展道路及特点

德国的城镇化和工业化是在德意志帝国崛起后完成的。在国家权威的推动下,从19世纪70年代开始,德国用40年左右的时间就实现了城镇化。德国城市化发展的重点是小城镇,在城市化建设中崇尚"小的即是美的"理念。它们虽然规模都不大,但是由于德国的产业政策是以中小城市和小城镇为重点进行布局的,故其公共基础设施都比较健全,而且功能很完善。城镇的市政管理与其他国家不同,是一种市政经理负责制,由市政经理统管城市中的各种事务,而市政经理则是由市民围绕服务和开发的需求来聘任。这种管理体制可以提高城市管理的效率和满意度,真正把"该管的事管好"。同时,由于这种管理城镇的方式把城镇资源的经营和开发结合在一起,大大提高了德国的城镇化的质量和水平。到21世纪初,德国的城市化水平达到95%,非农业就业人口超过96%,达到欧洲的先进水平。

每个国家的城镇化过程都必然伴随着一系列问题的产生,从问题中找出解决办法才能实现更好的发展,德国也不例外。在德国城镇化早期,住房短缺问题非常严重。针对这个问题,德国政府建立了住宅建设制度,通过发动市民广泛参与并制定了一系列的城市规划和建筑方案。但在方案确定之前由全体市民进行讨论修改,然后在相关部门备案,所有新的房地产开发商的建设方案必须与此方案相符才能开工建设。

同时,德国的城镇化建设与其政治环境紧密相连。德国开始是由38个独立自治的小邦国组成的,后来才逐步建立了德意志帝国。但德国在建成开始,这些邦国就有各自的经济、政治中心城市,到后来德国的城镇化真正开始推进的时候,各个中心城市已经布局较为合理,可以比较均匀地在全国铺开。

德国的城镇化建设的经验有四点。一是政府非常重视对小城镇的建设。通过完善法律法规来规范小城镇土地使用规范、市场价格稳定,并重视管理机构队伍建设,制定良好的建设投资机制,促成相对完善均衡的小镇空间分布和规模结构体系。二是十分注重公共基础、社会服务等设施的建设。致力于改造城镇人民的居住环境,提高居民生活的满意和舒适度,分拨相当数量的补贴和税收用于此处,在各项建设任务之前优先考虑基础设施和社会服务设施的建设。三是对小城镇的景观设计十分注重,务求保持各个城镇特点,并使各处景观达到协调一致。四是对保护古建筑和环境建设十分注重,使得德国的各个小城镇都各有其历史底蕴。

四、日本城镇化发展道路及特点

日本是亚洲地区第一个实现农村城市化和农业现代化的国家,它的显著发展成就主要得益于日本工业的快速发展。在工业在全世界取得巨大成功的同时,其城市化进程也在与工业化同步推进,互相促进。对科学技术的重视使得日本涌现很多的科技成果,它们的出现有力地促进了工业发展,进一步又对日本城市化发展产生了巨大的促进作用。基于工业化的推动,日本城镇化水平从1950年的37.3%增加至1975年的75.9%,年均增长率达1.54%。

在城镇化的过程中,日本政府发挥了积极的干预作用。在发展早期,日本也出现过由于人口在大城市过度聚集导致的城乡区域发展不协调引起的一系列问题,对此,日本政府提出全国综合开发规划,在此基础上,对中京、关东、京阪神三大都市圈进行重点发展,完善其基础配套。这些发展规划和法规,为日本城镇化扫清了障碍,日本以较小的经济代价,获得了经济的快速发展。

纵观日本城市化发展过程,一是注重加强对基础设施建设的投资。20世纪70年代,由于日本城镇化的发展造成农村地区劳动力、资源严重不足,针对这种现象,日本政府加大了对农村地区的财政资金投入,重点进行了农村的基础设施建设,促进农村的发展。进过一系列改造,到90年代初期日本的村镇基础设施水平已大大提高,达到城市相当的水平。二是大力振兴工业,重点振兴农村工业,用各种办法创办新型农村工业,鼓励农村传统产业创新发展。三是促进农村人口向城市发展转移。对了促进城市化发展,日本政府先后制定了一系列法律法规,内容主要为鼓励产业创新、促进地方中心小城市建设和合理布局产业发展等,通过对城市的工业化发展,逐步引导农村人口转向。四是建立健全法律法规,注重发展的总体规划。针对区域发展不平衡的情况,日本政府先后制定了五次全国综合开发规划,同时,各级城市的经济发展与地方町村建设规划也受到日本政府的重视,城市规划部门甚至设立至市、町、村这样的基层行政部门,以制定严密细致的国土开发规划。五是合并町村,推行广域行政。日本最基层的行政区包括市、町、村三类,1953年,《町村合并法》出台,该法律将町与其旁边临近的村进行合并,形成市。这一举措使得町村数量急剧减少,市的数量大幅增加,日本的城镇化进程得到快速推进。

五、韩国城镇化发展道路及特点

韩国是与中国邻近的国家,其文化历史和环境资源与中国有些相似,因此其城镇化过程也更值得研究和借鉴。从1960到1990年的30多年间,大量人口从农村转移到城市,大约每年近50万人,这使得它的城镇化率由原来的不到20%提高到后来的85%以上,发展速度令人惊叹!韩国城市化的快速发展与其现代工业经济发展和土地制度改革有很大联系。韩国的制造业和服务业等城市特色行业蓬勃发展给农村转移人口创造了很多的就业岗位,而农村土地的自由出租转让解放了大量的富余劳动力,在这两种情况共同作用下促进了韩国城市化的快速发展。

韩国政府在城镇化过程中充分调控,起到了很好的引导作用。在韩国城镇化发展的初期,由于忽视农村发展,他们也走过不少弯路,并造成了不少突出的问题,城乡两极分化严重。直到1970年左右,他们认识到了这个问题,于是由政府提出发展"新农村运动",促进农村向现代化推进。"新农村运动"以农民为主体,在政府适当扶持基础上,鼓励农民自强自立。这个活动取得了良好效果,韩国农民整体收入都有了提高,并在工业化和城镇化过程中同步推进了农村现代化,缩小了城乡差距。在取得初步成效之后,"新农村运动"开始向城市里的学校、工厂、政府机关等逐渐扩大。"新农村运动"提高了城市居民的文化素质,有效减少了农民向城镇转移引起的社会问题,是人口城市化的有效动力,也促进了社会和谐发展。

除此之外,韩国还推行了以城市网络群带建设为主的区域发展战略。具体做法是以城市为中心,通过发挥集聚效益,在首尔-釜山铁路沿线的中心城市和以釜山为中心的东南沿海经济发展区,重点发展劳动密集型出口创汇产业,吸引了很多农村劳动力到城市就业。这种措施有效促进了城乡一体化的发展。到了20世纪80~90年代以后,随着知识经济的兴起,韩国抓住机会开始实施转型,即从以劳动密集型产业为主开始向技术知识密集型产业占主导迈进,极大地促进了经济增长。到90年代以后,韩国政府又提出地方都市圈的发展战略,大城市人口又逐渐向周边小城镇分散,实现了地方与首都圈经济的协调发展,形成了多个城乡一体化的城市网络群带,促进了城市各区域的均衡发展。

韩国的城市化过程虽然取得很大成效,但也存在一些弊端,主要是耕地流失严重。在过去30年中,由于大量耕地用于修建城市住宅和高速公路网的建设,韩国的耕地已经消失了20%,平均每年消失1亿多平方米。由于韩国的特点是"七山、二田、一分水",对于整个国土面积不到1 000亿平方米的小国来说,这种耕地流失率是非常大的。为了缓解这种局面,韩国在20世纪60年代先后颁布了《城市规划法》和《土地规划法》,提出了土地分散发展战略,该战略明确指出针对韩国土地的使用现状出现的一些问题,所有人口超过5万的城市,其规模和发展方向将由政府指定部门通过分区划定的方法确定,其发展规划要符合前面二部法律的要求。土地的使用计划要符合城市规划要求。它们的实施对韩国的土地利用结构和城市布局起到了重要的作用。

第二节 发展中国家城镇化发展道路

二战结束以前,受历史传统和现实因素的影响,大部分发展中国家都有沦陷为西方列强的殖民地的历史,因而他们的经济发展普遍都会受到一定的制约,城镇化发展速度也相对缓慢。二战结束以后,很多发展中国家的城镇化进程开始快速发展,一些发展中国家发展速度甚至出现赶超发达国家的趋势。但是由于城镇化发展过快,城市人口增长迅速,而城市的产业缺乏吸纳这些人口的能力,相应的基础设施也无法达到快速增长的城市人口的需求,造成了很多负面影响,具体表现为产业发展环境恶劣,失业人口增加,贫困人口过多,城市基础设施达不到使用要求,环境污染严重,交通环境恶劣就业水平持续下降,城市贫困人口空前增加,城市必要的基础设施严重短缺,城市环境恶化,造成规模庞大的贫民窟,等等。

这些地区,像拉美、加勒比海和非洲的部分地区,它们城镇化发展具有一些显著的共同特点,工业化主要由外来资本主导,本地农业经济为主体,二者之间并存发展在城市化过程中。但是由于政府调控乏力,其工业化的发展速度远远落后于城镇化,使城市发展呈现大起大落的现象。在20世纪40年代之前,一些半工业经济类型的国家如哥伦比亚、巴西、委内瑞拉、墨西哥、和秘鲁等,工业化率和城镇化率发展水平相当,大都在10%~15%的区间内。经过几十年的发展,工业化发展虽然没有取得多大的进步,但是城镇化率却显著增加到30%以上,甚至达到了50%。虽然人口城镇化进程明显,但城市的基础设施条件远远滞后,经济发展水平并没有取得长足进步,有些国家甚至出现了有所退步的局面。下面,以墨西哥和印度为例,具体分析典型发展中国家的城市化进程。

一、墨西哥城镇化发展道路及特点

从20世纪40年代起,城镇化进程在墨西哥快速发展。根据查阅相关资料,1950年,墨西哥的城市化率为42.6%,在1970年,这个数字是66.3%,城市化发展速度超过欧美国家2倍以上,且最终的城市化率超过了德国等发达国家。虽然如此,但是与欧美国家相比,其经济发展水平却远远落后。

墨西哥首都墨西哥城是世界最大、人口最密集的城市之一,大量农村人口集中到城市,城市公共服务供给不足,严重超出了墨西哥城的负荷。这种过度的城市化使墨西哥城爆发了严重的城市病,贫困、拥挤和污染等社会问题频发,影响了社会稳定,并且造成收入两极分化,是世界上贫富差距最大的国家之一。

贫民窟也是这段时期过度城市化的产物。20世纪40年代以来,墨西哥工业化开始发展,城市化水平也逐渐提高。机械化生产在农业中的使用解放了大量农村劳动力,同时也由于自然生存条件与各项服务的差距,越来越多的人口转移到城市。

然而城市产业发展不足,无法容纳所有劳动力,这种境况导致了很多的城市失业人口,由于缺少基本生活来源,他们只有在大城市周边的公共土地上建设简陋住所,到后来随着人口聚集越来越多,渐渐形成规模庞大的贫民窟。

墨西哥政府也预见到了城市人口恶性膨胀可能带来的严重后果,积极采取了各种补救措施,"卫星城"战略和"城乡均等化"战略都是那个时候提出来的。在政府的积极引导下,墨西哥城周围自 20 世纪 80 年代以来,已逐步建成卫星城 30 多个,容纳了超过 1 500 万的人口。为了提高卫星城的吸引力,墨西哥政府通过各种手段,包括大力宣传、提高教育水平、美化环境、提高基础设施建设水平等方式。同时一些著名高校和中学还在卫星城开办分校,以吸引人们前去居住。这些措施的施行有效缓解了贫民窟造成的恶劣影响,到 21 世纪之后,特拉尔潘、特拉瓦科、夸希马尔帕等三个卫星城市已经替代墨西哥城,成为人口增长最多的地区。

除此之外,城乡均等化战略的施行,提高了农村的生活水平,缩小了城乡之间的差距。这些改变,避免了贫困人口盲目大量涌入城市,农村富余劳动力开始更多地选择留在本地就业。他们的做法包括完善大众医疗保险制度,提高制度的覆盖率到所有农村居民,一人参保全家免费享受医疗服务;完善社会福利制度,向农村的儿童和老年人免费发放生活物资,并每月发放补贴;完善教育制度,向在农村上学的小学和初中生提供奖学金。这些努力,有效缓解了墨西哥城的人口上升趋势。根据其国家统计局的官方调查显示,在新世纪的第一个十年,墨西哥城的农村人口移民的增长势头已经呈现下降趋势。

二、印度城镇化发展道路及特点

印度的城镇化可以用"过度城市化"来形容,它的特点是人口快速无序集聚到大城市,而城市的基础设施无法承受如此大的人口压力,住房、交通、资源等各个方面都供应不足,使印度出现像墨西哥一样的贫民窟,这里生活的人数量很大,生活质量却非常低下,究其原因,其工业化和经济发展的支撑力不足和过快的人口聚集迫使城市迅速扩大,城乡移民之间的素质也较差,引起社会两级分化严重,人民受到一些不平等不公正待遇,导致城市各类社会矛盾增多,犯罪活动频繁,城市发展难以出现欣欣向荣的局面。

早在 2006 年,印度的加尔各答、马德拉斯、孟买和德里等一线城市在就业方面均处于过度饱和状态。同时,粗放式的城市发展体系和城市规划,对于应对大量涌入城市的农村人口,显得力不从心。农村人口的大量涌入,直接加速了贫民窟的形成。

这些问题的存在,是与印度的土地政策和城市化战略分不开的。印度的法律规定,他们的居民享有迁徙自由权,它具体体现在在印度境内,只要你出生在这里,就可以任意选择想去的地方定居下来。也许这才是贫民窟产生的根源,想要解决这个问题,就要控制好人口无序增长的状态,大力发展农村及城市周边地区经济,缩小城乡之间的差别等,以此来平衡人口的流动趋势。

第三节　世界城镇化比较与借鉴

现阶段我国正处于工业化、城镇化蓬勃发展的关键时期,研究、汲取和借鉴所有先行国家的在城镇化过程中经验,分析他们出现问题而得到的教训,可以对我国的城镇化进程进行参考和借鉴。

通过分析以上国家的城镇化历程与特点可以看出,发达国家的城镇化与工业化基本是同步推进的,尤其是欧洲一些国家。英国早在18世纪中期就开始了产业革命开始,经过90年时间成为世界上第一个实现城镇化的国家。在国家政府的推动下,德国的城镇化进程更快,实现工业化和城镇化大概不到40年。而法国是以农业为主体的国家,农业在国民经济中占据较高比重,因此法国的城镇化进程相对缓慢。总体来说,他们各自均有自己的特点。通过分析,可以总结梳理出这些国家城镇化带给我们的几点有益启示。

一、政府在城镇化过程中要加强管理与服务

发达国家政府在城镇化过程中都比较重视政府的服务和引导。20世纪以前,多数欧洲国家在城镇化发展的早期都经历过我们目前经历的困境,比如城市人口迅速膨胀,住房短缺、疾病蔓延、由此带来的失业与贫困问题严重,导致社会动荡不安定,犯罪率居高不下等严重的社会问题。直到后来,这些国家意识到必须由政府牵头成立机构全面介入城市管理和公共服务中去,并制定了行之有效的措施,才有效缓解了社会问题的发生。在这个过程中,他们慢慢意识到,城市管理与公共服务应该成为政府日常行政的主要内容,城镇化过程迫使政府扩大了职能范围,对整个社会发展意义重大。由于有这样一些"前辈"的例子,通过充分的分析,我们可以有效的预见城镇化过程中可能出现的一些典型问题,提前想好对策,避免了"先出问题再治理",减少了很多的弯路。

二、政策体系完善,法制先行,确保各项工作有法可依

城镇化的过程,是将社会利益进行调整的过程,在这个过程中,必然会出现一些违背少数人利益的情况,只有在城镇化过程中保证有法可依,有制可循,才能确保城镇化的顺利发展。同时,还要鼓励其中的利益相关者参与到建设的决策和实践中来,方能调动各方积极性,达到理想的效果。"法律先行"的原则在欧洲国家的城镇化过程中体现的较为明显。比如,早在18世纪60年代,英国城镇化建设早期,就最先颁布了《环境卫生法》,成为政府在治理城市环境卫生方面的法律依据。在随后的发展中,又先后制定了一系列法律法规,它们包括城市公共卫生、治安管理和贫民救

济等方方面面的内容,保证了政府的城市管理与公共服务工作有法可依。而在德国,由于它城镇化发展的早期曾经出现较为严重的住房数量不足,德国政府充分发动全体市民参与到住宅建设中来,为此还专门制定了住宅建设制度,制度里面规定政府制定的各类建筑方案和城市相关建设规划要先经过全体市民的讨论通过,经过备案之后才可动工。

三、城镇化模式形式多样、因地制宜、灵活变通

通过分析各个国家的城市化进程可以看出,他们的发展模式差异显著,并各具特色。同时城镇化模式的选择与该国的经济、政治、文化因素显著相关。工业化虽然是城镇化的动力来源,但政治和历史等因素在城镇化进程中发挥的作用和影响也很大。英国由于采矿业发达,同时拥有比较便捷的铁路、运河、港口等交通优势,另外政府在城市发展化过程中给予了更多的空间,没有过多的行政干预,这使得英国的城市发展自由地遵循它的优势,更多地在工矿区和有优势的交通地带展开。而法国由于工业化进展较慢,同时农业经济比较发达,共同导致其城市化发展较为缓慢。主要集中在一些传统的大城市如巴黎、波尔多、里昂和马赛等四周均匀的展开,直到20世纪四五十年代以后,法国的小城镇发展速度开始加快。而德国的城镇化模式与英法国家均不一样,与其政治因素关联非常紧密。德国的政治、经济中心城市分布较为广泛,因此它的城镇化布局也较为均匀与合理。可见,每个国家的城镇化进程都不太一致,它与各个国家的国情和社会形势有关,政府应该综合考虑经济和其他因素的影响,合理推动城镇进程。

从各个国家发展的历史经验来看,城镇化在社会经济发展过程中可以起到很重要的作用,是国家重要的经济增长点,通过城镇化的发展来推动经济的快速发展,在其他国家早已有之。在此过程中,要充分参考他过的经验和教训,树立以人为本的城市管理理念,完善公共服务机制,建立健全城乡一体化的社会保障体系,可以创造大量就业,提高人民的生活水平。

第七章 加快河南省新型城镇化建设的对策与建议

加快发展新型城镇化道路对河南省经济持续健康发展,社会稳定,实现小康社会有着积极的意义,科学推进城镇化建设需要我们把握以下几点。

一、根据自身特点科学规划、合理布局

以英、美为代表的西方发达国家的城市发展历程已经证明,完全依靠市场作用发展的城镇化道路很容易带来严重的社会问题,造成经济社会危机。与这些发达国家城镇化不同,西方发达国家的城镇化进程一般经历了很长的时期,比如美国用了160年的时间完成高度发达的城镇化,我国真正意义上的城镇化是从改革开放到现在这30多年的时间,城镇化过程中的问题短时间内集中出现。2013年政府工作报告会议明确指出,我国的城镇化是我国实现现代化的重要组成部分,要加强科学规划,合理布局。

河南省是一个人口大省和农业大省,一直以来农民和农业在经济发展、社会进步中占有重要位置,"三农"问题长期得不到很好的解决成为历届政府所关注的焦点。这一客观事实为河南省推进发展新型城镇化带来了难度和挑战。

(一)科学制定城镇布局规划

第一,河南省面积大,并且主要是平原,乡镇的数量较多,农村人口分布广。各地区经济、文化、人口数量、城镇规模都有一定的差异。在制定城镇布局规划时要充分考虑各地的实际情况,不能全省一刀切,要分区域、分层次、分类指导。各地的地方政府要在充分了解本地区的实际情况的情况下,合理规划。对于条件发展城镇的地方给予合理引导,条件不成熟的地方不能盲目造城。第二,从前面的分析我们知道,河南省中、小城市规模不是很大,城镇的优势及集聚和辐射力不能充分发挥,所以要根据县城和县域中心镇的现有优势,发展一批中小城市,实现不同区域的城镇化平衡发展。县城与农民靠得近,关系密切,通过工业现代化,产业优化升级,吸引和鼓励农民向县城方向集中,使县城成为就地解决农民城镇化的重要据点。第三,协调城乡区域发展,打破城乡二元经济结构。在努力构建中小城市的同时,也要统筹城乡发展。加大对农村现有耕地、生态环境的保护力度,推动农业现代化、产业化发

展,实现城乡基础设施和公共服务的去差异化,促进城乡协调发展。逐步缩小城乡收入差距,提升农村地区消费水平。

(二) 做好城镇建设规划

首先,城镇建设从内容上看是一个复杂的系统工程。城镇建设规划不是一种短期行为,追求的不是短期效果,它是对一个城市未来几十年、几百年发展所做的规划,是对一个城市涉及政治、经济、文化等因素的长期战略布局。所以在制定建设规划时要有战略眼光,站在足够高的高度去把握。城镇的功能越完善,结构越合理,体系越完整,就越能更好地发挥城市的辐射作用,带动周边地区人口和工业集聚,进而推动区域经济快速发展。具体来讲就是要合理利用城镇的空间范围,解决城镇化过程中可能出现的脏乱差,完善基础设施建设,提升城镇的承载力、服务能力,加强城市的软实力。着力建设功能完备的专业市场硬环境和培育体系完善的要素市场软环境,增强城镇经济发展对内的拉动力、对外的吸引力和辐射力。其次,坚持以人为本的新型城镇规划理念,新型城镇化的核心是人的市民化,农业人口在转为市民化的过程中,人的生活方式、生产方式及思维方式是在逐步发生变化的。对各项事务的接触及熟悉需要一个过程,城镇规划过程中无论是设计理念还是设计内容要切实考虑这些问题,坚持以人为本、以人为先。

二、优化城市体系、形态和布局,促进各类城镇协调发展

依据河南省的省情和资源优势,河南省的城镇体系布局应优化城市空间布局,调整规模结构,加快建设中原城市群的步伐,进而提高中心城市辐射带动能力,增强县级城市集聚产业和人口的能力,实施重点镇建设示范工程,促进大中小城市和小城镇协调发展。

(一) 优化城市形态和布局,加快发展中原城市群

中原城市群纳入《国家新型城镇化规划》,意味着中原城市群上升到国家层面。河南省紧紧抓住这一重大机遇,积极争取国家尽快编制中原城市群发展规划。提升郑州区域中心的服务功能,全面推进郑州航空港经济综合实验区建设,深入推进郑汴一体化,促进郑州与毗邻城市融合发展,加快大郑州都市地区建设,进一步提升郑州的全国区域性中心城市地位,加快中心城市组团式发展和县级城市提质扩容,实施重点镇建设示范工程,促进大中小城市和小城镇协调发展。增强在全省经济社会发展中的核心带动能力。发挥综合交通运输网络对城镇化格局的支撑和引导作用,依托陆桥通道、京广通道和东北西南向、东南西北向运输通道建设,推动城镇布局与综合交通体系有机衔接,打造米字形城镇密集带。扩大轴带节点城市规模,完善城市功能,推进错位发展,促进大中小城市和小城镇合理分工,紧密衔接,内聚外联,协调发展。加强郑欧班列等对外联系通道建设,争取把郑州建设成"丝绸之路"经济带桥头堡,加速区域内人流、物流以及要素互换,促进与毗邻地区优势互补,联动发展。

(二)提升郑州国家区域中心城市地位,增强地区性中心城市辐射带动能力

河南省要利用自己的区位、交通及物流优势,建设大枢纽、发展大物流、培育大产业、塑造大都市,提升郑州国家区域性中心城市的地位,努力发挥创新优势,促进高端要素集聚,壮大支柱产业,完善综合服务功能,增强辐射带动全省和服务中西部发展的能力。大力推进郑州航空港经济综合实验区建设,引进国内外龙头企业,创新体制机制,强化政策支持,加快构建国际航空物流中心、以航空经济为引领的现代产业基地、内陆地区对外开放门户、现代航空都市和中原经济区核心增长极。加快郑东新区发展,推进重点功能区连片开发,强化金融、科技、文化、信息、高端商务等服务功能,打造全省推进新型城镇化样板区。加快推进中心城市组团式发展,强化中心城区与城市组团间基础设施和公共服务体系对接,引导产业链接发展,形成分工合理、功能互补、联动发展的格局,加快人口和经济集聚,发挥对周边区域经济社会发展的服务和辐射作用。优化城市产业结构,推动产业高端化发展,提升现代服务功能,壮大城市规模和综合实力。推进旧城区改造,以棚户区改造为切入点,稳步有序推进城中村、连片旧住宅、废旧工业片区等综合整治,全面改善人居环境。支持基础条件好的省辖市发展成为百万以上人口城市。

(三)大力发展县级城市,有重点地发展中心镇

把发展县级城市作为推进城镇化的重要着力点,发挥其落户成本较低、人文环境相近、进城农民有较强归属感等优势,努力使县级城市成为吸纳农业人口转移的主阵地。按照关联性大、成长性好、竞争性强的原则,提升产业集聚区发展水平,培育壮大特色主导产业,完善城市功能,增强产业和人口聚集能力。基础较好的县(市)要率先发展成为人口集聚能力强、功能完善的30万以上人口规模的城市。基础较差的县要完善基础设施,扩大县城规模,提升经济实力和综合承载能力。支持省直管县(市)逐步培育成人口50万左右的地区副中心城市。选择右区位条件优越、产业基础好、发展潜力大的中心镇,布局建设专业园区,增强产业支撑能力,提升发展质量,逐步发展形成一批10万人以上的小城市。对具有特色资源、区位优势的小城镇,通过规划引导、市场运作,培育成为文化旅游、商贸物流、资源加工、交通节点等专业特色镇。对远离中心城市的小城镇,完善基础设施和公共服务设施,提升服务功能,发展成为面向周边农村的生产生活服务中心。

(四)加快新型农村社区的建设

农村新型社区是新型城镇化过程中的一个必然趋势,也是新型城镇化实现的一种基本形态,同时也是改变城乡二元结构,实现城乡一体化的捷径。新型农村社区作为推进新型城镇化的一种载体,已经成为农村公共服务的中心区和农民市民化的转换地,成为城市文明的承接点和放大文明效应的辐射源,成为农村经济的增长极和推进城乡一体化的支撑点,在传统农村和新型城镇之间搭起了一座桥梁。就河南

而言,新型农村社区建设不仅是河南省新型城镇化的重要组成部分,还是河南省统筹城乡发展的重要战略。新型农村社区建设是统筹城乡发展的结合点,是推进城乡一体化的切入点,是促进农村发展的增长点。立足河南"三农"现实,以新型农村社区为抓手,就是要以人为本、以农为基,绝不是在工业化、城镇化过程中"消灭"农业、农村和农民,而是在资源、土地等集约、整合中使绝大部分农民不进城而就地市民化,在原居住地让农民利益最大化,使中原传统文化中的亲情、乡情、友情、血缘、地缘、业缘等社会基础网络在新型农村社区建设中发挥独特的作用,成为统筹城乡发展、推进城乡一体化的融合剂,有效地减少和弱化"城市病"带来的负面效应。

按照"生产发展、生活宽裕、乡风文明、村容整洁、管理民主"的总体要求,通过政府推动、政策扶持、体制创新、市场运作等方式,扎实推进农村新型社区建设。坚持科学规划、就业为本、群众自愿、量力而行的原则,设立新农村建设专项资金,实行以奖代补,支持一批社会主义新农村示范村建设。完善农村基础设施,加强农村水、电、路、电话、广播电视、互联网、邮政等基础设施建设。加快推进农村危房改造。加强农村环保,推行农村垃圾集中收集处理,推广分散式农村污水处理模式,推进农村废物资源化、清洁化利用,继续实施"绿色家园""清洁家园"行动,加快改水、改厨、改厕、改圈。开展农村排水、河道疏浚等试点,采取有效措施防止城市、工业污染向农村扩散。推广新乡市建设农村社区服务中心的经验,以"五室二站一超市"(党政办公室、治安民调室、党团活动室、村民议事室、计生服务室,便民服务站和环境卫生管理服务站,便民超市或便民店)为主要内容,加强公共服务设施建设,搭建和延伸便民服务网络。统筹城乡社会事业发展,建立健全城市支持农村的政策机制。

三、强化城镇产业支撑,促进农村劳动力转移就业

(一)强化城镇产业支撑

工业是推动城镇化的根本推动力,城镇化反过来又推动了工业化的发展,西方发达国家的城镇化进程足以证明这一点。主要是因为城镇化推动城镇基础设施建设,为工业化发展提供必要的外部条件。工业化与城镇化互相推动的过程中还产生了乘数效应,二者都得以快速发展。在工业化后期,服务业快速发展,并且比重逐渐超过了第二产业,成为提高世界发达国家后期城镇化水平的中坚力量。第三产业的发展为工业化生产提供了必要的服务。经济全球一体化和区域经济一体化使社会分工越来越细,原有的产供销一体化的庞大综合生产体系逐步为专业化生产、专业化运输、销售网络所取代,对金融、广告、法律、会计等专业服务的需求也从无到有,许多新兴服务业逐步发展壮大,成为社会经济生活中不可或缺的部分。目前河南省的经济发展水平不高,第二产业也即是工业依然是推进河南省城镇化的坚实力量,但是我们现在要走的不是一条旧工业化路子。要坚持以信息化带动工业化,以工业化促进信息化,走出一条科技含量高、经济效益好、资源消耗低、环境污染少、人力资源优势得到充分发挥的新型工业化路子。发挥本地区的地理位置优势、劳动力资源丰富优

势、完善产业配套设施,优化产业投资环境,抓住产业转移机遇,优化产业结构。对传统工业加大改造,如钢铁、化工、纺织业等,注重科技创新和知识产权保护,提升传统工业企业的市场竞争力。对那些改造成本高,创造效益小,能源消耗高,环境污染严重的企业及时淘汰,重视企业职工的安置和转移,不因产业更新造成大量员工失业。大力发展高新技术产业,加大对新型产业的扶持力度和投资。利用自身粮食大省优势发展一批全国乃至世界知名品牌,构建独特的食品产业链。加大对发展无序行业的整合力度,节约社会资源。加强与国内外企业的交流与合作,学习先进管理经验与生产技术,不断缩小与国内国际先进企业的差异。坚持走出去的发展战略,形成一批国际领先水平的企业,对一些实力较强的企业鼓励其对国内、国际企业的并购,整合国际资源,不断提高国际竞争力。大力发展那些关联度高的产业集群,加快公共服务向产业集聚区延伸覆盖,带动农村剩余劳动力向非农产业转移,加快农村人口向城镇转移的速度,推动城镇化发展。

坚持产业为基、就业为本、生计为先,以城镇集聚产业的规模和提供的就业岗位决定农村劳动力向城镇转移的规模和进程,加快先进制造业大省、高成长服务业大省建设,培育发展各具特色的城市产业体系,强化城市产业支撑,千方百计增加就业岗位,营造良好的就业和生活环境,使农业转移人口进得来。一是推动工业集聚发展。加快推进新型工业化,做强技术高端、产业集群、集约发展的高成长性制造业,改造提升传统支柱产业,发展深加工产品群、节能降耗增产业,培育新兴产业,主攻核心技术,突破市场发展瓶颈,增强工业的支撑能力。发展更大规模、更高水平、更好质量的产业集聚区。产业集群发展,企业集中布局,资源集约利用,促进人口有序转移,产城互动,着力构建规模大、竞争力强、成长性好、关联度高的产业集群。加快公共服务向产业集聚区延伸覆盖,带动农村劳动力向非农产业转移,农业人口向城镇转移。二是大力发展服务业。服务业可以满足人们多样化的消费需求,还可以吸纳更多的就业人员,重点发展物流、金融、旅游、文化、信息、电子商务等高成长性服务业,转型升级房地产业、商贸流通业等传统支柱服务业,培育发展健康服务、教育培训、商务服务、科技服务、养老及家庭服务等新兴服务业,扩大产业规模,提高就业能力。加快发展城区服务业的主要载体—商务中心和特色商业区,创新融资方式、商业运作模式,开发建设一批大型城市综合体,大力发展楼宇经济,建设一批包括金融服务、商务服务、文化创意、总部经济等多功能的特色楼宇,打造一批商业、旅游、文化相融合的特色商业街,改造升级原来物流、电子商务、会展等有机融合的专业市场,最终形成产业高集聚、产出高效率、功能高复合、就业高容量的服务业集群。

(二)增加就业岗位、提供更多就业机会

2014年的中央农村工作会议就指出未来一段时间内要解决1亿进城常住的农业转移人口落户城镇的要求。河南省也积极出台了相关文件,要求以合法稳定职业或稳定住所为基本落户条件,各个地区根据实际情况放宽农业转移人口落户条件。在户籍制度改革的过程中要始终坚持以人为本的理念,坚持农民自愿的原则,政府要做好相应的配套制度,不仅要保证农村人口进的来,还要确保落得下、留得住。

1. 增加就业机会

较多的就业机会,能吸引农村人口向城镇转移,加速城镇化的发展,巴西等拉美国家、印度等南亚国家就是因为无法提供足够的就业机会,造成市民大量失业,丧失劳动权利,以至于生活窘迫。除了吸引外部投资,发展优势产业等政策之外。还应鼓励农民工在进入城镇后进行自主创业,给予其较多的自主创业优惠政策。另外要大力发展服务业,提高第三产业在河南省社会经济中的比重,完善和落实服务业优惠政策。大力发展以信息技术和现代管理理念发展起来的现代服务业,如软件服务产业,信息咨询服务产业,国际商务、现代物流产业、家政服务产业等。改造传统服务业,比如饮食业、旅店业、商业等。各市、县可根据自身自然资源和历史文化特征,大力发展旅游业。深入挖掘旅游资源,并对现有旅游资源进行整合,建成一批特色突出、景观独特、内容丰富、历史文化浓厚的旅游区。规范旅游市场,提升旅游区人员素质和服务意识,使游客能享受的较高的服务,从而提高旅游景区的知名度。

2. 加强和改进就业技能培训

由于农民长期在农村地区从事自给自足的小农经济,是靠经验进行农作物种植,缺乏城市建设及发展所需要的必要技能。收入水平低、容易失业、流动性强。虽然80后、90后的农民工对城市已经很熟悉,甚至长年在城市生活,但是农民工的综合素质依然不高,更多人则是出卖体力。农民工职业教育和技能培训方面的不足,农民进城后由于缺乏职业素质和文化素质,这不仅仅影响到他们的工作和生活,同时也不利于河南省的城镇化进程和国民经济的平稳健康发展、不利于社会生产效率的提高。所以提高农民工职业素质、文化素质是具有全局性的思考。

3. 完善多渠道增加就业政策措施

出台更完善的增加就业的政策措施,鼓励企业吸纳更多就业人员。通过财政补贴、减免税费、政策性金融服务、小额贷款等措施,大力发展中小微企业,使其提供更多的就业岗位。通过制定创业优惠政策,创业指导、金融服务等创业服务,鼓励自主创业,形成政府、社会、劳动者三者共同创业新机制,以创业带动就业。向城镇低就业家庭和家民工提供更多的公益性服务岗位,提高城镇居民的就业率。抓好省外转移就业,建立长期劳务培训与输出关系,培育一批全国知名的劳务品牌。规范招聘制度,消除一切城乡、行业、身份、性别等制度障碍和就业歧视,实现公平就业,保障农民工的合法权益。建立全省统一的就业服务信息平台,完善城乡均等的公共就业创业服务体系。高度重视农民工的职业培训,尤其是80后、90后农民工,加大对他们的基本职业技能培训,提高劳动技能。对有创业意愿并具备创业条件的农民工做好创业培训。同时要创新培训方式,调动培训对象和培训机构两方积极性。

政府要强化对农民工权益的保护,帮助他们寻找就业机会,尽可能地建立一些有培训资质的公益性培训机构,增加就业岗位培训,同时政府相关责任部门要加强对企业用工情况监控,保证聘用的农民工能得到岗前技能培训和安全知识方面的培训,同时提高农民工的法律保护意识,学会合法维护自己的基本权益。另外要提高农民工的受教育程度,增加他们的科学文化知识,使其能更快更好地适应城镇生活,融入城市。

四、积极推进农业转移人口市民化

（一）统筹城乡经济发展

新型城镇化建设就是要就是也要统筹城乡建设，让农民享有和城市居民权利和服务、享有同样的待遇，消除城乡二元经济结构，真正做到共同富裕。农民虽然在农村地区生活、从事农业生产劳动，但是也要市民化。近些年国家为解决三农问题做了很多实事，为了提高农民的种粮积极性，加大了对农业的补贴力度。但是河南省农村、农民的状况依然不是十分理想。要想提高农民的购买力、进一步扩大内需。还是要想方设法拓宽农业发展渠道，保证农民增加收入。实现农业现代化、提高粮食生产效率、增加粮食产量，另外还要大力发展特色农业、实行农产品深加工、推进粮食产业化，提高农产品附加值。目前河南省农民科学文化素质不高、信息收集渠道畅，对市场变化反应慢。农作物的种植带有滞后性和盲目性，往往是根据往年供需情况判断市场走向。哪种作物上年需求量大、销价好，下年就选择种什么，跟风现象比较常见，但是这样容易造成因产量过大而需求不足，结果损失严重。所以政府要积极引导，并且给予一定的信息帮助，帮助农民多找销售渠道，或建立专门的农产品销售、收购平台。

（二）加快农民工市民化步伐，排除农民工城市融入障碍

新型城镇化是以市场为主导，政府按照要素流动规律合理调节。所以转变政府职能，切实扫清人口在区域间流动和农民工市民化的各种障碍，即清除农村劳动力进城转移就业的不合理制度障碍。根据前文农村劳动力在城市"留得下"的障碍因素，提出了以下几点建议。

1. 转变政府职能，强化服务意识，拆除农民进城的玻璃门

调查中我们发现，虽然从政府文件的角度看，农民进城障碍以及本不存在了，但不管是在政府官员的意识里还是在农民工当事人观念里，农民工与城市居民之间仍隔着一堵厚厚的墙。在实际办事的过程中，农民工仍然求告无门，这堵玻璃门也确确实实存在。玻璃门现象有信息不对称问题，有农民工素质问题，但更多的是政府基层经办人员的服务意识不够问题。所以，应转变政府职能，强化公务员队伍，切实提高服务意识，也要在制度上做出一些规定，对故意设置障碍，拖延不办的办事人员给予必要的处罚。

2. 加大城市基本公共服务供给，加快推进基本公共服务均等化

根据在河南调研获取的信息，像郑州这样外来人口最集中的城市，吸纳农民转户进城的门槛已经很低，但是城市基本公共服务供给不足造成的农民工维权"玻璃门"以及隐形费用的问题，已经严重阻碍了外来人口融入城市的步伐。所以加大城市基本公共服务供给已经成为刻不容缓。其中尤其重点放在教育资源与住房资源的供给上，使城镇外来人口都能享受均等的城镇基本公共服务。首先，政府要转变服务观

念,健全普惠的公共服务体系。努力将流动人口作为社区平等元素,纳入到地方经济社会发展和公共服务体系之中。其次,创新公共服务体系资金来源。积极建立以政府财政投入为主,各级财政分级分担,多元融资的资金渠道。政府加强政策引导和资源整合,督促企业和相关利益群体积极承担相应社会责任,形成政府、社会、市场三者成本分担机制,改变政府单独承担农民工就业和管理各项成本局面。

3. 提高职工参保率,为农民工进城安居创造条件

河南城乡居民之间从政府享受的社会保障已差异不大,但居民与职工之间社会保障水平差异较大。能否完整和充分享受职工保障实际上是农民工进城定居的最关键因素。但调查中发现,职工参保率普遍较低。尤其是从事服务业且岗位流动性比较大的领域,农民工甚至无法享受最基本的职工保障。政府相关部门应该出台具有强制性的职工保障政策措施,要求受雇企业必须为职工投保,职工本人也有义务投保。要建立职工保障个人账户,并且建立账户灵活的转移机制,使个人保障不会因职业岗位和就业地点转变而受损。要建立相应的监督机制,保证相关措施得到贯彻落实。

4. 提高农村人口的人力资本,加强对农民工的职业技能培训

根据实地调研资料显示,农村外出劳动力人力资本影响着农村外出劳动力的工资收入、务工时间与务工性质。目前河南农村外出劳动力人力资本低下,导致其工资收入偏低、工资环境恶劣、劳动强度大、就业困难、获取信息困难、维权意识差等一系列问题。所以,提高农民工人力资本是解决农民工市民化的一个基础问题之一。加大农民工职业教育,强化农民工劳动技能,全面提升农民工整体素质。要大力加强农村教育事业发展,在继续巩固农村义务教育的基础上,大力发展农村免费职业教育。要以市场需求为导向,整合现有教育资源,以政府购买等方式加大对中等职业学校和实训基地建设的投入力度,鼓励城市与农村、发达地区与落后地区合作招生办学,对未能进入中等职业的初高中毕业生提供免费职业教育,增强其职业技能,重点培育技能适用型和技术熟练型农民工,使之成为新型劳动者。

5. 重点关注新生代农民工市民化进程

80后、90后新生代农民工已成为河南农民工的主力军。与老一代农民工相比,新生代农工有更强烈的城市融入意愿。他们的受教育程度也明显上升,他们希望在城市实现自我价值。积极引导新生代农民工市民化进程就是响应这一群体内心诉求,也是促进城镇化与现代化的必然要求。首先,政府应建立城乡统一的就业与维权信息平台,新生代农工的人力资本较高,对于信息接收意愿更加强烈。平台致力于将新生代农民工的职业诉求、自身人力资本与就业岗位进行匹配,建立个人就业信息电子服务档案,与就业信息进行对接。其次,要求城市优化劳动力市场,为新生代农民工就业提供便利,从而引导与帮扶新生代农民工融入城市。

(三)完善各项社会保障制度

积极推进农业转移人口市民化。实现城镇基本公共服务本地户籍人口提供向对常住人口提供转变,逐步解决在城镇就业居住尚未落户的农业转移人口享有城镇基

本公共服务问题,确保农业转移人口落得住。

1. 拓宽住房保障渠道

目前河南省房价不尽合理,呈现偏高状态。要是完全依靠进城农民自己解决住房问题,对他们来说却是有点困难。农民工在城镇里从事的一般是比较辛苦的工作,而且劳动报酬也并不高,甚至有时只能养家糊口、维持生计。要让他们动辄拿出几十万去解决住房问题是不实际的。首先要有计划有步骤地控制城市房价,不能使房价脱离实际经济增长水平,泡沫式增长。引导房地产企业健康发展,增加中低价位住房的数量。其次要以公共租赁供房供给为重点,扩大保障性住房供给规模。

努力解决农业转移人口的居住问题,加大保障性住房的建设力度,提高中小户型、中低价位普通商品住宅的供应量,引导房地产业健康发展。构建以政府为主提供基本保障、以市场为主满足多层次需求的住房供应体系。加大棚户区和城中村改造力度,与保障性住房建设相结合,努力满足外来务工人员、大学毕业生、住房困难家庭的基本居住需求。加大公租房的建设力度,满足产业集聚区务工人员的居住需求;建设配套设施,完善管理运营机制。廉租房与公租房同时运行,完善租赁补贴制度,对城镇低收入和中等偏下收入住房困难家庭,实行租售并重。把符合条件的农业转移人口纳入城镇住房保障体系,与城镇户籍人口同等享受住房保障待遇。拓宽住房公积金的覆盖范围,将稳定就业的农民工纳入其范围,支持农民工家庭购买普通商品住房。加大保障性住房的供给量。

2. 保障农民工随迁子女平等享有受教育权利

保障农民工随迁子女享有平等的受教育权利,以流入地政府管理为主,将农民工随迁子女义务教育纳入城镇教育发展规划和财政保障范畴,保障农民工随迁子女在流入地享受义务教育的权利。调整城乡中小学布局,根据城镇常住人口增长趋势和空间分布,增加城镇学前和义务教育资源,加大新城区、城乡接合部幼儿园和中小学的建设力度,解决新城区、城乡接合部居民孩子入学难问题。积极推进城镇义务教育均衡化发展,实行公办学校标准化建设,校长教师交流轮岗,提高优质教育资源覆盖面。完善中等职业教育免学费政策和普惠性的学前教育政策,农民工随迁子女跟当地居住的孩子享受同等待遇,解决农民工随迁子女接受义务教育后在流入地参加升学考试难题,制定农民工随迁子女升学考试方案。实现农民工随迁子女在流入地参加中考和高考。

3. 完善社会保障制度

进一步完善社会保障制度,完善社会保险关系转移接续政策,在农村参加的养老、医疗保险直接纳入城镇社保体系,实现社会保障一卡通。建立城乡一体的社会保障体系,纳入城镇居民社保体系的农民,可以享受与城镇居民同等的医疗、社保、住房、失业、子女就学、最低生活保障等社会保障。增加城镇基本医疗卫生服务机构,将农民工及其随迁家属纳入社区医疗卫生服务体系,免费提供妇幼保健、预防接种、传染病防控等公共卫生服务。推进城乡最低生活保障制度统筹发展,探索将农民工及其随迁家属纳入城镇社会救助和养老服务范围。加大城乡基础设施的建设力度,提高城乡社会公共事业的覆盖范围,构建城乡一体的公共服务体系,加大农村公共设施的建设力度,公共服务向农村覆盖。农村居民整户转为城市居民的,允许其在一定时期内继续保留承包地、宅基地及农房的收益权或使用权,允许其在一定时期内自愿选择城市社保或农村社保。

(四)深化户籍制度改革

户籍制度在我国是一项基本的国家行政制度。中国历史上的户籍制度是与土地有着直接联系的,是政府部门为了更好地管理人口、维持社会稳定而制定的,目的在于控制人口流动的行政制度。现代户籍制度是国家依法收集、确认、登记公民出生、死亡、亲属关系、法定地址等公民人口基本信息的法律制度,以保障公民在就业、教育、社会福利等方面的权益,以个人为本位的人口管理方式。1958年,中国颁布了第一部户籍制度《中华人民共和国户口登记条例》,确立了一套严格的户口管理制度。户籍制度在封建社会对加强人口管理有十分重要的意义,这是当时主要的经济形势是自给自足的小农经济。新中国成立初期,这种制度对恢复经济发展确实起到了积极的推动作用。但是改革开放后,随着市场经济的不断发展,特别是城镇化的发展,户籍制度一定程度上影响了各种要素的流动性,特别是人口的流动性。使得人才资源在全国各区域之间的流动受到限制。另外农村剩余劳动力大量进入城镇,而户籍制度得不到解决,也只成为城镇的常住人口。现有的户籍制度阻碍了城镇化的进程,一方面未能满足市场对扩大内需的要求,消费需求和消费行为未能实现城市化;另一方面这部分人没能享受到与城市人同等的待遇,无法享受其所在城市的公共服务和公共用品,违背了我们经济建设和新型城镇化建设中以人为本的理念,是城市内部二元化的重要表现。在改革开放之后的这几十年时间里,农民成为城市建设的主力军,对城市的发展做出了突出贡献,付出了巨大牺牲,到头来他们却为了能够融入城市,转变为市民还要付出更多的代价,这样对他们来讲就太不公平了。这严重背离了我们全面建设小康社会,实现共同富裕的目标。

推进户籍制度改革,创新人口管理。在农民自愿的基础上,把符合条件的农业转移人口转为城镇居民,实行居住地登记的户籍管理制度。实现全省城乡统一户籍管理,放开对农民进城的落户限制。逐步将城中村、城郊村和产业集聚区内村庄的农业人口成建制地转为城镇户口。推进人口管理制度改革,还原户籍的人口登记管理功能,全面推行居住证制度,建立以居住证为依据的基本公共服务提供机制,形成户籍制度和居住证制度有效衔接的人口管理制度。建立统一开放的劳动力市场,实现平等的社会劳动力就业权与报酬权,促进农村劳动力的合理有序流动,为转移农村富余劳动力、实行农业规模经营创造良好的就业环境,积极推动农村人口向城镇集中、工业向园区集中、土地向大户集中。各地区政府部门要根据当地人口情况,逐步深化户籍制度改革。由于河南省中小城镇规模不大,可放松中小城镇的户籍管理制度,使那些长期在城镇居住的农民工或其他行业人员能拥有城镇户籍,对城镇郊区的非农业人口和城中村人口可就地转化为城镇人口。以后相关部门在制定相关政策时可尝试忽略户口因素,让长期居住城镇人员也能享受到城镇福利。

五、深化农村配套改革,建立农业人口转移的促进机制

探索实现农民相关权益的形式,健全体制机制,保障农民土地承包经营权、农户宅基地用益物权和农民集体经济收益分配权,消除农民进城的后顾之忧,弥补农民进城个人成本,增强农民向城镇转移的动力,确保农业人口转得出。

(一)继续深化土地制度改革

20世纪50年代的社会主义大改造时期,农村土地改革由土地私有化转变成了公有制,农村土地归集体所有,规定任何组织或个人不得侵占、买卖、出租或者以其他形式非法转让土地。改革开放之后我国工业化发展迅速,第一产业的比重不断下降,土地所能创造的价值在国民经济比重中持续下降,土地呈现集中的趋势。而农民手中所拥有的资源基本上就剩下这块土地和宅基地这两项可以拿得出手的资源了,俨然土地已经成为农民用于抵御市场风险的最后一道经济屏障。然而原有土地制度却规定农民只拥有使用权,不能处置这些土地。这显然是不合理的,随着经济市场化和人口城镇化不断发展,农民的经济生活风险在加大。我国的城镇化不一定非要是农民进城,背井离乡,远离土地的城镇化,另外一种方法就是就地改造、就地城镇化,这样土地资源就显得十分重要了。党的十八届三中全会审议通过了《中共中央关于全面深化改革若干重大问题的决定》。《决定》提出,给予农民更多财产权利,保障农民集体经济组织成员权利,积极发展农民股份合作,赋予农民对集体资产股份占有、收益、有偿退出及抵押、担保、继承权。这标志着我国土地改革取得突破性进展,打破了土地供给的垄断,对广大群众来说是个好消息结果,对我国的城镇化发展来说也是个好消息。

(二)尽快完善农村集体产权制度

经过实地调研,土地权益仍是农民离开农村进城的主要障碍,在现有的农地集体所有制条件下,往往将农民身份与土地权益挂钩。应该采取措施,将土地权益与农民身份剥离,使得离开农村进城的农民无论走到哪里,其土地利益均有保障,无后顾之忧。消除其离开农村的心理和现实障碍。这就需要创新完善现有的农村集体产权制度。农村集体产权制度尤其是农村集体土地产权制度改革尚处于起步阶段,农村转移人口彻底"离农"还有很多法律上、体制上、政策上的障碍有待解决。目前全国被广泛认为比较开拓的试点是温州,依照温州的试点的《办法》,在农村产权交易所以下农村产权可以交易。其中有农村土地承包经营权、林地使用权、林木所有权和山林股权、水域养殖权、农村集体资产所有权及农村集体经济组织股权等等。十八届三中全会出台的《决议》中关于农村土地改革问题的改革为传统农区指出了方向。第一,构建新型工农之间的关系。改变过去由农业补贴工业的格局,以工促农、以城带乡、城乡一体发展。这就要求城市与农村基本公共服务、社会福利与基础设施这三个方面要均等。第二,给予农民更多的财产性权利。这也是农村土地流转的一个

信号,其中土地承包权可以抵押的是经营权,而住房财产权国家要选择试点,将住房财产权实现流转,这也是传统农区试点的机会。第三,建立城乡统一的建设用地市场。这样是解决目前城乡要素交换不平等的一个信号,这也使得土地有平等交换的条件和基础。但农村土地制度改革也有三个底线需要坚持:土地所有制、农地农用、农民的基本利益。在贯彻十八届三中全会《决议》的基础上,加快探索建立农村与城镇统一的建设用地市场,市场配置交易平台的资源,这样农村与城镇的土地能够得到最大效益的优化配置。一方面建立科学的土地价格机制,学习外国和发达地区成熟的土地市场运行机制,积极探索出科学的土地价格评估机制;另一方面,建立完善的中介服务机构,支持建立农村土地流转机构,形成系统地土地流转服务体系,完善从上到下的全方位的中介服务系统。

与此同时,创新土地保障机制。河南是农业大省,担负着国家粮食安全的重任,必须坚定土地红线不动摇。随着过去土地城镇化的粗放发展,土地尤其是耕地被严重破坏,那么人均播种面积也减少了,而释放了更多的农业剩余劳动力。河南省又是人口大省,人地矛盾严重制约了发展,制约着农业效益,农民不断从土地流出转入工业部门。河南省推进新型城镇化必须改变以前这种牺牲土地为代价的粗放型发展模式。河南省推进新型城镇化必须依着环境与现有资源可持续发展的模式进行利用,即集约化之路。城镇用地数量严格按照城镇人口与经济的增长趋势确定,并科学规划土地功能,进而界定土地限制与可以利用地区。

(三)保障进城落户农民的集体土地权益

1. 完善进城落户农民土地承包权益保障制度

进城落户农民保留原有的土地承包经营权,完善土地承包经营权登记制度。尊重农民的流转地位,使其成为流转、规模经营的参与者与受益者。按照依法、自愿、公平、有偿的原则,进城落户农民可以通过转包、出租、互换、转让的方式推行土地流转,获取土地流转收益。农民对承包地享有占有、使用、收益、流转及承包经营权抵押、担保等权力。也可以在公开市场向家庭农场、农民合作社、专业大户及农业企业转让自己享有的土地承包经营权。同时也可以以承包经营权入股发展农业产业化经营,进而提高农民土地流转收入。加强土地流转服务体系建设,降低土地流转成本和风险,提高流转效率。

2. 保障进城落户农民宅基地用益物权

保证进城落户农民宅基地使用权不变。推进农村宅基地确权登记颁证,保障进城落户农民的宅基地用益物权。实施农村房屋产权登记制度,农民拥有住宅的抵押、担保、转让等权力,通过对农村房屋产权的转让、担保、抵押等方式来增加农民财产性收入。构建公平、合理、自愿、有偿的宅基地退出机制。对退出的宅基地开发利用,合理分配土地增值收益,提高农民个人收益。

3. 保障进城落户农民集体经济收益分配权

保留进城落户农民原有集体财产权益不变。作为集体经济组织成员,集体收益分配权是农民应当享有的合法财产权利。推进农村集体经济组织产权制度改革,推行以股份合作制为主、多种形式并存的农村集体经济组织产权制度,将集体财产评估折股,量化到人,农民享有集体资产股份的占有、收益、抵押、担保、继承等权力。保护成员的集体财产权和收益分配权。加快建设省级农村产权交易中心,建立健全市、县、乡镇三级农村产权交易市场体系,服务农村及涉农各类产权的流转,推动农村产权要素合理流动。

六、加强城市建设和管理,提高城市可持续发展能力

树立"精明增长"理念,适应现代城市的发展趋势,提高城市规划建设管理水平,健全规划建设体制机制,促进城市集约智能、绿色低碳发展,增强文化魅力,完善基础设施,强化社会治理,加强城市管理,实现城市可持续发展。

(一)着力建设节约型城市

合理确定城市用地规模,调整土地利用结构和布局。实行节约集约考核奖励制度,发展节地节能节水型产业,大力推广节地节能型绿色建筑和紧凑型城市。提高建设用地开发强度、投资强度和环境效益,加快"城中村"改造,探索"旧城改造"的模式,提高旧城土地资源利用效率和效益。对水资源利用实行最严格的管理制度,建设节水型城市,加大水技术开发,推广普及先进适用的节水工艺、技术和器具、污水再生利用、雨水集流利用技术,鼓励中水回用。提高工业、建筑、交通、公共机构等领域节能力度。优化能源利用结构,鼓励发展可再生资源,如太阳能、地热能、风能、生物质能等。对产业集聚区进行循环改造,发展循环经济,减少资源消耗,降低废物排放,提高资源利用率。注重发展节能型建材、绿色建材,推进建筑工业化。减少建材产业对土地的依赖和破坏,以建设"紧凑型""复合型"城市为目标,探索推进新型城镇化建设,促进城乡一体化发展路。

(二)着力建设生态宜居城市

在新型城镇化进程中要融入生态文明理念,建设美丽河南,注重城市的生态建设和环境整治,提高城市居民的生活环境质量。构建高质量的环保系统、高效地运转系统、完善的绿地生态系统。对生态功能区进行科学规划,保护和建设城市的调蓄水库、过境水系、周边湿地生态系统和绿地生态系统,整治城市河道,建设园林绿地、立体绿化、生态走廊、休闲健身广场等,建设环城防护林和城郊森林公园,打造城市绿色生态空间。综合整治城市环境,建设城镇污水、垃圾处理设施,并监管其运营,防治大气污染、水污染、土壤等污染,大力发展绿色交通,倡导绿色出行,构建城市绿色生活空间。进一步完善环境管理的相关制度,强化相关各方的责任,包括政府的总体责任、部门的监管责任以及企业的主体责任,深化总量控制环评管理,健全生态环境保护责任的追究制度,健全环境损害赔偿制度,完善生态补偿机制。发展环保市场,构建生态环境保护吸引社会资本投入的市场化机制,推行环境污染第三方治理。方便人民群众的生产生活提供,改善人居环境,提高人民群众的生活质量。

(三)着力建设智慧城市

加快信息化建设,实现信息化与城镇化协同发展。加强城市信息基础设施的建设,推行城市基础设施与市政公用设施、公共服务设施同步规划,同步建设。加快城镇基础设施智能化,建设基础的信息网络。建设统一的地理空间信息平台,推进城市的运行管理和社会管理的数字化,拓宽信息化应用的领域,深化应用于交通、市政、环境监管、应急保障、治安防控等领域,构建智能、协同、高效、安全的城市管理体系。打造智能化城市公共服务平台,为教育、文化、体育、就业、社保、医疗等提供新的服务模式,构建覆盖范围广、使用方便、惠民利民的公共服务应用体系。大力发展现代电子商务业,发展智能终端产业,扩大人们信息的消费,对互联网、云计算、大数据等新一代信息技术进行创新与应用,加大信息应用的智慧化,拓展新型信息服务。提高城市要害信息系统和关键信息资源的安全保障能力。

(四)着力建设文化城市

目前,中国城市建设存在着"千城一面"现象,我们要在城市规划建设上重视塑造城市的个性。在推行新型城镇化建设,促进城乡一体化发展过程中,河南省要改变过去的传统做法,城市建设突出城市的地域、历史和文化特色。保护历史文化遗存,打造历史文化名城名镇、历史文化街区域、历史文化遗址遗迹,充分利用河南省文化、旅游、民俗风情等资源优势,建设一批文化城市。我们既要保护好历史文化遗产、地方文化和民俗风情,又要保护好城市风貌,彰显每个城市不同的文化魅力。加强优秀近现代建筑保护,突出城市建筑特色,塑造富有地方特色的城市设施和建筑风格,打造历史底蕴厚重、时代特色鲜明的人文魅力空间。建设高品位,高标准的城市建筑物、街道和城市雕塑等,突出每个城市的独特文化,努力创造未来文化遗产。建立健全现代公共文化服务体系,免费开放文化、体育、休闲等公共设施。

(五)完善城乡基础设施建设

完善城乡基础设施建设,提高综合服务能力。建设以铁路和高速公路为主,以普通公路为基础,有效衔接大中小城市和小城镇的多层次快速交通运输网络。构建以高铁、城际铁路、高速公路为主体,普通公路为基础的大中小城市及小城镇的多层次的交通运输网,逐步形成城市群内快速交通运输网络。增加污水处理与垃圾中转站、公厕的建设数量,优化布局,提高城市服务能力。对农村环境进行综合整治,建立城乡生活垃圾一体化处理系统,公共服务向农村延伸。实现城乡公共服务均等化,农村生活服务社区化、生活方式市民化。

(六)提高城市社会治理水平

城市社会治理要树立以人为本、服务为先的理念,构建创新型社会治理体制,进一步完善城市治理结构。以政府为主导,鼓励社会其他各方面力量参与,实现政府治理和社会自我调节、居民自治共同参与管理。发展较快的城镇,根据自身的优势与条件,依客观需要适时调整行政管理体制,完善社区管理机构,提高社区自治服务能力,公共服务向社区延伸,健全民主科学决策制度、社会矛盾调解化解制度。完善防灾减灾救灾制度,健全城市应急管理体制,提高防灾减灾能力。创新社会管理综合治理,建设平安河南。

七、统筹"三化"协调发展

(一) 统筹新型城镇化与新型工业化的协调发展

通常认为工业化和城镇化存在着必然的联系,工业化和城镇化是区域经济发展的"车之两轮""鸟之双翼",相辅相成、缺一不可。河南省城镇化率明显低于工业化率。因此,河南省要进一步认清差距,查找不足,坚持新型城镇化与新型工业化互促并进、联动发展和城乡一体化发展的原则,坚持以新型工业化和信息化为动力,大力发展先进制造业、高新技术产业和现代服务业,推动新型城镇化。坚持完善城镇体系,优化城镇功能分区,通过城镇化引导经济要素集聚,调整优化产业结构和布局,加快推进新型工业化。

1. 调整优化产业结构

一是根据河南省农村人口基数大,农村剩余劳动力转移压力大的实际情况,从河南省人口资源禀赋和比较优势出发,在中小城镇地区和新型农村社区优先发展劳动密集型企业,地方政府及时出台鼓励中小企业、劳动密集型企业发展的配套政策。二是加快河南省服务业发展,尤其是大城市的各种现代服务业,以文化、旅游、现代物流、金融为重点,推进生产性服务业和生活性服务业全面发展,加快形成与新型工业化、城镇化、农业现代化融合互动的现代服务业体系。在全省50个省辖市城区中,选择20个服务发展基础好、潜力大、示范带动作用强的中心城区,研究制定扶持政策,推动服务业集约集聚发展。加快推进服务业特色园区建设,推动园区按照规划布局,加快园区交通、通信等基础设施建设,加快研发、设计、检测、信息等服务体系建设。加快建设各类面向产业集群技术创新的公共服务平台,大力发展中介服务机构。结合产业集聚区规划,引导企业之间深化分工协作关系,鼓励制造业企业外包生产性服务环节。三是提高河南省产业核心竞争力,增强企业的自主创新能力,加强企业和高校的科研合作,使高校的科研成果能及时转化成先进的生产技术,增强资本密集型和技术密集型企业的竞争力。

2. 调整优化城市产业布局,促进产业与城市协调发展

一是区域中心城市重点发展壮大优势产业,改造提升传统产业,加快发展现代服务业,努力壮大经济实力。二是大城市结合新区开发、旧城改造,发展汇集多种功能的城市综合体,为现代服务业提供载体。三是中小城市和小城镇要利用要素成本优势,积极发展特色产业和劳动密集型产业,努力创造就业岗位。大力发展小城镇特色经济,培育工矿型、商贸型、农产品加工型、交通枢纽型、旅游观光型等各具特色的经济强镇。

3. 加快推进城市新区规划建设,建设产城互动的新型城区

依据主体功能区规划、城市总体规划和土地利用总体规划,按照"三规合一"和节约集约发展的原则和城乡一体、产业互动、统筹发展的复合型、紧凑型理念,规划建设城市新区。加快新区产业发展,把产业发展作为新区建设的根本性任务,大力推动资金向新区汇集、项目向新区集中、人才向新区流动,积极引进战略投资者,加快一批对全省发展具有重大带动作用和示范效应的重大项目建设,尽快形成现实生产能力和新的增长点。尽快完善基础设施和公共服务设施,积极建设标准化厂房,提高承载能力,把城市新区建设成为产业集聚、企业集群、主业突出、特色鲜明的新型城区、对外开放和承接高水平产业转移的主导区。

4. 加快产业集聚区和专业园区建设,构建产城互动的新型载体

集中配置要素资源,加快产业集聚区建设进度,提升产业集聚区发展水平。围绕壮大特色主导产业,不断完善产业链条,加强专业化配套协作,促进相关产业融合发展,培育发展优势产业集群,推动产业集群化、配套化和规模化转移。制定优惠措施,促进相关企业和项目向产业集聚区集中布局、集聚发展。要把产业集聚区基础设施纳入城市建设规划,加强城市现有道路、供排水、供电、供气、集中供热、污水垃圾处理、通信网络等基础设施与产业集聚区的共享和相互衔接,形成各有侧重、功能互补的基础设施建设格局。产业集聚区要加快完成集聚区道路、供排水和污水管网、供电、供热、供气、通讯等基础设施建设,统筹规划建设现代物流、技术研发、检验检测、信息网络等生产性公共服务平台,适度建设社区服务、职工公寓、职工食堂、医疗等与企业生产相适应的基本生活性服务设施,满足产业发展和项目落地的需要。

(二)统筹新型城镇化与农业现代化的协调发展

河南省作为全国第一粮食大省和全国粮食生产核心区,对保障国家粮食安全承担着重大责任,因此,河南省在推进新型城镇化的同时必须促进农业的现代化,发展粮食生产、增加农民收入、促进农村发展。

1. 调整农业产业结构,增加农民收入

目前,河南省农民人均纯收入与全国平均水平的差距、城乡居民收入差距呈现出逐步拉大的趋势。要处理好发展粮食生产与促进农民增收的关系,在确保粮食生产稳定增长的前提下,不断挖掘农业内部的增收潜力,努力拓宽农民增收的渠道。要以市场需求为导向、科技创新为手段、质量效益为目标,构建现代农业产业体系。优化种植业结构,围绕蔬菜、瓜果、食用菌、花卉苗木、茶叶、中药材等六大主导产业,加快优势农产品产业带建设,建设一批特色农产品基地。继续实施好食用植物油生产倍增计划,实施新一轮菜篮子工程建设。加快发展林果业,推进园艺作物生产设施化和经济林、工业原料林基地建设。大力发展现代畜牧业,加快标准化畜禽养殖小区建设,支持集约化养殖企业加快规模扩张和畜产品加工龙头企业提升精深加工能力,积极推进优势水产品生产基地建设,努力把河南省建设成为全国优质安全畜产品核心产区,加快实现由畜牧大省向畜牧强省的转变。加快以食品工业为主的农产品加工业发展,强力推进农产品精深加工项目建设,拉长产业链条,增强食品产业集

聚功能,努力提升附加值。着力打造河南食品工业品牌,提高河南省农产品在国内外市场的竞争力,努力实现由产粮大省向食品强省的跨越。大力发展城郊型农业,促进农业向机械化、集约化、设施化及高效化发展。大力发展观光型农业,发挥现代农业改善生态环境质量,为人们提供观光、休闲、度假的生活性功能。大力发展设施农业,走向现代工厂化农业生产之路,进一步满足多元化、多层次消费需求。学习借鉴陕西杨凌示范区的经验,把科研攻关、示范推广、基地建设和城镇建设结合起来,按照产业集聚区的管理模式,大力发展高效农业示范园区,在全省引导建设200个左右的省级现代农业园区,争取建设一个以上国家级现代农业园区。

2. 夯实农业发展基础,增强农业综合生产能力

目前河南省农业基础设施建设仍然较为薄弱,现有农水设施完好率仅占40%,黄河水资源利用率仅为山东省的三分之二,仍有5 000多万亩中低产田需要改造,特别是农业抗御自然灾害的能力不强,加之近年来农业自然风险加大,极端天气事件明显增多,导致农业因灾减产时有发生。要着力加强以水利为重点的农业基础设施建设,加快病险水库除险加固步伐,推进重点河道治理,加大灌区建设力度,积极发展引黄灌溉。积极推进水利产权制度改革。继续推进大型商品粮基地建设和国家优质粮食产业工程,实施农田防护林体系建设工程,扩大沃土工程实施范围。加大农业综合开发力度,加快中低产田改造步伐。推进农业机械化进程,着重发展大中型、多功能农业机械,推动农机装备结构升级。重点推进水稻、玉米等秋作物生产机械化,加快经济作物、设施农业和保护性耕作机械化技术的推广应用。加强粮食仓储、物流设施建设。认真实施《河南林业生态省建设规划》,重点加强农田防护林体系、防沙治沙工程、村镇绿化、生态廊道和山区生态体系建设。加快发展循环农业,积极发展节约农业,大力推广以节水、节肥、节药、节能为重点的节约型农业生产模式,降低农业生产成本,控制农业面源污染。大力推进以沼气建设为重点的农村生态循环经济,推广"养殖业-沼气-种植业"等生态种养模式,促进畜牧业、沼气与种植业的良性发展。推进秸秆综合利用,制定相应的鼓励政策,大力开发以农作物秸秆为主要原料的生物质燃料、肥料、饲料等,培育生物质产业,促进农业可持续发展。

3. 增加农业科技投入

在农业面临日益严峻的资源约束条件下,科技是实现农业发展方式转变的关键。因为无论是提高农业的产量、质量和效益,还是增强农业的国际竞争力、实现农业的可持续发展,都依赖于农业科技的进步和创新。要增加农业科技投入,财政资金重点向公益性农业科研机构和农业院校倾斜,形成支持农业科技创新的长效机制,增加大学农业重点实验室和工程技术研究中心的投入力度,加快河南省农业科技创新体系和现代农业产业技术体系建设。强化生产技术集成创新,大力开展主要农作物的简化栽培技术研究。推进农业信息技术发展,重点开发信息采集、精准作业和管理信息技术。加强农业科技创新团队建设,培育农业科技高层次人才特别是领军人才。落实农业科技人才相关政策,稳定农业科技人才队伍。加强新型农业科技推广体系建设,抓紧建设乡镇或区域性农技推广等公共服务机构。鼓励高校涉农专业毕业生到基层农技推广机构工作,支持科研单位、大专院校、农民专业合作组织和龙头

企业以多种形式开展农业技术推广服务,促进产学研、农科教结合,加大农业科技宣传普及力度,促进农业科技进村入户。加强对农民的培训,着力提高农村劳动者素质和专业技能,促进农民就业创业。筛选一批先进适用技术进行集成、组装、配套,为农民提供操作难度低、劳动强度低、生产成本低的技术规程,提高科技进步对农业增长的贡献率。

4. 提高农业的组织化程度,大力推进农业规模经营

经营规模小、市场竞争力不强是河南省农业发展面临的突出矛盾之一,必须通过发展产业化经营,逐步解决千家万户的分散家庭与千变万化的大市场的对接问题。支持优势企业通过收购、兼并、租赁、控股和承包实现规模扩张,使更多的龙头企业进入国家级和省级重点农业产业化龙头企业行列,提高市场占有率,增强辐射带动能力。积极承接食品产业转移,推动与国内外知名企业的战略合作,努力再引进一批跨国食品公司落户河南。大力支持民营企业争当龙头,支持龙头企业提高辐射带动能力,鼓励农业产业化龙头企业与农民专业合作组织建立稳定的合作联系。大力实施农业标准化生产,加强农产品生产环境监测,加快完善农产品质量安全标准体系。加强农产品市场体系建设,在粮食主产区和优势特色农产品产区,重点建设一批设施先进、特色突出、功能完善、交易规范的农副产品批发市场,加大粮棉油等大宗农产品仓储设施建设力度,完善鲜活农产品冷链物流体系。加快培育农村经纪人、农产品运销专业户和农村各类流通中介组织,积极发展多元化市场流通主体。扩大农业对外开放,积极开展农业招商引资,提高农业利用外资水平,努力扩大优势农产品出口。继续大力促进产销衔接,发展农业会展经济。

八、开拓投资融资渠道,加快城市基础设施建设

由于河南省政府财力有限,政府投资城市基础设施建设应主要集中在市场不能有效配置资源的社会领域,对于经营性和准经营性领域,应打破行业垄断,在继续加大政府财政投入、争取银行贷款、推动企业上市直接融资的同时,积极创新投融资方式,引导社会资金参与,建立混合经营的城市基础设施投融资体制。当前,河南省城市建设投融资应重点在以下三个方面实现新的突破。

(一)探索发行城镇化建设债券

市政债券是以城市政府或政府代理机构为发债主体,向资本市场公开发行的债券,主要用于城市基础设施建设,如道路、桥梁、自来水、污水处理、垃圾处理等。由于市政债券的利率比银行存款利率高,比银行贷款利率低,再加上融资成本低廉,因此,发行市政债券既对投资者有吸引力,也对融资者有吸引力。目前,我国已有北京、上海、济南等城市尝试发行了市政债券,并利用市政债券成功建设了一批大型市政基础设施项目。全国还有不少城市也在变相地发行市政债券。河南省应抓住当前国家鼓励探索发行城镇化建设债券的时机,积极争取发行市政债券,为城镇化建设提供长期资金投入渠道。

（二）争取设立城市建设发展基金

城市建设发展基金是专门用于支持城市建设的投资基金。这种基金不同于债券等债务融资方式，在项目进行中不必集中偿付大量本息，同时降低项目的债务率，减轻债务负担，起到降低项目融资成本的目的，有利于分散和降低投资风险。河南省可以郑州新区、洛阳新区等城市新区的建设为契机，联合政策性金融机构、市场化的投资管理公司，以有限合伙形式设立基金管理中心，并以基金管理中心作为普通合伙人发起募集新区城市发展基金，广泛发掘民间私有资本、寿险资金、企业资金和政府资金等多种资金来源，吸引社会资金进入城市建设领域，弥补城市建设投资的资金缺口。基金主要通过其控股的项目运营公司投资于新区管委会管理开发区域内市政基础设施建设、土地开发等与新区发展相关的项目，部分资金可以股权形式投资于新区内优质企业。

（三）创新城建项目融资模式

目前，河南省部分城市面临基础设施发展水平不高、政府财力有限、政府负债高、国有资产比重过高、行业垄断严重、效益低下等局面。在这种背景下，河南省基础设施建设领域应大力引进和应用项目融资模式，灵活运用BOT、BTO、BOO、BOOT等多种投融资模式，积极吸引民间资本参与基础设施的建设，并将其按市场化模式运作，既能有效地减轻政府财政支出的压力，又可以提高基础设施投资和运营的效率。采用项目融资建设应按照"规划先行、资源整合、多元投资"的要求，以城市总体发展规划为指导，帮助企业做好发展规划，并将规划的核心思想体现在项目建设方案和融资方案内；整合政府财政资金、土地资源和民营资本，实现政府、企业、土地与金融要素的有机结合，为做强投融资主体、确保投资者收益提供有力保障；积极吸引首创、中信、平安等高端战略投资者参股，在拓宽融资渠道的同时，提升项目公司的管理水平，提高城市运作水平和运营能力。

九、坚持城乡一体化改革创新，完善新型城镇化建设的体制机制

对城乡一体化的重点领域和关键环节进行改革，破解土地、资金等要素制约的难题，形成适应新型城镇化发展的制度环境。

（一）创新土地保障制度

对土地征用制度进行改革，制定最严格的耕地保护制度和节约集约用地制度，创新土地管理。严格控制征地规模，提高城镇建设用地效率，提升城乡一体化发展的土地保障能力。建立存量建设用地退出激励制度，对旧城区、旧厂区、城中村进行改造，以市场价格对失地农民阶级进行补偿。推行城乡建设用地增减挂钩与工矿废弃地复垦利用，制定人地挂钩政策，挖掘城乡建设用地潜力。对土地补偿费及分配制度进行改革，健全征地纠纷调解制度，构建新的失地农民安置制度，保护进城落户农

民的切身利益,保证耕地保护制度的落实,促进新型城镇化的健康发展。

(二)创新资金多元筹措制度

建立多渠道融资机制,完善以政府为引导,市场运作的多元化投融资制度。在政府财政投入的基础上,探索新的投融资方式,吸纳社会资金参与其中,争取国家政策性银行、商业性银行和国际金融组织贷款,通过发行债券、增资扩股、上市融资等形式筹集建设资金,保障城镇化建设资金供应。制定规范的城市建设投融资制度,创新投融资方式,拓宽城市建设融资渠道。有条件的地方可以通过发行市政债券筹措建设资金,鼓励引导商业银行、保险公司等金融机构增加贷款,保障新型城镇化的建设。充分利用社会资金,以特许经营权方式参与到城市基础设施的投资和运营中。对国有资源、资本、资产、资金进行整合运作,加强地方政府性债务管理,健全合理偿债制度。

(三)完善促进新型城镇化的法制保障

加快推进新型城镇化建设,促进城乡一体发展的相关法律制定,根据新型城镇化推进过程中的户籍管理、社会保障、土地利用、生态环境建设、公共服务设施建设、投融资方面出现的新情况新问题,制定相应的地方性法规、规章,及时修订与科学推进新型城镇化的城乡一体化发展中不相适应的地方性法规、规章、规范性文件,促进新型城镇化建设规范化、科学化。严格规范征地拆迁行为,依法解决矛盾和纠纷,维护群众合法权益。

十、加强领导,为新型城镇化的发展提供保障机制

(一)深化改革,破除体制障碍

由政府主要领导组成专门机构,明确各级各部门职责,落实工作计划,全面督察推进新型城镇化建设工作任务,定期研究解决城镇化进程中遇到的困难,使新型城镇化工作得以健康、持续、快速的发展。要加强调查研究和具体指导,重大问题亲自抓,主要工作亲自部署,重大措施亲自督促落实。要继续推进经济体制和政治体制改革,为经济社会发展注入强大动力。坚持和完善基本经济制度,加快财税金融领域、垄断行业、各重要因素的价格等重要领域的改革,充分利用市场这个有力手段。坚持依法治国,从制度上改变权力过分集中而又得不到制约的状况,保障人民的民主权利和合法权益,维护社会公平正义。

(二)建立以企业为中心的服务职能体系

政府职能要与时俱进,党的十八届三中全会以后,明确提出让市场在资源配置中发挥决定性作用,经过两年的发展,如今的社会经济环境与原来的以政府调控为主的社会经济发展环境已大不相同。企业作为经济市场中的主要组成部分,成为衡量

经济发展水平的重要参照物。企业得到又快又好的发展，整个市场经济也会发展得更好。因此，原有的以调控与引导为主的政府职能需要根据现有经济形势进行调整，要通过充分的研究与调查，围绕企业发展的方方面面需求制定与调整政府职能，建立以企业为中心的服务职能体系。这种做法可以极大的激励企业发展，为新型城镇化发展提供更多优质的工作岗位，进一步促进产城融合程度。同时，企业的发展意味着税收的增加，更多的税收为城市基础设施建设提供更多的资金，又会进一步促进新型城镇化的发展。

（三）健全考核机制

建立新的考核机制，将城镇化工作列入政府年度考核的内容中，规定年度指标，优化工作机制，推动新型城镇化可持续发展。对工作进展明显的要表彰激励，落后的要通报批评。每年召开一次新型城镇化发展情况现场工作会议，总结工作，交流经验，推动发展。要加强人才队伍建设，着力培养一支高素质的城镇规划、建设、管理人才队伍。进一步完善考核内容，既注重考核发展速度，更注重考核发展方式、发展质量；既注重考核经济建设情况、更注重考核经济社会协调发展、维护社会稳定、保障和改善民生的实际成效。进一步改进考核方式，建立体现科学发展观的干部综合考核评价体系，变实绩考核为综合考核评价，由结果型考核向过程型考核与结果型考核并重转变。同时要完善与丰富考核方式，比如定量和定性考核方式相结合、日常考核和特定日考核相结合、上级考评与民众评测相结合等。将内部评价、上级评价和自我评价紧密结合起来，切实提高考核评价的质量和效率。

第八章 结论与政策建议

一、河南省城镇化建设实践的结论

新型城镇化进程中城乡一体化就是在推进新型城镇化发展进程中,把工业与农业、城市与乡村、城镇居民与农村居民作为一个有机统一整体,统筹谋划、综合研究,调整创新体制、机制和政策,促进城乡在规划建设、经济发展、基础设施、公共服务等方面的一体化,实现城市与乡村一致的政策、互补的产业发展策略及平等的国民待遇上,长期以来的城乡二元经济社会结构得以改变,逐渐形成新的现代化城乡经济社会结构。城乡一体化是一种新的发展观,深化了人类对经济社会发展进程的认识。20世纪80年代,我国开始探索推进城镇化的城乡一体化改革,如今,部分地区已经形成了自己独特的典型模式,丰富了我国城乡一体发展的理论体系,对其他地区开展城乡一体化建设具有十分重要的意义和作用。

河南省通过城乡统一规划,改革行政管理、户籍、财政管理、社会保障等制度,有力地促进了新型城镇化进程中城乡一体化的改革与发展,通过强化城镇产业促进农村劳动力转移就业、推进农业转移人口市民化、深化农村配套改革、统筹推进新农村建设、加强城市建设和管理、完善推进新型城镇化的制度等措施,逐步实现了河南省新型城镇化进程的城乡一体化发展,为其他地区推进新型城镇化与城乡一体化发展提供了可借鉴的经验与实施的典型模式。当然,河南省推进新型城镇化的城乡一体化发展中也存在一些问题,如发展不均衡的公共服务,缺乏资金、筹资渠道过窄,发展缓慢的农村经济、城乡收入差距扩大,土地资源收益差距大等。因此,我们要发挥社会各界的力量,围绕河南省新型城镇化发展的总体要求,提高城乡一体化发展的质量,大胆改革创新制度和相关机制,拓宽投融资渠道,大力发展农村经济,促进农村社会事业发展,克服发展过程中的各种困难,科学推进新型城镇化建设,促进城乡一体化的健康发展。

通过对河南省新型城镇化进程的多重分析,得出以下几点结论。

第一,城镇化是一项系统工程,反映城镇化发展水平的指标涉及经济社会、生态环境、资源开发利用以及制度环境等方方面面的内容。城镇化发展不仅包括城镇本身的发展,而且包括城乡一体化的发展程度,二者不可偏颇。区域协调发展的实质是城乡一体化问题。城镇化发展的核心内容是积极稳妥推进城镇化,稳步提高城镇发展质量,城乡一体化则是城镇发展质量稳步提高的基础上,提高城镇化质量的最终目标。从这个意义上讲,城镇化发展不仅包括城镇本身的发展,而且包括城乡一体化发展。鉴于此,提出河南省城镇化发展的思路包括以人为本的城镇化、城镇规模结构和空间结构的多元化、产城融合与一体化及绿色低碳的生态城镇化。

第二,通过对我国及河南省城镇化发展历程进行分析,找出河南省城镇化发展过程中呈现出的规律与特征。目前河南省新型城镇化建设的现状表现在城镇化发展水平稳步提高、城镇化发展载体不断完善、城镇化产业基础进一步夯实、城乡统筹发展取得进展等,从发展现状中可以看出河南省新型城镇化得到了快速的发展,但在发展过程中也暴露出一系列的问题,具体表现在整体城镇化水平较低、城镇化率滞后于工业化率、城镇基础设施落后、城乡一体化水平较低、受到各种资源环境的约束、制度因素的制约等方面,究其原因,主要受到认识和观念、经济、政策体制、文化等因素的制约。

第三,对我国按照城镇化区域结构划分、资源禀赋划分、城镇化动力机制、城镇化空间结构划分、城镇化推进方式划分等的典型模式进行分析,比较城镇化区域结构划分模式,城镇化资源禀赋划分模式、城镇化动力机制划分模式、城镇化空间划分模式、城镇化城乡统筹划分模式,并对河南省经济发达县(市)新型城镇化推进模式、工业化水平高的县(市)新型城镇化推进模式、传统农区县(市)新型城镇化推进模式及粮食主产区县(市)新型城镇化推进模式进行分析比较,指出河南省新型城镇化发展的思路。

第四,基于河南省新型城镇化发展的现状及问题的分析,结合国外发达国家及发展中国家的经验借鉴,从河南省的实际情况出发,针对出现的问题提出切合可行的对策与建议。具体包括根据自身特点科学规划、合理布局;优化城市体系、形态和布局,促进各类城镇协调发展;强化城镇产业支撑,促进农村劳动力转移就业;积极推进农业转移人口市民化;深化农村配套改革,建立农业人口转移的促进机制;加强城市建设和管理,提高城市可持续发展能力;坚持城乡一体化改革创新,完善新型城镇化建设的体制机制;加强领导,为新型城镇化的发展提供保障机制。希望能为河南省政府关于新型城镇化建设问题提供可借鉴的政策建议。

二、理论上的总结

本研究在新型城镇化研究方面是一种探索性的尝试,是一种城镇化研究模式创新的呼吁。而从具体的理论层面来看,本研究研究的结论包括两个部分。

其一,新型城镇化是未来河南省城镇化研究的核心与重点,也决定了河南省城镇化发展的基本路径和特征。新型城镇化不仅是对马克思主义城乡关系理论的继承,也是对世界城镇化发展经验的总结与概括,更是对中国当前城镇化发展特征的恰当概括。从结构上来看,新型城镇化的发展思路包括以人为本的城镇化、城镇规模结构和空间结构的多元化、产城融合与一体化、绿色低碳的生态城镇化等四个层面。对新型城镇化的基本理念要求和推进方式进行了整体且详细的阐述,也是首次对新型城镇化理论框架进行完整的阐述和细化,进而实现新型城镇化研究的清晰化、科学化和体系化。

其二,新型城镇化建设在具体实践过程中的缺陷十分明显,这主要是从河南省新型城镇化建设实践分析得出的结论。首先,城镇化建设缺少治理层面的政策设计。从河南省新型城镇化进程中,我们就可以发现,治理层面,尤其是对人权利层面的关注基本没有,这就表明当前城镇化建设并没有从治理的软层面来体现城乡在治理结构上的协调与对接。这是新型城镇化实践中的一大缺陷,如果没有从体制与制度的治理层面解决城乡关系之间的矛盾,那么城乡融合与城乡一体化也就是空谈。其次,对传统城镇化模式的反应缺少具有代表性的和实质性的指标。这也表明新型城镇化发展中存在混乱、缺少政策与理论指导。很多城镇化建设内容缺少代表性,并没有能够正确的反应新型城镇化的特征。再次,从河南省新型城镇化发展水平的分析与预测结果来看,新型城镇化建设同经济与政府的关联性很强,城镇化发展并没有摆脱传统城镇化发展思路的束缚,政府主导的过于凸显将无法凸显人的主体性和参与性。总体来看,这些问题存在的原因就在于新型城镇化建设与发展在理论创新与研究层面的不足造成的,进而导致政策层面与实践层面的城镇化建设无法突破传统城镇化建设的思维。理论的不足导致城镇化评价指标的缺陷,导致新型城镇化建设缺少方向指导。当然,这里并不是否定河南省在新型城镇化建设中探索的成果,可以说河南省在新型城镇化的探索是必要的,也是理论与政策的必然性催生的。相对而言,河南省在新型城镇化建设的实践努力,为我们开展新型城镇化研究提供了现实情境的依据。

三、政策层面的建议

本研究不仅要回应理论层面的问题,还必须回应实践层面的问题,针对河南省新型城镇化进程分析,针对相应呈现出来的问题提出具有一定指导意义的政策建议,希望能够为推动河南省城镇化建设提供参考意义。从本研究的实践结论与理论结论来看,在新型城镇化建设层面,河南省可以考虑从以下几个方面着手改革。

首先,建构合理的科学的能够全面反映新型城镇化发展水平指标评价体系。有什么样的城乡关系就有什么样的城镇化模式,同时有什么样的城镇化指标评价体系,就有什么样的城镇化建设模式。从省域的空间来看,城镇化指标评价体系就相当于城镇化的发展模式。河南省虽然在城镇化建设中注入新型城乡关系的政策视角,出台了相关的政策文件,但是并没有形成一个完整的城镇化发展指标评价体系。这就导致地方在具体的城镇化探索中缺少指导和方向,城镇化建设就容易走老路或者出现低水平的重复。因此,一套合理的科学的能够全面反映新型城镇化发展水平评价指标体系就显得十分重要,且十分必要。从这个角度来看,河南省应加强同相关研究单位的合作,通过对各地市城镇化建设的实践的研究和分析,尽快建构和出台适用于本省地域特色的城镇化发展水平指标评价体系。

其次,强化城乡治理体系的对接,尽早实现城乡治理机制的协调。从当前河南省新型城镇化建设的内容来看,城乡治理机制并没有纳入到当前城镇化建设的范畴之中。可以说,伴随着城乡一体化的加快,以及农村流动人口的增多,城乡之间的治理界限逐渐模糊,治理冲突逐渐增加,要实现新型城镇化的建构,就必须实现城乡治理机制的对接与协调。从现有的案例来看,城乡治理矛盾和冲突,是导致当前城乡关系紧张的重要原因,如农民工身份问题、流动人口的户籍问题、政治资格问题、城市扩张导致土地问题、补偿问题,等等。未来城镇化要实现顺利过渡与转型必须在治理体制与机制层面实现城乡之间的对接。所以,河南省城镇化建设在未来的推进过程中,必须将城乡治理机制的对接上升到工作的主要内容上来,将实现城乡共治作为新型城镇化建构的重点。

再次,针对不同地区城镇化建设的情况,制定有针对性的政策激励措施。根据河南省各地区的不同情况,尽快做好调研工作,找出问题所在,通过总结分析分别制定相对应的应对措施,在找出关键问题的基础上继续推动城镇化发展。同时针对城镇化与经济发展水平的关系,要发展出一批不依赖经济发展水平,注重制度层面与文化层面的城镇化发展模式。要打破城镇化建设中重城镇基础设施建设,忽视城乡关系中"软件"设施建设的老城镇化建设思路,更加注重人文和谐、空间和谐、社会和谐。

最后,逐渐扩大对空间城镇化和环境城镇化的重视。可以考虑在部分地市实行探索性尝试。从河南省当前城镇化建设的整体情况来看,18个地市城镇化的成就主要集中在经济城镇化、人口城镇化、社会城镇化和生活城镇化方面,而空间城镇化和环境城镇化成为河南省城镇化建设的薄弱环节,尤其是环境城镇化。从理论层面来看,对现代城市生态环境的批判是新型城镇化理论产生的重要缘起之一。新型城镇化的重要要求就是城乡生态环境之间的互补。而当前面临的一个重要问题是,城市污染在不断加重的同时,农村的生态环境问题也不断恶化。很多农村已经失去了田园风光的生态标签,生活垃圾、河流污染、生态破坏等不断蔓延,城市的环境问题正在一步一步地转移到农村。与城市环境治理的优越性不同,农村生态环境问题一直受到忽视,如何治理农村生态环境问题,留给城市一片干净的生存空间和享受空间,是实现城乡融合与协调的关键。如果农村生态环境破坏了,城市居民与资源就不会回流到农村,进而农村也就逐渐衰败了,又何谈城乡融合。因此,在未来的河南省新型城镇化建设中,环境城镇化应该逐渐受到重视,这是关乎民生的重大问题。

参 考 文 献

[1]资本论(第1~3卷)[M].人民出版社,1975.
[2]马克思恩格斯选集(第1~4卷)[M].人民出版社,2009.
[3]列宁专题文集(第1~5卷)[M].人民出版社,2009.
[4]毛泽东选集(第1~8卷)[M].人民出版社,1999.
[5]邓小平文选(第3卷)[M].人民出版社,1994.
[6]江泽民文选(第1~3卷)[M].人民出版社,2006.
[7]科学发展观重要论述摘编[M].中央文献出版社,2009.
[8]十八大报告辅导读本[M].人民出版社,2012.
[9]中共中央关于全面深化改革若干重大问题的决定[M].人民出版社,2013.
[10]李从军.中国新城镇化战略[M].新华出版社,2013.
[11]新玉言.新型城镇化——理论发展与前景透析[M].国家行政学院出版社,2013.
[12]张占斌,丁德章,黄银主.中国新型城镇化建设重大问题研究丛书[M].河北人民出版社,2013.
[13]林宪斋.河南蓝皮书:河南城市发展报告(2012)[M].社会科学文献出版社,2012.
[14]柳思维.中国区域经济发展趋势与总体战略[M].湖南人民出版社,2012.
[15]田昕加.基于循环经济的林业资源型城市产业生态化发展研究[D].东北林业大学,2011.
[16]王本兵.我国城镇化发展的制度创新研究[D].中国海洋大学,2011.
[17]常益飞.新型城镇化发展道路研究[D].兰州大学,2010.
[18]刘国新.中国特色城镇化制度变迁与制度创新研究[D].东北师范大学,2009.
[19]仇保兴.中国城镇化:机遇和挑战[M].中国建筑工业出版社,2009.
[20]周新城.关于改革的若干思考[J].光明日报,2013-9-2.
[21]李欣先.山东城镇化与经济增长关系的实证研究[J].现代商业,2013(2).
[22]周毅.以新型城镇化引领区域协调发展[J].光明日报,2013-1-6.
[24]王道勇,鄢彦辉.新型城镇化应力避三大误区[J].新华文摘,2013(11).
[25]岳文海,张晓红.我国城镇化基础设施融资模式研究[J].中州学刊,2013

(10).

[26]岳文海.推进中部地区产业结构调整的思考[J].郑州大学学报,2013(6).

[27]岳文海.推动新型城镇化发展的理论思考[J].学习月刊,2013(10).

[28]岳文海.科技助力周口农业强市建设[J].农村农业农民B(版),2012(11).

[29]岳文海.充分发挥机场业在推动地方经济发展中的重要作用[J].红旗文摘,2008(2).

[30]王亚男,冯奎,郑明媚.中国城镇化未来发展趋势[J].城市发展研究,2012(6).

[31]何静,戎爱萍.城镇化进程中的金融创新研究[J].经济问题,2012(1).

[32]刘圣亮.健康城镇化研究综述[J].理论研究,2012(24).

[33]仇保兴.新型城镇化:从概念到行动[J].行政管理改革,2012(12).

[34]程遥.健康城镇化背景下的流动人口发展趋势与对策[J].经济地理,2012(4).

[35]高宇.关于河南新型城镇化理论与现实依据的思考[J].知识经济,2012(17).

[36]丁建臣,刘亚娴,孟大伟.我国城镇化与经济发展的协调性分析[J].新视野,2012(9).

[37]张占斌.城镇化是我国统筹城乡和现代化建设的王牌[J].中国经济时报,2012.

[38]高峰.江苏新型城镇化之路:进程、挑战与走向[J].苏州大学学报(哲社版),2012(4).

[39]王承强.新型城镇化进程中城镇综合承载能力评价指标体系构建[J].山东商业职业技术学院学报,2011(3).

[40]楚爱丽.加快新型城镇化发展进程的若干思考[J].农业经济,2011(8).

[41]沈和.当前我国城镇化的主要问题与破解之策[J].世界经济与政治论坛,2011(2).

[42]柏程豫.传统农区积极稳妥推进城镇化的路径探索[J].中国城市经济,2011(12).

[43]楚爱丽.加快新型城镇化发展进程的若干思考[J].农业经济,2011(8).

[44]王国刚.城镇化是经济发展方式转变的重中之重[J].经济参考报,2011(2).

[45]袁满.当代农村金融供需现状探析[J].农村经济与科技,2011(11).

[46]沈和.城镇化可持续发展研究[J].区域经济研究,2011(3).

[47]辜胜阻,武竞.城镇化的战略意义与实施路径[J].求是,2011(5).

[48]辜胜阻,李华,易善策.推动县域经济发展的几点新思路[J].经济纵横,2010(2).

[49]黄亚平,陈瞻,谢来荣.新型城镇化背景下异地城镇化的特征及趋势[J].城市发展研究,2011(8).

[50]张占仓.中国新型城镇化的理论困惑与创新方向[J].管理学刊,2014(1).

[51]张占仓.河南省新型城镇化战略研究[J].经济地理,2010(9).

[52]李太淼.新型城镇化建设中的土地制度创新[M].郑州大学出版社,2016.

[53]刘鹏.中央城市工作会议的三大启示[J].党政论坛,2016(2).

[54]中共中央文献研究室.十七大以来重要文献选编(上)[M].中央文献出版社,2009.

[55]仇保兴.城镇化的挑战与希望[J].城市发展研究,2010(1).

[56]张占斌.新型城镇化的战略意义和改革难题[J].国家行政学院学报,2013(1).

[57]仇保兴.理解城市工作的"一尊重、五统筹"[J].城市发展研究,2016(1).

[58]徐东辉."三规合一"的市域城乡总体规划[J].城市发展研究,2014(8).

[59]蔡玉梅,高平.发达国家空间规划体系类型及启示[J].中国土地,2013(2).

[60]王向东,刘卫东.中国空间规划体系:现状、问题与重构[J].经济地理,2012(5).

[61]赵民,郝晋伟.城市总体规划实践中的悖论及对策探讨[J].城市规划学刊,2012(3).

[62]沈瑶,周恺,焦胜等.城乡规划学启蒙课教改实践及延展方法研究[J].规划师,2015(10).

[63]赵民,许重光,顾大松等.规划管理体制改革向何处去[J].城市规划,2014(12).

[64]刘岱宁,曹青,耿明斋等.河南人口流动与城镇化模式[J].经济经纬,2014(3).

[65]徐煜辉,孙国春.重庆大学城乡规划学科教学体系创新与改革探索[J].规划师,2012(9).

[66]朱海玄.大数据时代城乡规划学走向计量化的机遇与挑战[J].城市发展研究,2010(1).

[67]现代化城市治理谋划布局新篇章——中央、自治区城市工作会议精神解读[J].实践(党的教育版),2016(1).

[68]杨丽华,孙桂平.京津冀城市群交通网络的综合分析[J].地理与地理信息科学,2014(3).

[69]胡鞍钢.城市化是今后中国经济发展的主要推动力[J].中国人口学,2003(6).

[70]许树辉.城镇土地集约利用研究[J].地域研究与开发,2001(3).

[71]厉以宁.论城乡二元体制改革[J].北京大学学报,2008(2).

[72]吴江.中国新型城镇化进程中的地方政府行为研究[J].中国行政管理,2009(3).

[73]杨晓东.我国新型城镇化发展道路探讨——以陕西省榆林市新型城镇化发展为例[J].中国市场,2010(9).

[74]王发曾.中原经济区的新型城镇化之路[J].经济地理,2010(12).

[75]沈清基.论给予生态文明的新型城镇化[J].城市规划,2013(1).

[76]佘高红等.从更新到再生:欧美内城复兴的演变和启示[J].城市问题,2009(6).

[77]李海燕.现代数字摄影测量与GIS结合的数字城市建设应用研究——以乐山市数字城市为例[D].西安长安大学,2011.

[78]赵维良等.未来城市发展理论简析[J].北方经贸,2005(1).

[79]陈阳."世界现代田园城市"别成了又一颗概念卫星[J].观察与思考,2010(2).

[80]杨若晶.河南省新型城镇化发展水平的测度研究[J].经济研究导刊,2013(14).

[81]王国平.中国城镇化推进过程中的五个问题[J].中国市场,2013(15).

[82]秋千."新"与"镇",新型城镇化的着力点[J].中国西部,2013(7).

[83]沈玉梅.推进新型城镇化建设的路径探讨[J].经营管理者,2015(3).

[84]杨宜勇.以"人"为核心的新型城镇化[J].中国国情国力,2016(2).

[85]宋伟.传统城镇化路径反思与河南新型城镇化路径选择[J].区域经济评论,2013(2).

[86]张占仓,蔡建霞.河南省新型城镇化战略实施的亮点研究[J].经济地理,2013(7).

[87]倪鹏飞.新型城镇化的基本模式、具体路径与推进对策[J].江海学刊,2013(1).

[88]王建国.河南新型城镇化发展研究[J].河南工程学院学报,2014(2).

[89]河南省统计局,国家统计局河南调查总队.河南统计年鉴,2015[R].中国统计出版社,2015.

[90]欧阳波,李超中.论测绘工程测量技术的发展研究[J].黑龙江科技信息,2012(5).

[91]曾庚权,姜晓佳.新时期测绘工程测量技术的发展与应用[J].江西建材,2015(5).

[92]王寒芳,贺会芳,孙国静等.水利工程测量技术的发展与应用[J].河南科技,2014(1).

[93]王鹏飞,彭虎锋.城镇化发展影响农民收入的传导路径及区域性差异分析——基于协整的面板模型[J].农业技术经济,2013(10).

[94]郭燕枝,刘旭.基于格兰杰因果检验和典型相关的农民收入影响因素研究[J].农业技术经济,2013(10).

[95]刘玉春,修长柏.农村金融发展、农业科技进步与农民收入增长[J].农业技术经济,2013(9).

[96]吴彩容.城镇化水平、农业现代化与农民人均收入动态关系的检验分析——基于广东省的数据经验[J].西安交通大学学报(社会科学版),2015(5).

[97]叶兴庆.努力延续城乡居民收入差距缩小的势头[J].中国发展观察,2012(5).

[98]孔令超,宋平.我国农村金融发展与农民收入增长关系的实证分析[J].金融经济,2012(10).

[99]张金红.从收入结构思考农民增收[J].中国市场,2011(31).

[100]胡卫星.新型城镇化背景下城市土地高效集约利用程度评价研究——以湖南省湘潭市为例[J].国土与自然资源研究,2014(5).

[101]关爱萍,陈锐.甘肃省新型城镇化水平测度与评价[J].经济研究导刊,2014(33).

[102]叶菁,朱江洪.基于耦合协调度的湖北省新型城镇化质量评价研究[J].湖北农业科学,2014(21).

[103]张占斌,黄锟.我国新型城镇化健康状况的测度与评价——以35个直辖市、副省级城市和省会城市为例[J].经济社会体制比较,2014(6).

[104]李晓燕.中原经济区新型城镇化协调度评价及地区差异分析[J].区域经济评论,2013(6).

[105]陆大道,陈明星.关于"国家新型城镇化规划(2014~2020)"编制大背景的几点认识[J].地理学报,2015(2).

[106]牛晓春,杜忠潮,李同.基于新型城镇化视角的区域城镇化水平评价——以陕西省10个省辖市为例[J].干旱区地理,2013(2).

[107]王琴梅,杨军鸽.关天经济区新型城镇化水平综合评价——基于PCA分析法[J].西安财经学院学报,2015(1).

[108]酒二科,韩增林.河南省新型城镇化水平综合测度及空间格局研究[J].生产力研究,2015(5).

[109]郑楠.江苏省新型城镇化发展与农民收入关系的实证分析[D].上海师范大学,2014.

[110]李标.中国集约型城镇化及其综合评价研究[D].西南财经大学,2014.

[111]丁志伟.中原经济区"三化"协调发展的状态评价与优化组织[D].河南大学,2014.

[112]陈殿美.城镇化进程中江苏农民就地市民化综合评价研究[D].东北农业大学,2013.

[113]朱巧玲,甘丹丽.新型城镇化背景下农民市民化评价指标体系的构建[J].福建论坛(人文社会科学版),2014(5).